세계와 삶에 대한 성경적 조망
기독교적 세계관

기독교적 세계관

지은이_ 양승훈 | 펴낸이_ 김혜정 | 편집_ 민들레통신 | 본문 그림_ 김재욱 | 표지디자인_ 한영애
마케팅_ 윤여근, 정은희 | 초판1쇄 펴낸날_ 1999년 12월 23일 | 초판17쇄 펴낸날_ 2023년 11월 7일

펴낸곳_ 도서출판 CUP | 등록번호_ 제2017-000056호(2001.06.21.)
(04549) 서울특별시 중구 을지로 148, 803호 (을지로3가, 중앙데코플라자)
T.(02)745-7231 | F.(02)6455-3114 | 이메일_ cupmanse@gmail.com
www.cupbooks.com

copyright ⓒ 1999 by 양승훈

ISBN 978-89-88042-19-9 03230   printed in Korea.

• 신저작권법에 의하여 보호를 받는 저작물이므로 무단 전재와 무단 복제를 금합니다.
• 파손된 책은 구입한 서점에서 교환해 드리며, 책값은 뒤표지에 있습니다.

세계와 삶에 대한 성경적 조망
기독교적 세계관

A Christian Worldview
- A Biblical Perspective on the World & Life -

양승훈 지음
Paul S. YANG, Ph.D.

CUP

기독교 세계관적인 삶이 어떤 것인지 보여 주신 문선재 박사님 내외분께 드립니다.

차 례

추천의 글 / 전광식(고신대 교수) • 8
감사의 글 • 12
초판 서문 • 14
개정판 서문 • 22

I부 세계를 바라보는 눈
 1장 세계관 : 세계를 보는 관점 • 29
 2장 창조 : 시작에 대한 커다란 믿음 • 53
 3장 타락 : 창조주와의 결별 • 73
 4장 구속 : 피 묻은 십자가의 수용 • 93

2부 타락에서 구원으로

5장 인간 : 고개 돌린 하나님의 형상 • 113
6장 죽음 : 숨겨진 교만의 진실 • 129
7장 윤리 : 내가 거룩하니 너희도 거룩하라 • 139
8장 역사 : 구속을 향해 가는 달력 • 157
9장 결혼 : 하나 됨의 미학 • 169
10장 노동 : 땀 흘리는 수고의 기쁨 • 185

3부 질서의 회복

11장 국가 : 하나님의 권위 아래 있는 제도 • 209
12장 지식 : 앎과 행함은 동전의 양면 • 229
13장 학문 : 다양한 창조 질서의 연구 • 245
14장 이데올로기 : 얼굴 없는 우상 • 259
15장 과학 : 물질계에 대한 청지기적 과업 • 273
16장 기술 : 다스리며 지키기 위하여 • 291

에필로그 : 그날이 오면…. • 310
찾아보기 • 315

추천의 글

　새로운 세기를 목전에 두고 인류에게는 지금 '새롭고 찬란한 미래 문명'에 대한 기대보다 '세계 종말'에 대한 불안감이 팽배해져 가고 있다. 도대체 이 테크놀로지와 문명의 시대에 사람들의 역사 의식을 짓누르는 이 불안감은 어디에서 오는 것일까? 이러한 불안 의식은 단순한 현재적 어려움으로 인해 야기된 일시적이고 과정적인 현상이 아니라, 몇 가지 구조적이고 본질적인 요소들을 가지고 있다고 보여진다. 그리고 그 문제의 심층에는 한 가지 깊은 영적인 요인이 놓여 있는데, 그것은 '하나님의 부재'(不在)이다. 이 신적 부재는 그 부재의 주체인 하나님에게서 기인한 것이 아니라 그 대상인 이 시대를 사는 사람들과 세상에 기인한 것이다.

　말틴 부버라는 유대인 철학자는 자기 민족의 운명과 세계의 전도(前途)에 짙은 먹구름이 덮였을 때 『신(神)의 일식(日蝕)』이라는 책을 쓴 일이 있다. 이 세기말은 어떻게 보면 그때처럼 암울해 보이지 않지만 그래도 하나님은 아무 곳에서도 보이지 않는다. 20세기는 물질은 풍성해졌지만 영적으로는 무척 가난한 시대이다. 특히 문화와 삶의 영역에서는 어쩌다 신이교적인 그릇된 영성과 초월성은 있어 보이지만 바른 신 관념은 별로 보이지 않는다. 20세기의 땅 위에는 하나님을 위한 아무런 공간이 없다. 더구나 이제 사람들은 하나님을 더 이상 언급조차 하지 않는다. 철학과 화학, 정치와 경제, 교육과 언론, 예술과 문화에는 하나님에 대한 일체의 담론조차 사라진 지 오래다. 아니, 하나님을 말해야 되는 신학과 하나님을 모신 그 백성의 공동체 가운데서도 어쩌면 하나님에 관한 사상은 희미해져 가는지 모른다. 그래도 지난 세기에는 "하나님이 죽었다"라고 떠든 자들 때문에 하나님에 관한 언급은 난무했다. 하지만 오늘날은 하나님을 깡그리 잊어버린 시대이다. 정말 하나님에 대한 망각과 상실의 시대가 되었다. 그저 세상은 하나님을 잊어버리고 저 혼자만 흘러가는 것 같다. 20세기 인류는 기원전 저편에 있던 히브리 백성들과 똑같은 불신앙의 백성들이다. 사람들과 세상은 한편으로는 하나님 대신 각종 우상들을 숭배하며, 다른 한편으로는 돌파구 없는 절망 가운데서 표류하고 있다. 도대체 이 혼란과 공허, 절망의 미로에서 헤쳐 나올 길은 없으며, 이 어둡고 암울한 역사의 터널에서 벗어날 길은 없는 것인가? 도대체 세계는 어디로 가고 있는 것인가?

이 어둠의 백성들과 우상의 시대에 대해 우리 그리스도인들의 역할과 과제는 과연 무엇인가? 이 패역한 세대를 향한 우리의 최종적 변증은 어쩌면 쉐퍼가 읊조린 것처럼 "하나님은 살아 계신다"라는 외침이어야 할지 모른다. 삶과 세상에 감춰지고 숨겨져 있던 하나님(Deus absconditus)을 드러내고 노출시키는 작업(Deus revelatus)이 바로 기독교적 세계관의 과제일 것이다. 그것은 역사의 심층을 흐르고 있던 하나님의 주권을 나타내 보이고, 드러내 보이는 작업이다. 항상 살아 계시고 늘 주권적으로 역사하시는 하나님을 우리의 신앙과 인격, 개인적 삶과 공동체적 생활을 통해 제시하는 것이 바로 성경적 세계관, 즉 기독교적 세계관의 과제이다.

그를 아는 이들은 누구나 생각할 수 있듯이 양승훈 교수는 오로지 성경적 세계관 운동을 위하여 부름받은 분이다. 그가 이번에 본서를 새로이 펼쳐 냄으로 이러한 자기의 소명(召命)을 스스로 재확인하고 또 세상에 자기 정체성을 다시금 선양하는 계기가 되었다. 우리는 이미 그가 이 땅에 뿌려 놓은 성경적 세계관의 씨앗들이 곳곳마다 뿌리내리고, 줄기를 뻗으며, 또 가지와 잎들이 무성해져 어느덧 많은 열매들이 여물어 가는 것을 목도하고 있다. 하지만 그 스스로는 아직도 자기 인생의 계절은 가을이 아니라 봄을 지나고 있으므로 열매를 추수하는 기쁨보다 씨앗을 뿌리는 수고를 해야 한다고 생각하고 있다. 그리고 그는 그 씨앗이 조국뿐 아니라 온 세상에 두루 뿌려져야 한다는 확신에 서 있다. 왜냐하면 하나님은 온 우주의 하나님이시고 그분의 주권과 영광은 온 우주에 충만해야 하기 때문이다. 그래서 그는 낯선 캐나다 땅을 밟았다. 그 길은 그에게 온 세상에 예수님의 주님 되심과 주인 되심을 선포하는 세계를 향한 큰 걸음인 것이다. 본서가 새 단장을 하게 된 것도 이렇게 세상을 향해 씨앗을 뿌리는 하나님 나라의 밭을 일구는 품꾼인 그의 작은 노고인 것이다. 그러나 이 작은 노고의 파종은 추수의 가을이 이르면 알알이 여문 크고 많은 열매들로 큰 수확을 이룰 것이다.

양 교수는 밀레의 그림들에 나오는 농부들처럼 삶이 소박하고 경건하다. 그의 글밭의 모든 이랑에는 이런 소박함과 경건함이 드러나고 또 숨어 있다. 나는 그 밭이랑을 따라가며 10년 전 유학을 마치고 처음 귀국하여 이미 우리 땅에서 밭을 많이 일구어 놓은 그를 처음 만났을 때 느꼈던 것처럼 "이분은 정말 신앙의 사람이구나" 하는 생각을 다시금 확인했다. 이번에 와서 일군 이 글밭은 단지 소박함과 경건함만이 아니라 신학과 삶, 정통 신학과 정통 실천을 다 품고 있다. 그 글의 바탕은 문학적 감성의 날줄과 지성적 예리함의 씨줄로 짜여져 있고, 그 글의 모습은 성경신학과 조직신학은 물론 개인과 공동체적인 기독교적 삶의 주요 영역이 거의 다 다루어진 모습이다. 그의 글은 학문의 깊이에도 불구하고 난삽한 사변놀이에 머물지 않고, 적용의 넓이에도 불구하고 논지의 핵심이 흐트러지지 않는다. 그는 줄곧 감동적이고도 설득력 있게, 또 치밀하고도 명쾌하게 하나님의 백성은 무엇을 믿고 어떻게 바라보며, 어떻게 살아가야 하는지 성경적 관점에서 이야기를 펼치고 있다. 그래서 이 책은 세기말은 물론 다가올 새로운 세기에도 어둡고 어지러운 세계관들 속에서 성경적 삶의 길을 제시하는 등불과 같은 책이 될 것임이 분명하다. 우리는 그와 함께 이 책을 통해 하나님 나라의 백성답게 사는 지상의 순례자들이 더욱 많이 나올 것을 기대하고 확신하는 바이다.

흔히들 인생은 공수래 공수거(空手來 空手去)라고 하지만 사실 우리 모두는 하나님에게서 올 때 그분이 주신 삶의 길이와 몇몇 은사들을 가지고 이 땅에 왔으며, 또 언젠가 하나님께 돌아갈 때 그 은사로 살아온 열매들을 가지고 갈 것이다. 이제 양 교수는 하나님 앞에 가져갈 잘 익은 열매 하나를 다시금 그 인생의 광주리에 담게 되었다. 가끔 기웃거려 본 그의 광주리는 어느새 굵고 탐스러운 열매들이 제법 담겨 있었다. 내 광주리는 어떤가 하고 뭔가 담아 볼 것이 없는가 두리번거리는데 갑자기 새벽을 알리는 먼 종소리가 덜거덩덜거덩 내 잠든 영혼을 흔들어 깨운다.

전광식(고신대 교수)

감사의 글

어느 책이나 저자 한 사람의 노력만으로 이루어진 책이 없듯이 이 책 역시 많은 분들의 도움으로 이루어졌다. 원고를 읽고 교정과 충고를 아끼지 않았던 몇몇 분들께 감사를 드린다. 부산일보 편집국 교열팀의 강승철 차장님은 전문가답게 '이 잡듯이' 책의 내용을 자세하게 읽고 고쳐 주셨다. 인제대 물리학과 전진우 교수님, 경북대 대학원 안경환 형제님, 한국창조과학회 손옥경 간사님, 김은덕 자매님도 교정과 더불어 문장을 부드럽고 명료하게 만드는 것을 도와주셨다. 또한 부분적이지만 원고를 읽고 귀중한 조언을 해주신 제주대 오덕철 교수님, 경희대 사학과 오홍철 형제님, 부산 김철배 선생님, VIEW MACS 과정의 김주상 목사님, 박현수, 박영안 형제님께 감사를 드린다. 이곳에 다 언급하지는 않았지만 초판의 내용을 읽고 여러 가지 조언과 질책을 아끼지 않았던 여러 독자들께도 감사를 드린다.

글을 쓰는 동안 밴쿠버에 있는 필자의 집에 함께 기거하면서 교정과 토의에 참여해 준 박종국 목사님과 유경상 간사님께도 감사의 뜻을 전한다. 부족한 사람과 글에 대하여 과분한 추천사를 써 주신 고신대 전광식 교수님께도 감사드린다. 전 교수님은 VIEW MACS 과정 강의를 위해 밴쿠버에 머무는 동안 본서의 부족한 부분들을 날카롭게 지적해 주셨다. 지난 20여 년 동안 한결같이 날카로운 지적과 비평으로 '돕는 배필'이자 충성스러운 '최종 검열관'이 되어 온 아내에게 다시 한번 감사의 마음을 전한다.

끝으로 본서의 편집을 위해 수고하신 CUP 직원들과 전문 출판인으로서 출판에 대한 좋은 조언을 주신 김승태 사장님께도 감사를 드린다. 책 뒷부분의 색인 작업을 도와준 기독학술교육동역회의 정인숙 간사님께도 감사드린다. 이런 많은 분들의 수고에도 불구하고 본서의 부족한 부분은 저자의 천학비재(淺學菲才)로 인한 것임은 말할 필요가 없다. 이런 분들의 수고를 통해 본서가 "모든 생각을 사로잡아 그리스도에게 복종케"(고후 10:5) 하는데 작은 한 모퉁이 돌이 되기를 기대한다.

초판 서문

　지난 1980년대를 회고할 때 우리 나라는 다원화된 민주 사회로 이행되는 과정에서 온갖 사상과 이데올로기들간의 대립이 첨예하게 표출된 시기였다고 할 수 있다. 특히 사회의 급진, 좌경 이데올로기와 보수, 우익 이데올로기의 극한 대립은 교회 내에서까지 좌, 우의 갈등을 불러일으킴으로 한국 기독교는 끊임없는 정체성 위기 속에 있었다. 이처럼 상충되는 세계관들이 원색적으로 표출되는 한국의 현실 속에서 기독교 세계관에 관한 일반인들의 관심이 높아진 것은 당연한 현상이라고 할 수 있다. 이러한 기독교 세계관 운동은 한국 교회로 하여금 산업 사회의 다양한 정치, 경제, 사회의 현실 속에서 기독교 신앙의 정체성을 확립하게 하고 그리스도인들에게는 자신의 세계관을 점검해 보고 다른 사람들의 세계관을 이해하는데 많은 도움을 주었다고 생각된다.
　기독교 세계관의 전체적 구조는 크게 세 부분으로 나누어 생각해 볼 수 있다. 첫째는 기초적인 구조로서 미들톤과 왈쉬가 쓴 『그리스도인의 비전』에서 성경적 세계관이라고 제시하는 창조-타락-구속의 틀이 여기에 해당한다고 볼 수 있다. 이 틀은 인간의 역사와 사회, 문화, 학문, 천연계 등 모든 피조 세계에 대한 기독교적 관점을 세우는 기초가 된다. 둘째는 기본적인 적용으로, 사이어가 『기독교 세계관과 현대사상』에서 기독교 세계관의 구성 요소로 제시한 신관, 역사관, 인간관, 사망관, 윤리관 등을 들 수 있다. 이것은 창조-타락-구속의 구조 위에서 인간을 중심으로 기독교 세계관을 적용할 수 있는 가장 기본적인 분야로서 상반되는 세계관들간에는 전혀 다른 입장을 갖는다. 셋째는 구체적인 적용으로, 기본적인 적용이 현실 생활의 제 영역에서 갖는 함의와 실천 방안을 논의하는 것이다. 첫 번째와 두 번째 단계는 세 번째의 구체적인 적용 단계를 통해 최종적으로 평가된다고 할 수 있다.

이처럼 기독교 세계관의 구조를 분석, 연구, 실천하는 데 있어서 우리가 유의해야 할 점이 있다면 그것은 기독교 세계관 운동이 서구 그리스도인들에 의해 시작되었다는 사실이다. 물론 기독교 세계관이 우주적인 것이라면 이의 내용에 있어서 서구적인 것과 동양적인 것이 따로 있을 수 없다. 그러나 같은 내용의 세계관이라도 적용되는 환경이나 대상이 다르면 다른 형태로 나타나야 하며 또한 그럴 수밖에 없다. 지난 사반세기 동안 괄목할 정도로 기독교세가 팽창하고 과학기술의 발달을 통해 급속한 서구화와 경제적 부흥을 하고 있는 한국 사회의 그리스도인들은 현대 과학 문명을 개화시킴으로써 지난 4백여 년 간 세계 문명의 헤게모니를 가졌던 서구인들로부터 많은 것들을 시사받을 수는 있다. 그러나 결국 우리의 상황은 그들의 상황과 똑같지 않다는 사실도 간과해서는 안 될 것이다. 그러므로 지금까지 서구 문화라는 그릇 속에 담겨 우리에게 소개된 기독교 세계관은 필요에 따라 우리의 사고와 지적 배경에 쉽게 공명될 수 있는 형태로 제시되어야 한다.

　서구 문화의 수천 년 역사는 언뜻 보기에 대립적으로 보이는 추상적, 분석적, 사변적, 이원론적인 그리스적 사고와 실제적, 계시적, 유기적, 통합적인 히브리적 사고의 틀 위에서 형성되어 왔다. 매우 이질적으로 보이는 두 전통이 수천 년의 서구 기독교 역사에서 묘한 대립과 조화 속에서 공존해 온 것이다. 일견 고대 희랍의 인본주의로부터 시작하여 중세의 교권주의, 진화론과 마르크스주의, 패권주의, 계몽사상, 유물론과 자연주의, 실증주의, 무신론, 허무주의, 무신론적 실존주의 등 수많은 반기독교적인 사상들이 근대 서구 사상의 골격을 이루고 있는 듯이 보이지만 또한 수천 년의 기독교 역사가 그들의 사고 체계 뒤에 있음을 기억해야 한다.

　여기에 비해 동양의 전통 종교나 사상들(무속, 불교, 힌두교, 도교, 유교, 민족마다의 건국 신앙 등)은 기독교적 전통이 아닌 또 다른 유기적, 통합적, 범신론적인 세계관을 형성해 왔다.[1] 그러므로 서구 그리스도인들이 직면하고 있는 전통 사상의 문제는 동양 그리스도인들이 직면하고 있는 전통 사상의 문제와는 내용이나 방법론적인 면에 있어서 상당히 다르다고 할 수 있다. 즉 서구인들의 세계관에 대한 관심이 주로 서구 세속주의에 대항하기 위한 것이라고 한다면, 우리는 동양의 반기독교적 사상에 대항하기 위한 것이어야 할 것이다. 한 예로 기독교 역사의 초기부터 문제가 되어 온 이원론의 문제가 동양인과 서양인에게는 다른 양상으로 나타나고 있다. 서구인들에게 이원론의 문제는 주로 세계를 보는 정신 세계에서 나타나는 데 비해 동양에서는 주로 생활 태도에서 나타난다. 그러므로 서구인들에게는 기독교

---

1) 전통적인 유가(儒家)에서는 유교는 잘못된 말이며 유도(儒道)가 맞다고 한다.

세계관으로 이분화된 정신 세계를 통일시키는 작업이 필요하고 동양인들에게는 기독교 세계관 내에서 일관성 있는 삶의 자세를 확립하는 것이 필요하다고 할 수 있다.

서양과 동양의 역사적, 사상적 배경의 차이를 고려할 때 한국에서의 기독교 세계관 운동은 다음 몇 가지 점들이 고려되어야 할 것이다.

첫째, 기독교 세계관의 적용 대상이 가시적으로 드러나는 현실 문제만은 아니지만, 기독교 세계관 운동은 일차적으로 현실적인 삶의 문제로부터 출발해야 할 것이다. 이것은 가시적 현실의 삶만이 중요하고 영적인 것은 중요하지 않다는 현세주의적인 말이 아니다. 기독교 세계관이 공허한 철학적 사변으로 흐르는 것을 경계해야 한다는 말이다. 만일 한국에서의 기독교 세계관 운동이 단지 서구의 사변적인 내용의 학습으로만 그친다면 그 자체가 기독교적이라고 할 수 없다. 우리와 문화적 전통이 다른 서구인들에게는 이 문제가 심각하지 않을지 모르나 동양적 전통을 가진 우리들에게 세계관의 사변화는 치명적인 것이다.

기독교 세계관 운동은 구호나 강연이 아니라 삶을 통해 기독교적 가치와 가르침을 실천하는 것이어야 한다. 최근 기독교 세계관과 관련하여 많이 사용되는 '기독교적 지성'(Christian Mind)이란 단어가 삶과 유리된 것처럼 보이기 때문에 '기독교적 지성'보다 '기독교적 가슴'(Christian Heart), 혹은 이 둘을 동시에 추구하는 것이 기독교 세계관 운동의 목표가 되어야 할 것이다. 세계관 연구회나 강연에서 주장하는 내용은 성경적이고 꼭 집어 틀렸다고 할 만한 것이 하나도 없는 데도 왠지 답답하고 건조하게 느껴지는 것은 '기독교적 가슴'이 없기 때문이 아닌가 생각된다. 기독교 세계관은 강연이나 세미나 그룹에서 학습을 통해 배우는 또 하나의 학문 분야가 아니라 삶의 변화를 요구하는 것이어야 한다.

둘째, 기독교 세계관의 내용이 어느 정도 논리성을 가져야 한다는 것은 부인할 수 없지만 그렇다고 지나치게 복잡해서는 안 될 것이다. 사실 서구 그리스도인들에 의해 쓰여진 대부분의 세계관 개설서들이 기독교 세계관을 너무 복잡하게 제시하고 있다. 이들의 책들을 가만히 살펴보면 어쩌면 철학개론이나 조직신학서설 같은 느낌이 드는데 이것은 사변화된 희랍적 전통을 반영하는 게 아닌가 생각된다. 만일 기독교 세계관이 지나치게 추상적이며 복잡하다면, 논리적 정합성은 유지할 수 있을지 모르나 무식한 사람은 도무지 기독교 세계관이 무엇인지 알 수 없을 것이고 알 수 없는 세계관을 생활로 실천하는 것은 불가능할 것이다.

셋째, 기독교 세계관과 전통 사상의 이원 대립적인 구조를 개선해야 할 것이다. 서구인들이 희랍 전통으로부터 기독교적인 요소를 발견해 내듯이 우리는 한국의 전통 사상으로부터 기독교적인 요소를 찾아내도록 노력해야 한다. 편협한 민족주의로 인해 무조건 전통 사상을 주장하는 것도 문제지만 전통 사상이라면 무조건 반기독교적이라고 생각하는 것도 잘못된 것이다. 인류의 시조가 하나였고 문화의 시작이 에덴 동산에서 시작되었다면 인간의 타락, 지리적 고립과 언어적 장벽이 에덴 동산에서의 '원형 문화'(Prototype Culture)를 많이 변형, 왜곡시켰을 것이지만 그래도 우리는 때때로 민족마다의 전통 문화 속에 명시적이든 묵시적이든, 원형 문화의 그림자들이 반영되고 있음을 발견할 수 있다. 이러한 그림자들에 대한 바른 기독교적 시각을 개발하는 것도 기독교 세계관 운동의 중요한 과제라고 생각된다.

넷째, 이원론에 대한 바른 접근이 필요하다. 한국의 전통 문화와 기독교 세계관의 부조화가 삶에 대한 이원론적 태도에 연유한다고 보았기 때문에 최근 세계관 운동의 가장 큰 목표는 이원론적 행습의 타파였다. 사실 하나님께서 만물을 창조하시고 운행하시므로 그분만이 모든 것의 주인이시며 그분의 주권이 피조 세계의 모든 영역에서 인정되어야 한다는 논리에는 아무런 문제가 없다. 하나님의 섭리 영역을 유형 교회의 안과 밖, 소위 교회와 관련된 '거룩한 일'과 생활과 관련된 '속된 일' 등 공간적, 영역별로 이분하는 것은 기독교 신앙을 삶의 좁은 영역으로 한정시킬 위험이 있기 때문이다.

그러나 한편으로 세상에는 엄연히 거룩한 하나님의 일과 속되고 사탄적인 일이 구분되어 있음도 간과해서는 안 된다. 세상에는 거룩한 천국의 일과 '죄 많은 이 세상'의 일, 즉 천국을 유업으로 받지 못하고 불타 없어져 버릴 영역이 있는 것이다. 그러므로 무조건 이원론적 태도를 배격할 것이 아니라 잘못된 이원론을 배격해야 한다. 동시에 속된 일을 거룩한 일 속으로 통합하거나 거룩한 일을 속된 일 속으로 통합하는 혼합주의적 일원론도 경계해야 한다. 이원론의 배격은 성과 속의 경계를 타파하는 것보다 정말 거룩한 일과 그렇지 않은 일을 분별하는 것이 선행되어야 한다. 세상에 대한 바른 분리 없이 바른 참여도 있을 수 없기 때문이다.

한국에서의 세계관 운동은 자체적인 필요에 의해 시작되었지만 세계관 운동을 체계화시키는 데는 구미 그리스도인들의 저서들이 큰 공헌을 하였다. 독자들에게 참고가 될 것 같아 나름대로 중요하다고 생각되는 사람들을 소개한다.

- 세계관 개설 : 브라이안 왈쉬(Brian J. Walsh)와 리차드 미들톤(J. Richard Middleton), 알 월터스(Albert M. Wolters), 제임스 사이어(James W. Sire), 아더 홈즈(Arthur F. Holmes), 프란시스 쉐퍼(Francis A. Schaeffer), 존 스토트(John Stott), 송인규.
- 철학 : 도예베르트(Herman Dooyeweerd) 사상을 소개한 깔스베이커(L. Kalsbeek), 니콜라스 월터스토프(Nicholas Wolterstorff), 반 퍼

슨(C. A. van Person).
- 역사관 : 버터필드(Herbert Butterfield), 베빙톤(D.W. Bebbington), 편저자 죠지 마스덴(George Marsden)과 프랭크 로버츠(Frank Roberts), 이석우.
- 문화관과 천년왕국 : 리차드 니버(Richard Niebuhr), 헤르만 리델보스(Herman Ridderbos), 로버트 클라우스(Robert G. Clause ; 편저), 로버트 웨버(Robert E. Webber).
- 경제관 : 막스 베버(Max Weber), 헨리 죠지(Henry Georgy), 슈마허(E.F. Schumach), 밥 하웃즈바르트(Bob Goudzwaard), 브라이안 그리피스(Brian Griffiths), 대천덕(Reuben Archer Torrey).
- 문학 및 예술관 : 루이스(C.S. Lewis), 리랜드 라이컨(Leland Lyken), 한스 로크마커(H.R Rookmaaker).
- 과학과 기술관 : 도날드 맥케이(Donald M. Mackay), 스컬만(Egbert Schuurman), 호이카스(R. Hooykaas), 반 리센(Hendrik van Riessen), 험멜(Charles E. Hummel), 델 라취(Del Ratzsch), 데이빗 라이언(기술사회학).
- 사회 참여와 사회 정의관, 정치관, 사회학 : 데이빗 라이언(David Lyon), 폴 마샬(Paul Marshall), 라인홀드 니버(Reinhold Niebuhr), 로날드 사이더(Ronald Sider), 간하배(Harvie M. Conn).
- 학문관 : 헤르만(Kenneth Hermann), 넛슨(Robert D. Knudsen), 편저자 헤이에(Harold Heie)와 울프(David L. Wolfe), 아더 홈즈 등.

본서는 1989년 1월부터 12월까지《빛과 소금》에 "기독교 세계관의 이해"라는 연재물로 게재된 것과 1990년 1월호에 실린 기획물 중에서 "교회의 과학화를 어떻게 볼 것인가?"라는 필자의 기사를 모은 것이다. 본서는 일반인들에게 사회의 전반적인 문제들에 대한 기독교적 시각을 간단하게 제시하기 위한 목적으로 쓰여진 것이므로 가능하면

간결하고 일상적인 표현을 사용하려고 노력했다. 그러나 필자의 일천한 지식과 빈약한 문장력으로 인해 의도한 대로 되지 않은 게 마음에 걸린다. 그리고 참고문헌이나 각주가 없어 각 주제들에 관한 좀더 깊이 있는 내용을 원하는 독자들에게는 죄송한 생각이 든다. 이러한 것들은 기독교적 조망이 시급하다고 생각되는 다른 몇몇 주제들과 더불어 이후에 추가할 생각이다.

끝으로 본서를 기독교대학설립동역회 출판부에서 출판할 수 있도록 흔쾌히 허락해 주신 두란노서원의 방선기 목사님(현재는 이랜드 산하 직장사역연구소 소장)과 좋은 책을 만들기 위해 교정과 편집에 심혈을 기울여 준 기독교대학설립동역회 간사들께 감사를 드린다. 책의 내용에 관해 날카로운 비판과 토론의 상대가 되어 준 아내에게 고마운 마음을 전하며 아들의 글을 두꺼운 돋보기로 읽으면서 늘 대견해하시는 칠순의 어머님께 이 조그마한 책자가 큰 기쁨이 되었으면 한다.

경북대 복현동산에서
양승훈

개정판 서문

    1990년에 본서의 초판을 낸 이후 10여 년의 세월이 흘렀다. 세계관 분야의 책에 대한 독자들이 얼마나 있을까 하는 염려 속에 출판한 초판은 예상과는 달리 10여 년 동안 20여 쇄를 기록하였다. 당시에 대부분 번역본들이었던 세계관 분야의 서적들 중에서 드물게 한국인이 쓴 책이라서 부족하지만 많은 분들이 읽었던 게 아닌가 하는 생각이 든다.[1] 그 동안 여러 가지 좋은 지적을 해주신 분들께 감사를 드리며 아울러 개정판을 좀더 일찍 내지 못한 것에 대하여 독자들께 죄송한 마음을 전한다.
    언제부터인가 독자들과 출판사로부터 개정판이 필요하다는 얘기를 여러 차례 들어왔지만 경황이 없어서 작업을 하지 못했다. 그러던 중

---

1) 근래에는 이원설, 안점식, 이건창, 전광식 교수 등 여러 국내 학자들에 의해 한국적 상황이 반영된 기독교적 세계관 분야의 서적들이 출간되었다.

필자는 밴쿠버기독교세계관대학원(VIEW)을 설립하는 책임을 맡고 기독학술교육동역회(DEW)로부터 캐나다로 파송을 받았다. 그 동안 국립 대학에서 물리학 교수로서 지낼 때는 여가를 이용하여 글을 쓸 수밖에 없었지만 이제는 이 작업을 하는 것이 전업이 된 셈이다. 그러나 캐나다에서 VIEW 사역의 일부로서 캐나다연합신학대학원(ACTS) 내에 기독교세계관석사과정(MACS Worldview Studies Program)을 만드는 작업도 만만찮은 일이라 글을 쓰는 데 시간을 내는 것이 쉽지 않았다.

본서는 총 16장으로 이루어져 있다. 한 장에 두 개씩의 주제를 다루었던 초판의 3장(타락 그리고 구속의 역사), 4장(기독교적 인간관, 사망관), 5장(기독교적 도덕관, 역사관)을 분리하여 세 개의 장이 추가되었다. 마지막 13장(교회의 과학화를 어떻게 볼 것인가?)은 초판을 쓸 때에는 비디오 예배 등이 문제 되어 시의성(時宜性)이 있었으나 이제는 현대 기술 전반에 관한 좀더 깊은 논의가 필요하다고 생각되어 "16장 기술 : 다스리며 지키기 위하여"라는 장을 추가하면서 제외하였다.

초판은 잡지에 연재했던 내용들을 그대로 책으로 만든 것이어서 학구적인 독자들의 불만이 있었다. 그래서 개정판에서는 초판에 삽입하지 못했던 각주와 찾아보기를 첨부하고 다시 쓴다는 마음으로 내용도 많이 수정, 보완하였다. 그 과정에서 혹시 일반 독자들이 읽기에 지나치게 딱딱하게 되지 않았는지 염려가 된다. 실력 없는 사람이 어렵게 가르치고 필력 없는 사람이 난해한 글을 쓰기 때문이다. 또한 각주 외에 세계관 문헌목록(Bibliography)을 첨부하려고 했으나 이것은 일부 독자들에게만 필요할 것 같아 이후에 따로 출판하기로 하였다.

초판 책명 『기독교 세계관의 이해와 적용』에서 '기독교 세계관' 이라는 말보다 '기독교적 세계관' 이라는 말이 더 적합한 것 같아 제목을 수정하였으며 '이해와 적용'이란 말은 '세계와 삶에 대한 성경적 조망'이라는 부제로 대체하였다. 혹자는 '기독교적 세계관'보다 '성경적 세계관'이라는 말을 즐겨 사용하지만 필자는 이 두 말의 의미가 별 차이가 없다고 생각되어 고치지 않았다.

　원래 의도는 아니었지만 초판이 세계관 성경공부 교재로 많이 사용되는 것을 보고 개정판에서는 각 장마다 토론할 수 있는 "함께 이야기 합시다"를 첨가하였다. 세계관 성경공부를 인도하는 분들에게 도움이 되었으면 한다. 성경공부 인도자들은 모든 질문들을 반드시 다 다루어야 한다는 부담감을 갖지 말고 그룹에 적합한 질문들을 선택해 다루어도 별 무리가 없을 것이다. 대학생 이상을 대상으로 하는 성경공부 그룹이라면 기독학술교육동역회에서 발간하고 있는 기독교 세계관 학술지《통합연구》와 기독교학문연구회에서 발간하고 있는《신앙과 학문》에 실린 여러 논문들이 각 장의 내용들에 대한 좀더 깊은 논의를 하는 데 도움이 될 것이다. 아울러 필자를 비롯한 여러 강사들의 세계관 강의나 필자가 밴쿠버에서 책임을 맡고 있는 기독교세계관대학원 석사과정(MACS)에 관심을 가진 분들은 기독학술교육동역회의 인터넷 홈페이지 http://www.view.edu를 찾아주기 바란다.

　백과사전이 아닌 한 단 권의 책에 모든 내용을 다 담을 수는 없다. 본서는 기독교적 세계관 분야의 일반 독자들을 대상으로 쓴 것이므로 좀더 깊은 내용을 원하는 독자들은 여전히 어느 정도의 갈증을 느낄 것이다. 이런 독자들에게는 현재 필자가 그 동안의 세계관 강연 노트를 중심으로 정리하고 있는 다음 책을 기대해 주기 바란다. 원래는 그 내용들을 본서의 4부로 첨가하려고 했으나 책이 지나치게 두꺼워질 것 같아 분리하기로 하였다. 현대 사상에 대한 성경적 비판이나 한국인의 세계관 등 좀더 깊은 주제들에 대한 논의가 이루어질 것이다.

　초판에서와 같이 본서 역시 기본적인 목표는 삶의 실제적인 영역에서 그리스도인들이 바른 세계관을 가지고 살아가는 것을 돕는 것이다. 여러 책들이나 세계관 연구회를 통해 쌓은 지식으로 남을 비판하는 것에만 익숙한 그리스적 현자가 아니라 앎과 행함이 분리되지 않는 예수 그리스도의 바른 제자, 나아가 예수님처럼 비전을 가지고 섬기는 지도자(Servant & visionary leadership)가 되는 것을 돕는 것이다. 지역 교회에 대한 '모성애적 사랑'을 갖고 있으면서도 동시에 예수 그리스도의 몸으로서의 보편 교회를 생각할 줄 아는 지도자가 되는 것을 돕는 것이다.

이렇게 되는 데 있어서 세속 사상을 겁 없이 수용하는 자유주의도 문제지만 세상이 무서워 방공호 속에 숨어 있는 보수주의도 똑같이 문제이다. 이제는 방공호에서 나와야 한다. 이 시대는 방공호가 무너질 위기에 있다. 그렇게 되면 방공호는 더 이상 피난처가 아니라 도리어 무덤이 된다. 우리는 사르트르(Jean Paul Sartre)가 말한 것처럼 "휴머니즘의 스트립 쇼 시대"에 살고 있지만 자신의 영역에서 착하고 충성된 청지기로서의 삶을 살아야 할 것이다. 이 세상에서 그것은 "내게 속하지 않았다"고 그리스도께서 말씀하시는 영역이 없게 해야 할 것이다.

끝으로 이처럼 이상을 세우고 노력하면서 동시에 우리는 이 사역에 불완전한 우리가 참여하고 있다는 엄연한 현실을 직시해야 할 것이다. 그리스도인들 사이에도 바른 기독교적 세계관의 세부적인 내용에 있어서는 의견이 서로 일치하지 않는 부분들이 있으며 이를 실현하기 위한 방안도 사람들마다 다소 다를 수 있다. 그러므로 우리는 "승리가 아닌 분투만이 우리를 즐겁게 한다. 우리는 사물 자체를 추구하는 것이 아니라 사물에 대한 추구만을 추구할 뿐이다"라는 말로부터 용기를 얻는 것이 필요하다.[2] "모든 생각을 사로잡아 그리스도께 복종하게" 하기 위한 목표를 확고히 가지면서 동시에 바른 세계관의 확산과 확립을 위해 노력하는 과정 그 자체가 중요하고 기독교 세계관적임을 인정하는 것이 필요하다.

밴쿠버기독교세계관대학원(VIEW) 연구실에서
양승훈

---

2) Blaise Pascal, *Pensees* — 영어판: C. Kegan, *The Thoughts of Pascal*(London : George Bell, 1905), p. 40-41.

세계를 바라보는 눈

1부

1장 세계관 : 세계를 보는 관점
2장 창조 : 시작에 대한 커다란 믿음
3장 타락 : 창조주와 결별
4장 구속 : 피 묻은 십자가의 수용

1장 세계관

세계를 보는 관점

"하늘이 하나님의 영광을 선포하고 궁창이 그 손으로 하신 일을 나타내는도다 날은 날에게 말하고 밤은 밤에게 지식을 전하니 언어가 없고 들리는 소리도 없으나 그 소리가 온 땅에 통하고 그 말씀이 세계 끝까지 이르도다 하나님이 해를 위하여 하늘에 장막을 베푸셨도다"(시 19:1-4).

지금부터 3천여 년 전 팔레스타인 지방의 한 목동은 태양이 작열하는 낮과 달과 별이 빛나는 추운 밤에 양떼를 지키며 하늘이 하나님의 영광을 선포한다고 노래했다. 지금부터 4백여 년 전에 살았던 천문학자 케플러도 비슷한 고백을 했다.[1] 밤낮 천문대에서 천체들의 운행을 살피면서 그 유명한 행성 운동에 관한 세 가지 법칙을 발견했던 케플러는 온 세상이 하나님의 영광으로 가득 차 있다고 고백했다. 그는 위

---

1) 케플러(Johannes Kepler, 1571-1630) : 독일 천문학자.

에 소개한 다윗의 시편을 일생의 모토로 삼아 춥고 배고픈 천문학자의 길을 걸어갔다. 인류 최초로 달에 착륙했던 아폴로 우주인들도 달에 착륙한 직후 "태초에 하나님이 천지를 창조하시니라"는 창세기 1장 1절을 고백했다.

그러나 모든 사람들이 다윗이나 케플러, 아폴로 우주인들과 같은 고백을 한 것은 아니다. 비록 다윗과 케플러가 보았던 해와 달과 별을 보고 있으면서도 전혀 다른 고백을 하는 사람들이 많다. 많은 사람들이 우주는 무에서 저절로 생겨나 저절로 운행되고 있다고 말한다. 지금부터 2백여 년 전에 『천체역학』이라는 유명한 저서를 냈던 라플라스는 우주의 운행을 설명하기 위해서 더 이상 하나님을 가정할 필요가 없다고 말했다.[2] 1961년 보스토크 1호(Vostok 1)를 타고 세계 최초로 우주비행에 성공한 구 소련의 우주비행사 가가린은 자신은 외계에 나가서도 하나님을 보지 못했다고 말했다.[3] 도대체 무엇이 같은 천체의 운행을 두고도 이처럼 다른 진술을 하게 하는가?

인식과 판단의 기본 틀

동일한 현상을 두고도 전혀 다르게 인지하는 것은 우리들의 주변에서도 흔히 볼 수 있다. 여러 해 전 대학원 학생 시절 이탈리아 트리에스테에 있는 국제이론물리학센터(ICTP)에서 한 학기 동안 공부할 때의 일이다. 연구소장의 특별한 주선으로 마침 그곳을 방문한 두 북한 관리들과 대화할 기회가 있었다. 한편으로 경계하는 마음도 있었지만

---

2) 라플라스(Pierre-Simon de Laplace, 1749-1827) : 프랑스의 천문학자이자 물리학자.
3) 가가린(Yuri Gagarin, 1934-1969) : 구 소련의 우주비행사. 그는 후에 우주선 사고로 세상을 떠났다.

다른 한편으로는 강한 호기심이 생겨 북한의 대학과 연구 현황 등에 관하여 몇 가지 궁금했던 것들을 물어 보았다. 그러나 놀랍게도 그들은 나의 질문에는 아랑곳없이 내 말이 끝나면 곧장 묻지도 않은 정치 선전과 남한 정부 비난에 열을 올리곤 했다. 감시하는 사람도 없고 영어로 말할 필요도 없으니 동족으로 개인적인 대화를 나눌 수 있으리라는 처음의 기대는 완전히 깨어지고 나는 벽을 마주하고 이야기하는 느낌을 받았다. 사실 나는 영어로 이야기하는 것보다 훨씬 더 답답함을 느꼈다.

학교에 근무하면서 몇 번인가 소위 운동권 학생들과 대화를 나눌 때도 위와 비슷한 느낌을 받은 적이 있었다. 내가 상식이라고 생각하는 것들조차도 그들은 도저히 이해하지 못하는 것들이 있었고, 그들로서는 너무나 당연한 듯이 말하는 것들 중에서도 내가 도무지 납득할 수 없는 것들이 있었다. 당시 나는 학생들과 연령 차이가 많이 나지도 않을 뿐더러 비슷한 또래의 다른 학생들을 늘 대하고 있었기 때문에 이러한 괴리감은 단순히 나이 차이 때문만은 아니었다.

위의 예들을 통해 볼 수 있는 바와 같이 사람은 누구나 자기 자신과 주변 세계에 대한 나름대로의 견해를 가지고 살아간다. 많은 경우 이러한 견해는 뚜렷한 논리적 체계가 없는 전제들 위에 세워져 있음을 볼 수 있다. 이 전제들은 사람들이 무의식 중에 받아들이고 있으므로 유사한 전제를 가진 사람들끼리 대화할 때는 전제들간의 차이가 눈에 잘 드러나지 않는다. 그러나 자기와 다른 전제들을 가진 사람들과 얘기하거나 논쟁하게 되면 전제들의 차이가 상존함을 느낄 수 있다. 왜 사람들마다 서로 다른 전제를 가지고 살까 하는 이유를 캐고 들어가면 결국 우리는 논리적 체계가 없는 어떤 "의식적 혹은 무의식적 전제들의 다발들"이 있음을 발견하게 된다.[4]

몇 가지 예를 들어 보자. 우리 주변에서 흔히 들을 수 있는 행복해지기 위해 돈을 번다거나, 나라가 발전하려면 과학기술을 발달시켜야 한다는 주장을 살펴보자. 지극히 상식에 속하는 듯한 이 주장들도 실상 따지고 보면 별로 뚜렷한 증거 위에 세워져 있지 않다. 주위를 둘러보면 돈을 벌지 않았으면 괜찮았을 사람들이 돈을 벌어서 패가망신(敗家亡身)한 경우가 많고, 역사를 살펴보면 과학기술의 발달로 전쟁의 포화 속에 잿더미가 되어 버린 나라들이 얼마나 많은가! 수많은 성현들이나 종교에서 이 사실을 지적하고 있음에도 불구하고 위와 같은 주장들은 많은 사람들의 마음속에 무의식적인 전제로 깊이 뿌리박고 있다.

요즘 국제 사회에서 최대 현안으로 부상하고 있는 공해 문제에 대한 시각도 다양하다. 동일한 오염 문제를 두고 어떤 사람은 과학이 더 발달하면 과학의 힘으로 해결할 수 있다고 주장하는가 하면 어떤 사람은 그러한 생각은 터무니없으며 오히려 과학의 발달이 환경 오염을 가속화시켰다고 주장한다. 우리 나라의 경제 위기에 대해서도 어떤 사람은 대통령과 정부의 경제 팀들의 실정, 기업들의 방만한 운영, 그리고 과시적인 우리의 국민성을 나무라는 사람들이 있는가 하면 하나님의 특별한 섭리가 있다고 말하는 사람도 있다. 이처럼 서로 다른 주장을 하는 사람들은 서로 만나서 얘기를 해봐야 평행선을 달릴 뿐 합의에 이를 가능성은 별로 없다. 논리적인 것처럼 주장하는 많은 견해들조차 근본에 있어서는 신앙고백과 같은 전제들 위에 세워져 있는 경우가 있기 때문이다.

---

4) James Sire에 의하면 "A world view is a set of presuppositions (or assumptions) which we hold (consciously or subconsciously) about the makeup of our world". James Sire, *The Universe Next Door*(Downers Grove, IL: IVP, 1976), p.17 — 한국어 판: 김헌수 역, 『기독교적 세계관과 현대사상』(서울: IVP, 1985), 19면.

안경이나 콘택트 렌즈에 비유되는 세계관

우리는 의식하든 의식하지 못하든 많은 전제들을 가지고 살아간다. 전제라는 것은 너무나 자명한 것으로 받아들여지기 때문에 대부분의 사람들이 의식하지 못하는 역설적 성향이 있다. 그러나 공리를 전제하지 않고서는 수학을 할 수 없듯이 모든 사고 활동도 전제 없이는 출발조차 할 수 없다. 전제는 공리처럼 무비판적으로 받아들여진다는 점에서 때로는 종교적인 특성을 지니기도 한다.

이와 같이 사건이나 상황, 자신을 포함한 주변 세계에 대한 인식 또는 판단의 기본이 되는 전제의 틀을 흔히 세계관(世界觀, worldview)이라 한다.[5]

세계관을 의미하는 독일어 Weltanschauung은 '세계'를 뜻하는 'Welt'라는 말과 마음이나 정신적인 직관을 의미하는 'Anschauung'이라는 말이 합쳐진 것이다. 세계관이란 실험적 탐구나 이론적 구성이라기보다는 직관적, 관조적 의미를 갖는다. 즉 세계관은 개별 사물의 연구로부터 귀납적 결론을 얻으려는 태도나 합리적 고찰과 입증을 중요시하는 연역적 방법이 아니라 인식의 기본 틀 자체이기 때문에 합리나 논리보다 체험 또는 직관과 관조에 더 가깝다고 할 수 있다. 흔히 사상, 가치관, 인생관, 우주관, 철학, 신념이나 신앙 등이 다르다고 하는 것도 자세히 살펴보면 결국 세계관의 차이를 의미함을 종종 발견한다.[6]

과학은 부분적인 것으로부터 전체적인 것으로 향하며 분석을 통해 규칙성을 찾지만 세계관은 전체적인 조망을 통해 전반적인 조화를 찾

---

5) 세계관의 정의에 대한 좀더 다양한 논의를 위해서는 전광식, "세계관이란 무엇인가?" 『학문의 숲길을 걷는 기쁨』(서울: CUP, 1998), 17-40면을 보라.
6) 김형석, "세계관", 『학원세계백과대사전』(서울: 학원출판공사, 1983), 321-322면.

으며 종합과 통일에서 타당성을 구한다. 즉 전체적 가치와 의미가 세계관의 내용이 되므로 과학적 입장에서 보는 세계상(world picture)과는 구별된다. 세계상은 주로 과학적 대상으로서의 자연 세계를 보는 것이므로 경험적 관찰의 총화로 볼 수 있다. 그러므로 자연과학에 의해 얻어지는 것은 세계상이며, 이것은 해석이나 설명이 아니고 자연 현상의 객관적인 기술이다. 그러나 세계관은 세계상을 포함하면서도 더 넓은 해석과 조망을 요구한다. 세계관은 논리적 추구라기보다 일종의 자각이며, 결정적인 이론을 찾으려는 것보다 주관적인 타당성을 추구하는 것이다. 학문의 객관적, 논리적 측면을 '세계상'이라고 한다면 주관적, 주체적 측면을 '세계관'이라 할 수 있다. 다시 말해 세계관은 세계상을 객관적으로 확장해 실천적, 주체적으로 세계를 파악하는 것이라 할 수 있다.

　세계관은 과학과 철학에 비해서는 논리적이지 못하며, 신념에 비해서는 의지적이지 못하고, 신앙에 비해서는 초월적인 면이 부족하지만 철학, 상식, 신념, 신앙 등과 불가분의 관계가 있다. 이런 의미에서 세계관은 공기와 같다. 그것 없이 살아갈 수 없으면서도 보통 때는 그것이 있음을 알지 못하는 것이다.

　세계관은 세계에 대한 인식 또는 판단의 기본 틀이라는 점에서 안경 혹은 콘택트 렌즈에 비유될 수 있다. 안경이나 세계관 모두 세계를 보는 조망에 절대적 영향을 미친다. 단지 안경은 가시적 대상을 인식하는 데만 영향을 미치지만 세계관은 모든 세계를 인식하는 데 영향을 미친다. 세계관은 바꾸거나 고칠 수 있어도 완전히 벗어 버릴 수 없는 안경과 같아서 누구나 세계관을 통해 가시적, 비가시적 세계를 보고 인식하게 된다. 어느 누구도 세계관을 통하지 않고서는 세상을 볼 수도, 생각할 수도, 얘기할 수도 없다. 누군가 나는 세계관을 통해 보지 않고 세상을 있는 그대로 본다고 주장한다면 그러한 자세가 이미 실증주의나 경험주의 세계관을 표현하고 있는 것이다.

어느 시대에나 그 시대를 풍미했던 세계관이 있었고 그 시대의 사람들은 의식적이든지, 무의식적이든지 그 세계관에 의해 영향을 받아왔다. 외부로부터 어떤 사상이나 세계관도 받아들이지 않고 중립적인 위치에 있겠다는 것은 마치 흘러가는 강물 위에서 노를 젓지 않음으로써 가만히 있을 수 있다고 착각하는 것과 같다. 인간은 본질상 가치 중립적인 존재가 아니므로 개인의 가치 체계를 나타내는 세계관으로부터 자유로울 수 없다. 그러므로 세계관에 대한 우리의 선결 과제는 인간은 어떤 형태로든지 불가피하게 세계관을 견지할 수밖에 없음을 인정하는 것이다. 또한 안경의 종류에 따라 보이는 대상의 모습과 색깔이 달라지듯이 우리가 가지고 있는 세계관에 따라 같은 대상이라 할지라도 다른 사람들과 다르게 인식할 수 있음을 인정해야 한다. 그리고 나아가 올바른 세계관이 어떤 것인지 분별하고 그 세계관으로 자신을 잘 무장해야 할 것이다.

세계관의 역할과 중요성에 대하여 역사학자 이원설 박사는 다음과 같이 지적하였다. "역사를 움직이는 수많은 동력들―자연 조건, 사회·경제 제도, 정치적 리더십 등―가운데 가장 중요한 요인을 나는 세계관(Weltanschauung)이라고 본다. 왜냐하면 인간이 동물과 다른 큰 차이는 인간이 정신적 존재(a psycho-spiritual being)인 데 있다고 나는 믿으며, 개개인의 정신 구조와 한 사회의 정신 풍토의 근간을 이루는 것이 세계관이기 때문이다."[7]

역사적으로 세계관이라는 말은 1780년에 칸트가 『판단력 비판』이란 책에서 세계관이란 단어를 사용한 것이 처음이라고 알려져 있다.[8] 그 후 키엘케골은 세계관이란 말에 대해 처음으로 "궁극적 신념의 집

---

7) 이원설, 『기독교적 세계관과 역사 발전』(서울 : 혜선출판사, 1990), 3면.

합"(a set of ultimate beliefs)이란 기술적 의미를 부여했으며,[9] 세계관이란 개념을 처음으로 철학계에 도입한 딜타이는 세계관이란 "생활의 불가사의나 수수께끼를 푸는 실재에 대한 개념"이라고 정의했는데,[10] 그는 철학을 '세계관의 학문'(Weltanschauungslehre)이라고 보고 『세계관의 학문』이란 이름의 저서를 남기기도 했다. 니이체에 이어 삶의 철학을 완성시켰다고 볼 수 있는 딜타이와 그의 후계자들은 삶과 더불어 철학으로서의 세계관에 관심을 기울였으며 사상계에서 세계관이 비중 있게 다루어지게 된 것은 그들의 공로라고 할 수 있다.[11]

독일인들과 더불어 세계관에 가장 많은 관심을 가졌던 사람들은 네덜란드인들이다. 카이퍼는 1898년 미국 프린스턴 대학에서 "칼빈주의"라는 제목 아래 스톤 강연(Stone Lecture)을 하면서 "두 개의 세계관이 생사를 겨루는 격전장에서 서로 싸우고 있다"는 표현을 했다.[12] 그는 현대주의는 자연 중심적이고 인간 중심적인 세계관에 근거하고 있지만 그리스도인들은 하나님께 무릎을 꿇고 그분께만 예배를 드리는 세계관을 갖고 있다고 했다.[13] 또한 바빙크는 『기독교적 세계관』이라는 자신의 저서에서 사상과 존재, 존재와 말, 말과 행위 등에 대해

---

8) 칸트(Immanuel Kant, 1724-1804) : 독일의 철학자.
　세계관의 개념적 역사에 대한 심층적 고찰을 위해서는 전광식, "세계관의 개념사", 『학문의 숲길을 걷는 기쁨』, 12-17면을 참고하라.
9) 키엘케골(Soren Aabye Kierkegaard, 1813-1855) : 덴마크의 실존주의 철학자.
10) 딜타이(Wilhelm Dilthey, 1833-1911) : 독일의 관념론적 철학자.
　"A conception of reality that solves the mystery or riddle of life" in W. Warren Wegar, *World Views : A Study In Comparative History*(Hinsdale, IL: Dryden Press, 1977), p.5.
11) 김형석, 『학원세계백과대사전』, 321면.
12) 카이퍼(Abraham Kuyper): 19세기 말 네덜란드의 반혁명당 당수로서 수상을 역임한 정치가, 교육자, 개혁주의 신학자.

서 기독교적 세계관을 정리했다.[14] 바커는 때때로 세계관은 인생관이란 말과 유사하게 사용되며 '세계'란 말은 "실재성의 전체"를 의미한다고 하였다.[15]

이 외에도 후에 자주 인용될 도예베르트 등 많은 네덜란드 학자들은 기독교적 세계관을 정립하는 데 많은 영향을 주었다.[16] 또한 북미주에 이민 온 네덜란드인들도 토론토의 기독교학문연구소, 미시간의 칼빈대학, 아이오와의 도르트대학 등을 중심으로 북미주 개혁주의 세계관 운동의 핵을 이루고 있다.

이 외에도 택스는 세계관이란 "실재에 대한 정신적 견해"라고,[17] 레드필드는 "어떤 한 사회에서 한 개인이 자기 주변의 모든 것들과 관련하여 자기 자신을 보는 방법"이라고 정의했다.[18] 근래에 철학자 월터스토프는 세계관은 단순한 데이터나 지식이 아니라 사람의 행위를 통제하는 '지배 신념'(control belief)이라고 하였다.[19] 즉 세계관은 어

---

13) 원문은 "Twee Wereldbeschouvingen Worstellen met elkaar in een Kamp op leven en dood" in A. Kuyper, *Het Calvinism*(Amsterdam : Hoverker Wormser, 1989), p. 3 - 정성구, 『칼빈주의 사상대계』, 164면에서 재인용하였다.
14) 바빙크(Herman Bavinck) : 네덜란드의 개혁주의 신학자.
Herman Bavinck, *Christelijke Wereldbeschouwing*(Kampen : KOK, 1913) - 정성구, 『칼빈주의 사상대계』, 164면에서 재인용하였다.
15) 바커(R. Bakker) : 네덜란드의 신학자.
정성구, 『칼빈주의 사상대계』, 164면과 난하에 있는 각주를 참고하라.
16) 도예베르트(Herman Dooyeweerd, 1894-1977) : 네덜란드의 철학자이자 개혁주의 신학자. 네덜란드 자유대학 법철학 교수였다.
17) "The mental apprehension of reality" in Sol Tax(1907-), *World and Social Relations in Guatemala*, Seminal paper - 이원설, "기독교적 세계관에 기초한 학문 연구는 가능한가?" 한남대학교에서 발표한 논문(1985), 3면에서 재인용하였다.
18) "The way a man in a particular society sees himself in relation to everything" in Robert Redfield, *The Primitive World View* - 이원설, 앞의 각주 같은 데서 재인용하였다.
19) 월터스토프(Nicholas Wolterstorff) : 개혁주의 철학자. 미국 칼빈대학 교수를 역임하였으며 현재는 예일대학 교수이다.

떤 지식의 취사 선택을 결정하며 사람들로 하여금 행동하게 만드는 동기를 제공한다고 했다.[20] 한국에서 세계관 논의를 본격화시키는데 중요한 기여를 했던 사이어나 월터스 등은 좀더 구체적인 세계관의 정의를 제시하였다. 사이어는 세계관이란 "이 세계의 근본적 구성에 대해 우리가 (의식적으로든지, 무의식적으로든지) 견지하고 있는 전제(혹은 가정)들의 집합"이라고 정의하였고,[21] 월터스는 "제반 사물에 관한 개인의 기본적 신념의 포괄적 체계"라고 정의하였다.[22]

1980년대 이후 세계관에 대한 관심이 높아지면서 국내에서도 이에 대한 연구가 활발해지고 있다. 이원설 박사는 세계관을 "삶의 정신적 설계", "신앙 체계", "사회적 가치의 총체", "지적 풍토" 등 다양하게 표현했으며,[23] 정성구 박사는 "어떤 사람이 인생을 살아가는 데 있어서 기본적인 전제"라고 하였다.[24]

다양하고 다소 애매모호한 점이 없는 것은 아니지만 이 정의들의 공통점은 세계관이란 포괄적인 하나의 관점이라는 것이다. 그리고 이러한 세계관은 철학과는 달리 강한 실천적 특성을 갖고 있다. 철학이 무엇을 어떻게 아는가에 관심을 가지고 있다면 세계관은 우리의 삶을

---

20) Nicholas Wolterstorff, *Reason within the Bounds of Religion*(Grand Rapids, MI: Eerdmans, 1976) - 한국어판: 문석호 역, 『종교의 한계 내에서의 이성』(서울: 성광문화사, 1979), 87-93면.

21) "A set of presuppositions (or assumptions) which we hold (consciously or subconsciously) about the basic makeup of our world" in James Sire, *The Universe Next Door*(Downers Grove, IL: IVP, 1976) - 김헌수 역, 『기독교적 세계관과 현대사상』(서울: IVP).

22) "The comprehensive framework of one's basic beliefs about things" in Albert M. Wolters, *Creation Regained : Biblical Basis for a Reformational Worldview*(Grand Rapids, MI: Eerdmans, 1985), p.2. - 한국어판: 양성만 역, 『창조, 타락, 구속』(서울: IVP, 1993).

23) 이원설, 『기독교적 세계관과 역사 발전』, 43면.

24) 정성구, 『칼빈주의 사상대계』(서울: 총신대학 출판부, 1995), 162면.

위하여 세계를 어떻게 보는가에 관심을 갖고 있다. 세계관은 삶과 앎과 실천을 포함한다. 또한 세계관은 개별적인 것의 분석으로부터 보편적 질서를 추구하는 자연과학과는 달리 처음부터 전체적인 입장에서 개별적인 것들의 조화를 찾는다. 종합과 통일을 통한 전체적 가치와 의미가 세계관의 내용이 되기 때문이다.[25]

앞에서 우리는 세계관이란 "사건이나 상황, 자신을 포함한 주변 세계에 대한 인식 또는 판단의 기본이 되는 전제의 틀"이라고 정의했으나 이를 간단하게 말한다면 "세계를 보는 관점"이라고 말할 수도 있을 것이다. 이 정의는 단순한 단어 풀이에 지나지 않는 듯이 보이지만 '세계'와 '본다'라는 단어의 의미를 단순히 확장함으로써 좀더 포괄적으로 만들 수 있다. '세계'란 눈에 보이는 가시적인 물질 세계뿐만 아니라 눈에 보이지 않는 논리적·심미적인 세계, 정신적·영적 세계까지 포함한다고 하자. 그리고 '본다'는 것은 단지 눈으로만 보는 것이 아니라 오감(五感), 때로는 육감(六感)까지 포함하여 자신과 주변 세계를 인식하는 것을 의미한다고 하자. 그러면 "세계를 보는 관점"이란 세계관의 정의가 간단하기는 하지만 매우 포괄적인 정의임을 알 수 있다.

올바른 세계관이 필요한 세 가지 이유

그러면 모든 세계관은 동등한 자격과 가치를 가지는가? 누구나 갖고 있는 세계관이지만 모든 세계관이 다 좋은 세계관이라고 할 수는 없다. 왈쉬와 미들톤은 좋은 세계관의 특징으로 현실성, 내적 통일성,

---

25) 김형석,『학원세계백과대사전』, 322면.

개방성, 타당성, 생동성 등을 들고 있다.[26] 즉 보이는 것뿐 아니라 보이지 않는 피조 세계까지 현실의 모든 상황이나 사건에 대하여 공평하게 해명할 수 있어야 한다. 좋은 세계관은 그 자체 내의 신조들간에 상충되거나 모순 됨 없이 내적인 조화와 일관성이 있어야 한다. 그리고 세계관의 내용이 절대화되어 이데올로기적 특성을 가져서는 안 되며 다양하고 끊임없이 변화하는 주변 상황을 무리 없이 설명할 수 있도록 개방되어 있어야 한다. 또한 논리적으로 타당해야 하며 싸늘하게 죽은, 화석화된 세계관이어서는 안 된다.

왜 올바른 세계관을 가져야 하며, 올바른 세계관은 어떤 기능을 하는가? 홈즈 교수는 현대인들에게 바른 세계관이 필요한 이유를 다음과 같이 설명했다.[27]

첫째, 올바른 세계관은 일관성 있고 통일된 삶을 위해 필요하다. 인간은 본성적으로 자기의 행동을 정당화시킬 수 있는 일관성 있는 근거가 있을 때 비로소 마음의 안정을 갖는다. 뇌물을 주는 사람들은 뇌물이 필요악이라고 변명한다. 술꾼이나 애연가들이 주초(酒草)의 해독에 대한 객관적인 연구 결과들이 수없이 나와 있음에도 불구하고 자신들의 행위를 변호하기 위해 억지를 쓰는 것은 정당화시킬 수 없

---

26) 왈쉬와 미들톤(Brian J. Walsh and J. Richard Middleton) : 현재 토론토에 있는 기독교 학문연구소(Institute for Christian Studies)의 교수이다.
 Brian J. Walsh and J. Richard Middleton, *The Transforming Vision : Shaping a Christian World View*(Downers Grove, IL: IVP, 1984) − 한국어판: 황영철 역, 『그리스도인의 비전』(서울: IVP, 1987), 43-46면.
27) 홈즈(Arthur Frank Holmes, 1924-) : 시카고 인근에 있는 위튼대학 졸업생으로 Northwest University에서 박사학위를 받은 뒤 오랫동안 위튼대학 교수로서 기독교 철학을 가르치면서 기독교 철학 분야에 많은 저서를 남겼다. 국내에도 여러 권의 저서가 번역, 출간되었다.
 Arthur F. Holmes, *Contours of A World View*(Grand Rapids, MI: Eerdmans, 1983) − 한국어판: 이승구 역, 『기독교적 세계관』(서울: 엠마오, 1985).

는 행동을 할 때 인간은 심리적으로 불안을 느끼기 때문이다.

  삶의 통일성은 곧 인생의 목적과 관련되어 있다. 인생의 바른 목적은 통일적인 삶이 전제되지 않으면 확립될 수 없다. 고대 희랍에서 시작된 철학(세계관과 비슷한 의미)도 근본에 있어서는 다양한 현상을 통일시키려는 노력이었다. 아리스토텔레스는 철학은 사물에 대한 질문들, 즉 '무엇'과 '왜'에 관한 놀라움, 주변 환경의 질서와 통일성에 대한 경이에서 출발한다고 했다.[28] 자신과 주변 세계에 대한 통일적인 견해를 확립한다는 것은 곧 인생의 지표를 얻는 것이고, 복잡하고 혼란한 개념을 정돈할 방법을 찾는 것이며, 우리의 행동들간의 일관성을 찾는 것이다.

  둘째, 올바른 세계관은 생동적인 삶을 위해 필요하다. 생동적인 삶은 올바른 생의 의미가 확립될 때만이 가능하며, 의미 있는 인생관은 건전한 세계관에서 나온다. 인생을 망망대해 가운데 키도, 나침반도 없이 표류하는 배라고 본다면 어디로 노를 저어 가든지 아무런 의미도 없을 것이며, 항구에 도달할 아무런 희망이 없으므로 생동적인 삶이란 도무지 상상할 수 없다. 노벨 문학상을 수상한 베케트의 『고도를 기다리며』에서는 막연하지만 고도를 기다린다는 사실이 기다리는 자의 삶을 실낱만큼이나 의미 있게 할지 모른다.[29] 그러나 사람을 '무(無)의 대양(大洋)'에서 사라지기까지 보글거리는 작은 의식의 기포라고 한 사르트르에 의하면 인생에 생동감을 줄 수 있는 궁극적인 의미는 더 이상 존재하지 않는 듯이 보인다.[30] 특히 사물의 가치가 전도

---

28) 아리스토텔레스(Aristoteles, BC 384-322) : 고대 그리스의 철학자이자 플라톤의 수제자.
29) 베케트(Samuel Beckett, 1906-) : 1969년 『고도를 기다리며』(*Waiting for Godot*)라는 작품으로 노벨 문학상을 수상하였다.
30) 사르트르(Jean-Paul Sartre, 1905-1980) : 프랑스의 대표적인 무신론적 실존주의 철학자.

되고 의미가 상실되고 인생에게 궁극적 희망이 있는가가 의문시되는 현대에는 분명하고 믿을 만한 세계관이 필요하다.

셋째, 올바른 세계관은 바른 사고와 행동의 방향을 설정하기 위해 필요하다. 역사상 이 시대만큼 복잡하고 다원화된 사회는 없었다. 온갖 이데올로기와 주장, 이론들로 가득 찬 세계에 살면서 우리들은 매 순간 끊임없는 선택의 압력을 받고 있다. 삶의 현장에서 개인의 선택은 세계관에 기초하여 이루어진다. 세계관은 특정한 과제를 선택하도록 지시하고 삶의 전반적인 목적을 부여하며 도덕적 판단의 근거를 제공한다. 진로 결정, 배우자 선택, 여가 활동, 직장 선택, 가정 생활, 금전 관리 등 삶의 모든 영역이 세계관의 영향을 받는다. 이러한 가운데서 책임 있는 선택과 바른 우선 순위의 결정을 위해서 올바른 세계관이 필요하다. 올바른 세계관을 가질 때 우리는 살아가면서 무엇이 더 귀중하며 무엇이 덜 귀중한가를 바르게 판단할 수 있으며 인생을 허비하지 않고 살 수 있다.

기독교인이 되는 것과 기독교적이 되는 것

앞에서 우리는 인간이 세계관을 가지는 것은 불가피한 일임을 지적하였다. 비록 자신이 의식하지 못하고 있을지라도 우리는 자기가 자라 온 가정 환경, 교육, 민족, 시대, 종교, 선천적 기질 등 헤아릴 수 없이 많은 요소에 의해 형성된 나름대로 세상을 보는 견해, 그리고 그 견해가 근거하고 있는 전제를 가지고 있다. 그러므로 수십 억의 사람들 중에 같은 지문을 가진 사람이 하나도 없듯이 완전히 일치하는 세계관을 가진 사람은 존재하지 않는다. 그러나 편의상 몇 가지 기준에 의해 세계관을 분류해 볼 수는 있다.

우선 지역에 따라 동양적 혹은 서양적 세계관으로 나눌 수 있을 것이고 기독교, 이슬람교, 불교, 도교 등 각 종교들도 나름대로의 세계관을 가질 것이다. 또한 시대적 철학 사조에 따라 고대 범신론, 기독교 유신론, 이신론(理神論), 자연주의, 허무주의, 실존주의 등으로 나눌 수 있으며 세계에 대한 형이상학적 관점에 따라 관념론, 실재론, 일원론, 이원론, 다원론, 유물론 등으로 나누어 볼 수도 있을 것이다. 또한 인생관에 따라서도 개선적(改善的), 낙천적, 염세적 세계관 등으로 나눌 수 있으며 역사를 보는 관점에 따라 진보적, 순환적, 정체적, 회귀적 세계관 등으로 나눌 수 있을 것이다. 그 외에도 사회계급적 측면에서 부르주아적, 프롤레타리아적 세계관이 다를 것이며 민족마다 각기 다른 세계관을 가질 것이다.

이처럼 다양한 세계관들이 있지만 지난 세기까지만 해도 세계관이라는 용어는 철학자들에게조차 낯익지 않은 말이었다. 세계관이라는 말은 금세기에 들어와서, 그것도 금세기 중반 이후에 비로소 일반인들이나 매스컴에서 통용되고 있다. 그러면 과거에는 크게 느끼지 못하던 세계관에 관한 논의가 근래에 와서 갑작스럽게 생기게 된 이유는 무엇인가?

이것은 사회가 점점 복잡하고 다원화되어 감에 따라 온갖 종류의 이데올로기와 사상들이 난무하게 되었고 이로 인해 개인과 개인, 단체와 단체, 나아가 국가와 국가들간의 대화와 이해를 위해서는 각자의 세계관을 상호 이해하는 것이 무엇보다도 선행되어야 하기 때문이다. 특히 근대의 개화가 서구 문화의 유입으로 시작된 우리의 현실에서는 서구의 세계관을 이해하지 않고서는 현재 우리 사회를 지배하고 있는 다양한 세계관들을 분별하기가 쉽지 않다. 그러므로 우리 현실에 적용 가능한 올바른 세계관을 정립하기 위해서는 의식적, 무의식적으로 우리 사고에 깊은 영향을 미치고 있는 기존 세계관들을 분석하는 일과 바른 세계관을 정립하는 작업이 함께 진행되어야 한다.

한국 교회에서는 1980년대에 들어와서 비로소 기독교적 세계관 정립의 필요성을 인식하고 몇몇 학생단체들을 중심으로 이것이 논의되기 시작했다. 교회의 외적 성장에 비추어 다소 때늦은 감이 없지는 않으나 국가 경제의 고도 성장과 교회의 양적 팽창 이면에서 독버섯처럼 번지는 세속화, 그리고 기독교의 정체성 위기, 전통적 가치관의 급속한 몰락으로 인한 가치관의 공동화 등으로 인한 위기감에 자극되어 젊은 그리스도인들을 중심으로 세계관에 관한 논의가 활발하게 전개되었다.

이에 더하여 단편적인 복음 제시에서 벗어나 복음의 전체성이 강조되어야 한다는 시대적 요청이 현실적으로 기독교적 세계관 확립의 필요성을 부채질하고 있다. 사실 서구에 비해 역사가 짧고 전통 종교들의 영향을 강하게 받고 있는 한국 기독교가 당면하고 있는 온갖 이원론적 행습의 폐해도 따지고 보면 기독교적 세계관의 부재 때문이라 할 수 있다. 많은 기독교인들이 기독교라는 껍데기에 세속 내지 전통 종교라는 안경을 끼고 다니기 때문에 그 수가 적지 않음에도 불구하고 한국 교회는 여전히 '기독교적' 이 되지 못하고 있는 것이다.

영어의 크리스천(Christian)이라는 단어는 '기독교인' 이라는 명사적 의미와 '기독교적' 이라는 형용사적 의미를 지닌다. 이 말은 곧 기독교인이 된다는 것은 기독교적이 된다는 의미로도 해석할 수 있다. '기독교인' 이 되는 것과 '기독교적' 이 되는 것, 이 두 가지는 개인이나 기독 공동체의 성장 과정에서 분리할 수 없는 또 분리해서도 안 되는 것이다. "진정으로 기독교를 받아들인다는 것은 성경의 세계관을 채택하는 신앙인이 된다는 것"이다.[31] 그리스도인들뿐 아니라 공산주

---

31) 예일대학의 철학 교수인 Nicholas Wolterstorff가 Walsh and Middleton,『그리스도인의 비전』, 서문(9면)에서 언급하였다.

의자들도 자기가 믿는 바의 세계관을 갖는다는 것이 얼마나 중요한가를 이해한다. 레닌의 후계자로 일하다가 그가 죽은 뒤 스탈린과의 권력 다툼에서 패배하여 1929년 국외로 추방당한 트로츠키는 자국의 공산주의 문학과 관련하여 러시아의 문제는 훌륭한 작가가 없는 게 아니라 훌륭한 '공산주의 작가'가 없는 것이라고 말하였다.[32] 즉 공산주의 세계관에 흠뻑 젖어 있어서 작품 속에서 공산주의를 자연스럽고 완전하게 표현해 주는 작가가 없다는 의미이다.[33]

이것은 그리스도인들에게도 그대로 적용될 수 있다. '크리스천'(Christian)이라는 단어의 의미에 유념하여 한국 교회를 바라볼 때 교회 내에 기독교인이면서 동시에(Christian and) 세상에서 상당한 위치에 있는 사람은 많다. 그러나 정작 그들이 속한 사회 속에서 기독교인으로서 올바른 삶을 영위해 가는 기독교적인(Christian) 사람 즉 글을 쓰든지, 말을 하든지, 직장 생활을 하든지, 무엇을 하든지 기독교적 세계관에 흠뻑 젖어서 이것이 자연스럽게 표출되는 사람이 드물다는 것이 우리의 당면 문제라고 할 수 있다.

오늘날 한국 교회의 문제는 교회에 다니는 '기독교인'이 적은 게 아니라 성숙한 신자, 즉 '기독교적인' 사람이 적은 것이다. 교인들 중엔 재벌 회장도, 박사도, 정치가도, 문학가도, 예술가도 많은데 정말 예수 그리스도처럼 사고하고, 행동하고, 말하는 다시 말하면 기독교적 세계관에 흠뻑 젖은 사람이 드물기 때문에 경제계도, 학계도, 정치계도, 문학계도, 예술계도 기독교적 영향력이 드러나지 않는다. 교회

---

32) 레닌(Vladimir Ilyich Lenin, 1870-1924), 스탈린(Josef V. Stalin, 1879-1953), 트로츠키(Leon Trotsky, 1879-1940) : 구 소련의 정치가들.

33) Brian Walsh, "How to Think Your Way through College", *HIS* 1983년 11월호 – 한국판: 케네스 헤르만, "기독 대학생과 학문," 『기독 신앙과 전공 과목』(서울: IVP, 1986), 8면.

도 많고, 선교회도 많고, 기타 기독교와 관련된 단체가 수없이 많지만 편협한 혹은 왜곡된 기독교적 세계관이 지배하고 있는 한 이 땅 위에 기독교 문화 형성을 포함한 진정한 선교는 요원한 것이다.

정치적, 경제적 격동기를 맞고 있는 한국 사회는 요즘 급진적인 혁명 이데올로기가 퇴조하고 새로운 질서를 세우려는 시점에 있다. 이러한 때에 인간의 이성만을 신뢰하며 악의 근원을 정부 형태나 민주주의의 부재, 경제적 빈곤 등에서만 찾는다면 하나님 나라의 도래는 불가능하다. 내세에 대한 소망이 없는 사람이 현재의 부조리만 숙고하면 혁명 사상으로 넘어가게 된다는 반 프린스터의 경고를 염두에 두면서 올바른 기독교적 세계관에 기초한 문화 형성을 통해 우리 사회의 문제를 근원적으로 해결하기 위해 노력해야 할 것이다.[34] 즉 우리 사회 역시 하나님께서 창조하실 때에 형성된(form) 것이 인간의 타락으로 왜곡(deform)되어 있으므로 그리스도인(크리스천)에 의해 개혁(reform)되어야 한다.

기독교적 세계관이란?

기독교적 세계관이란 무엇인가? 넛슨은 "기독교적 세계관이란, 하나님의 계시에 중심한 진리에 대한 반성으로 심오해진 '체계화된 지혜'이다"라고 정의하였다.[35] 기독교적 세계관은 단순히 성경 내용을

---

34) 반 프린스터(Groen Van Prinsterer): 네덜란드 신학자.
35) 넛슨(Robert D. Knudsen): 웨스터민스트신학교 변증학 교수.
   넛슨 교수는 1983년 가을 총신대학과 총신대 신학대학원 초청으로 내한하여 기독교 철학에 관한 강연을 했으며 여기서 대부분의 분야에 대한 기독교적 세계관을 개괄적으로 다루었다. Robert Knudsen, *Christian Philosophy* — 한국어판: 박삼영 역,『기독교적 세계관』(서울: 라브리, 1988), 17면.

체계화한 것이 아니라 체계화된 진리를 조망하는 입장이라고 할 수 있다. 이 정의는 세계관의 체계가 어떤 신학적 입장과 큰 차이가 없다는 비판을 받을 소지가 있지만 기독교적 세계관은 이미 '기독교적'이란 형용사가 붙은 만큼 어느 정도 의식적일 수밖에 없으며 신학적 지식보다는 그리스도인들의 일상적인 삶에 더 영향을 미치게 된다.[36]

다양한 세계관들 중에서도 기독교적 세계관과 관련하여 우리가 살펴봐야 할 가장 중요한 기준은 우주의 궁극적인 실재를 무엇이라고 보는가 하는 것이다. 유물론자들이 말하는 물질인가? 도교나 불교에서 말하는 우주적 의식 또는 사람의 마음인가? 기계론자들이 말하는 자연법칙인가, 혹은 무관심하고 비인격적인 세력인가? 아니면 모든 것의 존재와 운명을 주관하는 인격적이고 공의와 긍휼이 풍성하신 하나님인가?

이 질문에 대한 대답은 다른 여러 기준들 중에서도 기독교적 세계관이 다른 세계관들과 분리되는 가장 원초적인 기준이 될 것이다. 물론 기독교적 세계관도 시대에 따라, 사람에 따라 다양하다. 가톨릭과 루터, 칼빈과 웨슬레의 세계관이 다르고 자유주의와 보수주의, 근본주의와 개혁주의의 세계관이 조금씩 다르다. 그러나 다양한 정의가 존재하더라도 원리적으로 바른 기독교적 세계관은 교파나 신학적 입장과 무관하게 동일한 하나님의 말씀과 말씀에 대한 성령의 조명을 전제하고 있다는 점에서 가장 중요한 부분을 공유한다. 성경은 일관성 있게 우주의 궁극적 실재는 하나님이라고 말한다.

기독교적 세계관은 성경에 근거하고 있으며 성경은 하나님의 창조와 인간의 타락, 허물과 죄로 죽은 인간을 구원하시려는 하나님의 구

---

36) 기독교적 세계관의 개념에 대한 철학적, 신학적 논의를 위해서는 전광식, "성경적 세계관이란 무엇인가?", 『학문의 숲길을 걷는 기쁨』, 41-54면을 보라.

속 사역을 기록하고 있다. 그러므로 역사적으로 기독교적 세계관은 대체로 창조(Creation), 타락(Fall), 구속(Redemption)이라는 뼈대 위에서 발전되어 왔다. 이러한 창조-타락-구속의 구조는 기독교적 세계관이 포함해야 할 필수 요건들을 도출하는 기초가 될 뿐 아니라 여러 가지 세속적 세계관의 기원을 말해 주며 또한 이들을 성경적 입장에서 평가, 비판하는 척도가 된다. 물론 창조-타락-구속의 틀 위에서 다양한 현실 세계를 조망하는 구체적인 방법은 하나님의 말씀과 피조 세계에 대한 우리의 영적인 통찰력이 성장해 감에 따라 더욱더 완전한 형태로 다듬어져 가야 할 것이다.

복음과 기독교적 세계관

그리스도인들의 삶과 관련하여 기독교적 세계관의 구체적 역할은 무엇인가? 성경의 지상명령(至上命令)이라고 할 수 있는 전도의 명령은 세계관 운동과 어떤 관계가 있는가?[37]

그리스도인의 삶은 영적인 측면에서 이스라엘 민족의 출애굽 사건에 비유할 수 있으며 다음 네 가지 단계로 나누어 볼 수 있다고 하였다. 첫째 단계는 구원받기 전 세상에서의 삶, 다시 말해 애굽 땅에서 떡 가마, 고기 가마 곁에 앉아 배불리 먹던 때의 삶(출 16:3)이다. 이 때의 삶은 오로지 애굽 생활 그 자체에만 관심이 있었으며, 세상에서의 죄와 향락에 묻혀 살았다. 둘째 단계는 구원의 단계, 즉 모세를 따라 홍해를 건너는 단계이다. 홍해를 건너는 것은 세례나 침례로서 거듭난 삶을 의미한다. 홍해로 들어가는 것은 애굽에 속한 옛 사람의 죽

---

37) 박영선, 『구원, 그 즉각성과 점진성』(서울: 새순출판사, 1992), 제1-5강.

음을 의미하는 것이며 홍해의 물 속을 지나 광야 저편 언덕으로 올라오는 것은 새사람의 탄생을 의미한다. 홍해를 건너는 것은 옛 생활에 대한 공식적인 포기 선언이며 홍해를 건넌 뒤엔 애굽으로 되돌아갈 수 없다. 셋째 단계는 구원받은 뒤 세상에서의 삶, 즉 광야 생활이다. 광야 생활에서는 구름 기둥과 불 기둥을 따라 전진하는 것이 중요한 일이다. 구름 기둥은 말씀의 인도를, 불 기둥은 성령의 인도라고 할 수 있을 것이다. 광야는 영원히 머물 장소가 아니기 때문에 세상에 사는 모든 그리스도인들은 누구나 나그네와 행인으로서 본향을 사모하면서 살아간다(벧전 2:11). 넷째 단계는 요단강을 건너 천국에서의 생활, 다시 말해 가나안에서의 생활이다.

이 네 단계 중 세상에서 그리스도인의 삶은 둘째와 셋째 단계, 즉 구원과 그 이후 천국 갈 때까지의 삶이다. 이 둘 중에서 대부분의 선교회나 교회가 관심을 많이 집중하고 있는 부분은 주로 홍해를 건너는 단계, 다시 말해 구원의 단계이다. 물론 홍해를 건너지 않은 광야 생활은 상상할 수 없기 때문에 구원이 강조되는 것은 당연하다. 그러나 구원만 강조되고 광야 생활이 무시된다면 기형적 신앙이 될 우려가 있다. 홍해를 건너는 것은 일회적, 일시적 일이지만 광야 생활은 40여 년 간의 일인 것처럼 구원은 순간적으로 받을 수 있다 해도 그 뒤 천국 갈 때까지의 삶은 멀고도 험한 길이다.

홍해를 건너는 것으로 충분하지 않다. 홍해는 요단강이 아니다. 온전한 구원, 복음의 정체성의 확립이라는 측면에서 볼 때 구원의 두 가지 측면, 즉 홍해를 건너는 것으로 비유되는 완료적 구원과 광야 생활로 비유되는 진행적 구원이 모두 강조되어야 한다. 광야에서는 온갖 거짓된 불 기둥과 구름 기둥의 미혹을 받기도 하고 내적 · 외적으로 수많은 대적과 질병, 짐승과 해충, 추위와 더위의 위험에 직면하기도 한다. 많은 사람들이 홍해를 건너는 것을 요단강을 건너는 것으로, 다시 말해 예수 믿으면 곧 천국에 온 것으로 착각하기 때문에 각종 어려움에 직면하곤 한다. 예수를 믿고 난 뒤에도 여러 가지 어려움에 직면하는 경우가 많은데, 이는 우리가 현재 천국에 사는 것이 아니라 세상에 살고 있기 때문이다.

기독교적 세계관은 넓은 의미에서는 '애굽에서 가나안 복지까지'의 전과정을 다루고 있지만 좁은 의미에서는 '광야 생활'에 좀더 깊이 관련되어 있다고 할 수 있다. 어떻게 하면 애굽을 떠나 광야 생활을 하는, 그러면서도 아직 가나안 복지에 이르지 못한 사람들이 바른 불 기둥과 구름 기둥의 인도를 받으면서 살 수 있는가에 초점이 맞추어져 있다고 할 수 있다. 이 책에서 다루고자 하는 것은 '홍해를 건너는 연습'(전도 훈련)보다 어떻게 하면 광야 생활을 잘할 수 있을까에 초점을 두고 있다.

4장까지는 주로 창조—타락—구속이라는 세계관의 구조를 중심으로 어떻게 이 구조가 광야에 있는 그리스도인의 삶 전체를 조망하는 틀로서 기능할 수 있는지를 살펴보고자 한다. 그리고 5장부터 16장까지는 이러한 논의를 기초로 몇몇 분야에서 실제적인 기독교적 세계관을 적용해 보고자 한다.[38]

---

38) Albert M. Wolters, *Creation Regained : Biblical Basics for a Reformational Worldview* (Grand Rapids, MI : Eerdmans, 1985) — 한국어판: 양성만 역, 『창조, 타락, 구속』(서울: IVP, 1992).
월터스의 책은 어거스틴(St. Augustine, 354-430), 틴데일(William Tyndale, 1496-1536), 칼빈(John Calvin, 1509-1564), 카이퍼(Abraham Kuyper), 바빙크(Herman Bavinck), 도예베르트(Herman Dooyeweerd), 폴렌호벤(D.H.T. Vollenhoven) 등을 통해 내려온 개혁주의적 세계관을 잘 소개하고 있다.

함께 이야기합시다

1. 세계관은 철학, 신앙, 신념 등과 다른가? 다르다면 어떻게 다른가?
2. 세계관이 자신의 행동과 삶을 지배하거나 영향을 미친다고 생각해 본 적이 있는가?
3. 자신이 다른 사람들과 다른 세계관을 가졌다고 생각한 경우가 있는가? 있다면 구체적으로 어떤 점이 달랐다고 생각하는가?
4. 영적, 육체적 성장에 따른 세계관의 변화는 어떻게 볼 수 있을까? 세대차는 세계관의 차이일까?(cf.고전 13:11)
5. 세계관을 일종의 이데올로기라고 하는 사람들에게 어떻게 대답할 것인가?

2장 창조

시작에 대한 커다란 믿음

"그가 태초에 하나님과 함께 계셨고 만물이 그로 말미암아 지은바 되었으니 지은 것이 하나도 그가 없이는 된 것이 없느니라"(요 1:2-3).

  기독교적 세계관은 역사적이며 하나님의 영감으로 기록된 성경에 기초하고 있다. 이 성경은 초두에 "태초에 하나님이 천지를 창조하시니라"고 선언함으로써 하나님께서 천지만물과 그 가운데 인간을 지으셨음을 말하고 있다(창 1:1). 성경의 기본 진리를 가장 잘 압축했다고 할 수 있는 사도신경도 "전능하사 천지를 만드신 하나님 아버지를 내가 믿사오며"로 시작되어 창조주 하나님에 대한 신앙고백이 먼저 나온다.
  창조는 모든 존재와 인식의 기원에 관한 지식을 제공하기 때문에 기독교적 세계관의 기초가 된다. 창조에 대한 지식과 믿음은 단지 만물의 기원에 대한 개인적 호기심을 만족하는 것으로 끝나지 않는다.

만물이 어디서, 어떻게 기원했는지를 알 때 비로소 만물의 존재 이유와 목적도 알 수 있는 것이다. 그러므로 기독교적 세계관에 대한 논의는 먼저 창조주와 창조에 관한 성경 기록을 살펴보는 것이 자연스럽다. 창조를 생각지 않고는 그 후에 일어난 어떤 사건도 바르게 해석될 수 없으므로 당연히 기독교적 세계관에 대한 논의는 창조로부터 시작되어야 한다.

창조주 하나님

기독교적 세계관에서 중심이 되는 창조주 하나님은 철학적 혹은 동양 종교적 단일론(Monism)이나 이원론(Dualism)의 신의 개념과 뚜렷이 구별된다. 범신론 같은 동양 종교의 단일론에서는 하나님을 피조 세계에 흡수시키거나 동일시한다. 즉 피조 세계 그 자체를 신으로 동일시하거나 피조 세계 속에 하나님이 있다고 생각한다. 유물론이나 자연주의, 그리고 세속적 휴머니즘과 같은 단일론에서는 신을 피조 세계의 일부로 포함시킨다. 유물론에 의하면 만물은 물질로 되어 있으며 초월적인 신도 결국은 물질로 이루어져 있고 이들은 모두 자연법칙에 의해 지배된다고 믿는다. 선재하는 자연법칙에 순응하지 않을 수 없는 플라톤의 신 데미우르고스(Demiurgos)도 일종의 자연주의의 산물이라고 할 수 있다.[1)]

이에 비해 이 세계를 초월적인 영역과 자연적인 영역으로 이분하는 이원론도 성경과는 다른 신관을 보여 준다. 자연적인 영역은 신과 무

---

1) James W. Sire, *Universe the Next Door*(Downers Grove, IL: IVP, 1988) – 한국어판: 김헌수 역, 『기독교적 세계관과 현대사상』(서울: IVP, 1995), 제2장.

관하고 초월적인 영역만이 신과 관련이 있다고 생각한다면 자연적인 영역은 신과 무관한 실체이므로 그 자체가 또 하나의 자존적 존재가 될 수 있고 초월적인 영역은 '신적 영역'이므로 또 다른 영원한 영역이 될 수 있다. 그러므로 성경적으로 볼 때 이원론은 창조주 하나님과 피조물을 동등한 위치에 두고 이들간의 관계를 혼돈하였기 때문에 생긴 것이다.

기독교 내에서 이원론이라고 할 수 있는 것은 18세기 유럽에서 등장한 이신론(理神論, Deism)이다.[2] 이신론자들은 창조주는 시계 제조자로서 태초에 시계를 만들어 움직이게 한 뒤 더 이상 시계를 돌보지 않는다고 생각하였다. 일단 움직이기 시작한 시계는 더 이상 창조주에게 의존되어 있지 않으며 자율적으로 움직인다. 하나님이 시계를 창조했다는 점에서는 기독교적이지만, 창조된 뒤에는 하나님의 간섭 없이 움직인다는 점에서는 '하나님과 시계'로 이분하는 세속적 이원론과 유사하다. 이신론자들은 피조 세계에 대한 끊임없는 하나님의 섭리와 구속사의 진행을 부정한다.

이신론적 신관은 유럽에서 다양한 형태의 조류들로 나타났다. 19세기 낭만주의는 자연의 생동성, 자연의 무한한 연속성에 궁극적인 의미를 부여함으로 자연의 영역에서 하나님의 간섭과 섭리를 배제하였다. 여기서 한 걸음 더 나아간 것이 현대의 자연주의적 휴머니즘이다. 이 사상은 모든 것을 자연으로 환원시킴으로 하나님과 피조물의 관계를 왜곡시켰다. 피조물과 창조주를 구별하지 않고 하나로 보면 범신론에 빠지기 쉽고 하나님 없이 물질 세계만을 받아들이면 유물론적 자연주의로 흐르게 된다.

---

[2] 기독교적 이원론의 대표로는 중세 아퀴나스를 들 수 있지만, 현대의 자연주의적 세계관의 직접적인 모태가 된 이원론으로는 18세기 유럽의 이신론을 들 수 있다.

그러나 성경에 나타나는 창조주 하나님은 우주의 필연성이나 어떤 제한에 묶여 있는 분이 아니다. 하나님은 우주 속에 계시면서도 우주 그 자체가 아니며, 우주를 초월하시면서도 우주와 무관하신 분이 아니다. 성경의 하나님은 "내재하시면서 동시에 초월하시는 분"이다. 하나님의 내재성만을 강조하면 범신론으로 가게 되고 초월성만을 강조하면 이원론이나 이신론으로 흐를 위험이 있다. 기독교적 신관에서는 하나님은 만물의 창조주이므로 다른 어떤 피조물들과도 대등한 관계에 있지 않다는 점에서 이원론을 부정한다. 하나님은 만물을 창조하셨을 뿐만 아니라 지금도 살아 계셔서 역사하시는 인격적인 분이므로 이신론적 견해도 부정한다.

기독교적 세계관에서는 여타 자연 종교에서 숭배하는 자연계의 일부나 현상을 하나님께서 창조하신 피조 세계의 한 부분으로 본다. 그래서 만물 속에 하나님의 솜씨는 나타나 있지만 자연 그 자체에는 어떠한 신적인 요소도 깃들여 있지 않다고 선언한다. 그리고 하나님은 역사를 통하여 침묵하는 이교의 신들과는 달리 "거기 계시며 말씀하시는 하나님"이다. 그분은 하늘과 땅을 만드신 자요, 역사의 주관자요, 살아 계시며 인격적인 분이어서 개인의 삶에도 친히 간섭하신다. 이러한 창조주를 믿는 기독교 유신론은 창조주 안에서 내적 일관성을 가지며 그분을 믿는 자들은 하나님의 주권과 사랑에 감사하면서 창조주의 면전에서(Coram Deo) 산다.

기독교적 세계관에서는 우주의 참된 최고의 실재는 창조주 하나님이라 생각한다. 온 우주 만물 가운데 하나님 한 분만이 영원하고 자존적이며 나머지 가시적, 비가시적 대상들은 피조물로서 일시적(temporary)이고 의존적(dependent)이라고 생각한다. 이에 반해 다른 여러 세계관에서는 궁극적 실재로서 여러 신(神)들, 물질, 논리적 체계, 사회나 경제적 구조 등을 제시하고 있다. 궁극적 실재에 대한 개인의 결단은 여러 가지 종교나 이데올로기 등의 형태를 만들어 내는 기초가 된다. 그러므로 온전하고 성숙한 그리스도인이 되기 위해서는 개인적 신앙고백은 물론 그의 의식 깊숙한 곳에 잠재하고 있는 궁극적 실재로서의 창조주 하나님에 대한 분명한 인식이 필요하다. 오늘날 이 질문에 대한 태도가 희미하기 때문에 겉모습은 분명한 그리스도인인데 엉뚱한 열매를 맺는 경우가 종종 있으며, 기독교의 탈을 쓴 온갖 이데올로기가 난무하고 있다.

초역사적이고 초과학적인 창조 기사

다음에는 창조에 관한 성경 기록의 영감성을 살펴보자. 창세기에 나타난 창조 기사는 과학자들은 물론 신학자들간에도 통일된 해석이 제시되고 있지 않다. 창조에 관하여 과학자들간에 의견이 일치하지 않는 것은 일차적으로 자연에 나타난 창조의 증거가 다양할 뿐 아니라 이러한 증거를 수집, 해석하는 인간의 능력이 제한되어 있기 때문이다. 신학자들간에 의견이 일치하지 않는 것은 성경 기록이 논리적 성격을 띤 철학 논문이나 조직신학의 논문 형태로 쓰여지지 않은 데다 학자들이 견지하고 있는 조금씩 다른 세계관에 따라 같은 성경구절을 두고도 전혀 다른 해석을 하기 때문이다. 창조의 증거들을 해석하는 행위 자체가 세계관적이기 때문에 같은 현상이나 데이터를 두고도 자신의 세계관에 따라 다른 해석을 한다.[3]

---

3) 문자적 창조론 (Literal Creationism), 유신론적 진화론 (Theistic Evolutionism), 진행적 창조론 (Progressive Creationism), 날—시대 이론 (Day-Age Theory), 간격 이론 (Gap Theory) 등등의 다양한 이론들은 학자들간의 다양한 성경 해석 및 과학적 증거 해석들을 보여 주는 예라고 할 수 있다.

여기서 학자들의 다양한 이론들을 일일이 소개하는 것은 별 유익이 없다. 창조 교리는 하나님께서 만물의 창조주라는, 단순하면서도 엄청난 사실에 집중되어 있다. 성경은 "하나님께서 만물을 어떻게 창조하셨는가?"보다 "하나님이 누구이시며 그분이 왜 만물을 창조하셨는가?"에 더 큰 관심을 두고 있다. 비유로 말한다면 서울 갈 때 무엇을 타고 갔느냐 하는 것보다 누구의 부름으로, 무슨 목적으로 갔는가에 더 관심을 두고 있다. 즉 성경의 주된 관심은 신학적이고 영적인 것에 있으며 생물학이나 지질학, 연대기 등과 같은 과학적인 해석이 아니다. 물론 이 말은 성경 기록이 역사적, 과학적이 아니라는 의미는 아니다. 비록 성경이 현대의 역사가나 과학자들의 일반적인 논리 전개 방법이나 용어를 사용하지 않는다 할지라도 성경은 역사적 시공(時空)의 영역에서 이들의 연구 범위를 포함하고 있다. 또한 이러한 연구들이 다룰 수 없는 '왜'의 문제 등 가장 원초적인 문제까지 취급하고 있다. 성경은 비역사적이라기보다는 초역사적이요, 비과학적이라기보다는 초과학적이라고 말하는 것이 타당하다.[4]

창세기의 창조 기사는 온 우주와 그 가운데 있는 만물이 하나님과 어떤 관계에 있는지를 말한다. 인간의 존재도 자신의 내부나 주위 환경 가운데서가 아니라 우선적으로 그를 지으신 창조주와의 관계 가운데서 찾아야 한다. 하나님께서는 모든 만물뿐 아니라 가치와 희망, 의미, 목적의 원천이시기 때문이다. 이것이 성경 전체가 강조하고 있는 점이다.[5]

---

4) Robert Blanchard Fischer, *God Did It, But How?*(La Mirada, CA : CalMedia, 1981) — 한국어판: 탁영철 역, 『하나님이 하셨습니다. 그런데, 어떻게?』(인천: 엘맨출판사, 1992).
5) 다양한 창조론에 관해서는 필자의 『창조론 대강좌』(서울: CUP, 1996)를 참고하기 바란다.

창조 기록의 독특성

하나님께서 천지만물과 그 가운데 보이는 것과 보이지 않는 모든 것들을 능력의 말씀으로 창조하셨다는 성경의 기록은(골 1:16) 만물의 존재와 인간의 인식 체계에 관한 원초적 근거를 제공한다는 점에서 기독교의 가장 근본이 되는 교리라 할 수 있다. 물론 창조에 대한 언급이 기독교 성경에만 있는 것은 아니다. 전세계적으로 창조 신화나 설화를 갖고 있지 않는 민족이 없을 만큼 창조에 대한 설화들은 많으며 주요한 창조 설화들만 하더라도 300여 종이 넘는다. 그렇다면 성경의 기록, 구체적으로 구약성경의 천지창조 기록이 여타 종교의 경전이나 다른 민족들의 신화들과 다른 점은 무엇인가? 구약성경의 천지창조 기록은 여타 종교나 여러 민족의 창조 설화와는 몇 가지 점에서 본질적인 차이를 보여 준다.

첫 번째로 지적할 수 있는 것은 창세기에 나타난 창조 기사는 '무(無)로부터의 창조'(creatio ex nihilo)를 보여 준다는 점이다. 물론 성경이 창세기의 창조가 '무로부터의 창조'임을 명쾌하게 논증하고 있지는 않지만 창세기 1장 1절을 위시하여 다른 여러 성경구절들도 무에서부터의 창조를 암시하고 있다.[6] "보이는 것은 나타난 것으로 말미암아 된 것이 아니니라"(히 11:3), "이는 만물이 주에게서 나오고 주로 말미암고 주에게로 돌아감이라"(롬 11:36) 등의 성경구절들도 다른 어떤 물질이나 존재와 무관하게 하나님께서 모든 것의 창조자임을 분명히 하고 있다.

또한 성경은 원초적인 존재를 창조할 때 흔히 기존의 재료를 사용

---

6) '바라'로 표현된 무로부터의 창조는 창세기 1장 1절뿐 아니라 시 33:6, 9, 암 4:13, 롬 4:17, 히 11:3에도 나타나 있다.

하여 만드는 것을 나타내는 '아사'(asah)와 구별하여 무(無)로부터의 창조를 나타내는 히브리어 동사 '바라'(bara, 창 1:1, 2:3)를 사용함으로써 성경의 창조는 무로부터의 창조임을 보여 준다. 전세계의 모든 창조 신화들이 기존의 재료에서의 변형(transform)에 의한 창조를 말하고 있음을 생각할 때 구약성경의 무(無)로부터의 창조 사상은 놀라운 것이다.[7]

무로부터의 창조와 관련하여 모리스 박사는 창조 이전에는 우주를 구성하는 3대 요소인 시간, 공간, 물질이 없었으며 바로 창세기 1장 1절 "태초에 하나님이 천지를 창조하시니라"가 이들의 기원을 설명한다고 한다.[8] 즉 '태초'(bereshith)에는 시간(time)의 시작을, '천'(heavens)은 공간(space)의 창조를, '지'(earth)는 물질(matter)의 창조를 나타낸다고 본다.[9] 사실 20세기 현대 물리학이 탄생하기 전까지만 해도 사람들은 시간, 물질, 공간은 절대적인 물리량이라고 생각했다. 그래서 시간도 없고(시계가 없었다는 의미가 아님), 공간도 없고(부피나 공기가 없었다는 의미가 아님), 물질도 없는 절대 무의 상태를 상상할 수 없었다. 공간이 휘었다거나 삼차원 이상의 공간, 시간여행 등의 개념도 최근의 개념이다. 그러므로 절대 무에서 무엇이 창조되었다는 주장은 인간의 이성에서 나온 것이라고 보기가 어렵다.

---

7) Albert M. Wolters, *Creation Regained : Biblical Basics for a Reformational Worldview*(Grand Rapods, MI: Eerdmans, 1985) – 한국어판: 양성만 역, 『창조, 타락, 구속』(서울: IVP, 1992), 32-36면.

8) 모리스(Henry Madison Morris) 박사는 미국 산디에이고 인근 Santee에 있는 창조과학연구소(Institute for Creation Research) 소장이며 El Cajon의 Christian Heritage College의 창설자의 한 사람이다. 1980년 CCC가 주관한 "80세계복음화 대성회" 기간 중 그의 동료들과 함께 한국을 방문하여 집회를 하였으며 이로 인해 한국창조과학회가 탄생하였다.

9) Henry Madison Morris, *The Genesis Record - A Scientific & Devotional Commentary on the Book of Beginnings*(Grand Rapids, MI: Baker, 1976), p.40-42.

두 번째, 성경의 창조 사상이 독특함은 창조와 관련된 히브리인들의 유일신관이다. 성경의 창조는 고대 이스라엘을 둘러싸고 있었던 바벨론, 페르시아, 앗시리아, 애굽 등의 열강에 보편적이었던 범신론이나 다신론적 창조가 아니라 유일신론적 창조이다. 이스라엘 민족이 다윗과 솔로몬 시대를 제외한, 나머지 수천 년의 역사를 주변 강대국들의 속국 내지 침략의 위협 속에서 살면서도 주변 강대국들의 범신론이나 다신교적 영향을 배제하고 유일신론적 창조 신앙을 가졌던 것은 매우 독특하다. 특히 범신론이나 애니미즘(Animism) 등으로 둘러싸인 이집트에서 430년을 살면서도(단지 자기 땅에서 이집트의 식민 통치를 받으며 산 것이 아님) 히브리인들이 유일신관을 유지한 것은 다른 어떤 민족의 역사에서도 찾아보기 어렵다. 온갖 고난과 압제를 받으면서도 여호와만을 섬긴 이스라엘 민족의 존재나 이들의 유일신론적인 창조 신앙은 구약성경의 창조 기록에 대한 신적 영감성을 보여 준다.

세 번째, 성경이 보여 주는 하나님의 창조는 완전하였다. 하나님은 창조 일주간 동안 매일매일 지으신 것을 보시고 "보시기에 좋았더라"(창 1:4, 10, 12, 18, 21, 25) 혹은 "보시기에 심히 좋았더라"(창 1:31)라고 말씀하셨다. 이것은 창조가 하나님의 의도대로 정확하게 이루어졌으며 창조의 모든 부분이 그분의 은혜로운 목적과 잘 조화되어 귀중한 가치를 갖고 있음을 의미한다. 이것은 물질적인 것이나 지상의 것을 경시한 고대 희랍 사상이나, 현세를 부정하고 내세 지향적인 동양의 몇몇 종교들과 날카롭게 대조된다.

일반적으로 고대인들은 지상 세계를 경시하였다. 예를 들면 고대 희랍인들은 자연계의 계층적 구조를 가정하여 흙-물-공기-불로 고귀함의 등급을 매겼다. 우주의 중심인 지구의 중심에 가까운 것일수록 천하다는 생각을 하여 흙이 가장 천하고, 지구에서 멀리 떨어져 있는 천상계를 이루고 있는 불이 가장 고귀하다고 생각하였다. 천상계가 불로 이루어져 있다는 사실은 불꽃이 하늘을 향하는 것에서 유추했다. 즉 불이 위를 향함은 불의 고향이 하늘이기 때문이며, 돌이 땅으로 떨어짐은 지구가 돌의 고향이기 때문이라고 해석하였다.

또한 동양 종교에서도 물질적인 것을 경시하였다. 중요한 것은 마음이며 육신은 별로 중요치 않거나 때로는 맑은 정신을 유지하는데 도리어 방해가 되는 존재로 보았다. 고대 중국의 제자백가(諸子百家) 사상 중의 하나인 노장 사상에서 볼 수 있는 신선 사상이나 불교나 힌두교 등에서 볼 수 있는 금욕이나 고행은 동양인들 역시 관심의 초점은 육체가 아니라 정신에 있음을 보여 준다. 초대교회를 어지럽혔던 영지주의(靈知主義, Gnoticism)에서도 이와 비슷한 생각을 발견할 수 있다. 영지주의자들은 지식(gnosis), 특히 영적인 지식을 본질적인 것으로, 물질은 악한 것으로 보았다.

이에 반해 성경은 물질계에서 인위적인 성(聖)과 속(俗)의 분리를 반대할 뿐 아니라 어디에서도 물질 세계나 현세에 대하여 그 자체가 불필요하거나 부정한 것이라고 여기지 않는다. 문맥으로 미루어 "영혼을 거스려 싸우는 육체의 정욕을 제어하라" 혹은 "육신의 정욕과 안목의 정욕과 이생의 자랑"(요일 2:16) 등에 나오는 육신 혹은 육체는 인간에게 있는 본질적 죄의 요소를 지칭하는 것이지 육체 그 자체를 정죄하는 것이 아니다. 도리어 성경은 사람의 몸을 성령이 거하는 하나님의 성전이라고 하였다(고전 3:16). 그러므로 성경은 음식물, 육체적 운동, 부부관계 등도 하나님의 법도 내에서 적절히 사용될 때 귀하고 축복된 것으로 본다. 사도 바울은 음식물이나 부부간의 성관계를 포함하여 "하나님이 지으신 모든 것이 선하매 감사함으로 받으면 버릴 것이 없나니"(딤전 4:4)라고 하였다. 하나님의 창조와 피조물이 선한 것이라면 그것을 즐기고 누리는 것은 하나님의 선하심을 찬양하는 것이다.

물론 이것은 현재의 모든 피조 세계가 완전하다는 의미는 아니다. 창조 당시에는 피조 세계가 완전하였지만 인간의 범죄와 더불어 피폐하고 왜곡되었기 때문이다. 피폐하게 되었다는 것은 부족하고 불완전하다는 의미로 볼 수 있으며 왜곡되었다는 것은 하나님의 법도를 벗어난 것으로 볼 수 있다. 성경은 이런 피조 세계를 가리켜 인간의 타락으로 인해 허무한 데 굴복하게 된 피조물의 고대하는 바는 썩어짐의 종 노릇 한데서 해방되어 하나님의 자녀들이 영광의 자유에 이르는 것이라고 하였다(롬 8:19-21). 그러나 월터스는 이처럼 피폐하고 왜곡된 것은 피조 세계의 방향(direction)일 뿐, 원래의 구조(structure)는 변하지 않았음을 지적하고 있다. 하나님께서 창조하신 원래의 세계는 보시기에 좋았고 선한 것이었지만 그것의 방향이 잘못되었다는 것이다.[10]

창조주와 피조물

창세기 1장의 창조 주간에 일어난 구체적 창조 과정은 신학적으로나 과학적으로 많은 논란이 있다. 그리고 그것은 세계관 논의와 직접적으로 관련되어 있지 않으므로 여기서는 세계관 논의와 관련해 중요한 창조의 의미만을 살펴보고자 한다.

창조의 첫 번째 의미는 창조주와 피조물은 본질적으로 다르다는 사실이다. 하나님은 창조주이시고 나머지 존재하는 모든 것은 피조물이라는 사실은 기독교 유신론과 다른 세계관을 구별하는 가장 중요한

---

10) Wolters, 『창조, 타락, 구속』, 제5장.

기준이 되며 기독교적 사고의 핵심이다. 기독교적인 신관, 인간관, 자연관, 학문관, 도덕관, 결혼관, 역사관, 시간관 등도 창조주에 대한 견해에 근거한다.[11]

기독교와 비기독교 사이에는 부분적으로 교리나 세계관이 유사한 점이 있다. 그러나 앞에서 언급한 바와 같이 기독교적 세계관과 단일론, 이원론, 이신론, 자연주의 등 비기독교적 세계관의 가장 큰 차이는 창조주와 피조물의 관계를 다르게 보고 있다는 점이다. 단일론(유물론, 유심론, 원자론 등), 이원론(영혼과 육체, 형상과 질료, 음양 사상 등), 다원론(4원소설 등) 등은 모두 이 세계를 몇몇 피조물로 환원시킨 것이다. 이에 반해 성경은 이 세계에는 자존적 창조주가 있으며 그 외의 모든 존재는 의존적 존재들로서 피조된 것이라고 본다. 창조주가 아닌 피조물의 일부를 격상시켜 그로부터 만물이 유래한 것처럼, 그것이 만복의 근원인 듯이 생각하는 것이 바로 우상숭배라고 할 수 있다.

기독교적 세계관에서 창조주 하나님은 어떤 의미에서도 피조 세계의 일부가 아니며 피조 세계도 하나님의 일부가 아니다. 하나님은 피조되지 않았고 무시무종(無始無終)한 분으로서 피조물과는 양적(量的)으로가 아니라 질적(質的)으로 다른 분이다. 창조주 하나님은 자존적인 존재이나 인간을 포함한 천하만물은 의존적인 존재이다. 출애굽기 3장 14절에 나오는 바와 같이 우주에서 "나는 스스로 있는 자"(I am that I am)라는 소개를 할 수 있는 분은 하나님 한 분뿐이다. 만물

---

11) Arthur Holmes, "Toward a Christian View of Things", in Arthur Holmes, editor, The Making of a Christian Mind : A Christian World View & the Academic Enterprise(Downers Grove, IL: IVP, 1985), p. 17-18.
홈즈(Arthur Holmes) 교수는 미국 Wheaton College 철학과 교수였으며, 기독교 철학 분야에 많은 저술을 남겼다.

은 그로 말미암아 지은바 되었으며 지은 것이 하나도 그가 없이 된 것이 없으며(요 1:3), "만물이 주에게서 나오고 주로 말미암고 주에게로" 돌아간다(롬 11:36).

두 번째 의미는 만물은 의존적이라는 사실이다. 우주 가운데 있는 만물은 전적으로 하나님의 무한하신 지혜와 역동적인 말씀에 의해 창조되었으며, 그분의 섭리의 은총으로 지금도 유지되고 있으므로 모든 피조물은 전적으로 의존적 특성을 갖는다는 사실이다. 모든 피조 세계는 하나님의 지혜의 구현이며, 하나님은 말씀으로 만물을 창조하셨을 뿐 아니라 피조물에 생명을 부여하시고, 지금도 만물을 붙들고 계시며(히 1:1-3), 또 새로운 생명을 회복하신다. 인간이 타락했음에도 불구하고 창조주에 대한 피조물의 의존 원리는 불변이다. 단지 인간이 자의적으로 하나님 의지하기를 거부했을 뿐이지 그렇다고 의존적 인간이 자존적 존재로 바뀐 것은 아니다. 인간의 자존성을 주장하는 세속적 인본주의나 자연주의, 진화론 등이 있지만 기독교적 세계관에서는 하나님 한 분 외에 자존하는 존재는 없다고 본다.

만물의 자존을 주장하는 대표적인 이론은 바로 진화론이다. 성경적으로 볼 때 진화론은 증거가 없고 메커니즘이 틀렸다는 것도 문제지만 더 근본적인 문제는 그 이론이 자존철학(自存哲學)에 근거하고 있다는 사실이다. 특히 무신론적 진화론은 만물이 자연 내적인 어떤 동인이나 확률적인 과정 등 스스로의 힘으로 존재하게 되었다고 주장하면서 초월적인 창조주의 존재를 원천적으로 부정하고 있다. 이 우주 내에서 "나는 스스로 있는 자"라고 말할 수 있는 분은 하나님 한 분뿐임에도 불구하고 진화론자들은 자신을 포함하여 만물이 스스로 존재하게 되었다고 주장한다.

진화론에서는 '존재의 대연쇄'(The Great Chain of Being)를 가정하고 만물의 존재를 그 연쇄의 고리 속에서 찾는다. 인간의 기원을 생각할 때도 인간은 유인원에서, 유인원은 더 하등한 동물에서, 하등한 동물은 단세포 생명체에서, 단세포 생명체는 분자와 같은 무생명체에서, 무생명체는 결국 물질의 소립자(素粒子)인 쿼크(quark) 등에서 대폭발의 결과로 나왔다고 믿는다. 비록 대폭발을 일으킨 원초적 물질, 소위 '아일렘'(Ylem)은 어디서 왔는지 모른다고 하지만 결국 인간은 누가 만들어서 존재한 것이 아니라 저절로, 자연 내적인 '진화력' 내지 진화의 경향에 의해 저절로 존재한 것이라고 믿는다.

서양인들에 비해 훨씬 더 자연친화적인 동양인들도 스스로 존재하게 되었다고 생각한다는 점에서는 크게 다르지 않다. 옛 시인이 읊은 것처럼 "산(山) 절로, 수(水) 절로, 산수(山水)간에 나도 절로" 존재하게 되었다고 생각하는 것도 결국 자존철학에 근거하고 있다는 점에서는 진화론과 비슷하다.

세 번째 의미는 창조에는 목적이 있다는 사실이다. 세계와 그 가운데 있는 사람은 신들의 실수나 장난에 의해서가 아니며, 물질의 우연적 조합이나 맹목적인 대폭발의 결과로 존재하게 된 것이 아니다. 이 세계는 창조주가 창세 전부터 세운 계획을 따라 창조하였기 때문에 귀중한 것이다.[12] 하나님께서는 이 세계와 인간을 아무런 강요나 제약 없이 자유롭게, 목적을 갖고 창조하셨다. 하나님의 목적은 역사 전체에 걸쳐 피조물을 통해 그분의 선하심과 영광을 나타내시는 것이다.

이에 대해서는 구약보다 신약에 창조의 의미가 더 잘 나타나 있다. 즉 예수 그리스도는 창조주이시며, 보이지 아니하는 하나님의 형상이요, 모든 창조물보다 먼저 나신 자이다. 그리고 만물이 그분에 의해서, 그분을 위하여 창조되었고 또한 만물이 그분 안에 함께 선 것이다

---

[12] 예를 들면 에베소서 1장 등을 보라.

(골 1:15-17). 따라서 살아 계시고 사랑이 풍성하신 하나님께서 그 안에서 일하시기 때문에 만물을 비인격적인 원인에 의해 움직이는 기계로 보아서는 안 된다.

목적을 가진 창조는 기독교 역사관의 기초를 형성한다. 역사를 끝없는 순환이나 윤회로 보았던 고대 희랍이나 불교의 사관과는 달리 기독교는 역사를 하나님께서 그분의 은혜로운 목적을 실현하는 장으로 본다. 이 우주는 정해진 목적을 이루기 위해 계획되고 인도되는 유목적적(有目的的) 존재이다. 이것은 내재적이고 비인격적인 힘에 의해 주어진 과정만을 기계적으로 이루어 가는 진화론적 목적과는 달리 초월적인 창조주가 피조계를 위하여 선한 목적을 이루어 가는 인격적인 목적이다.

네 번째로 생각할 수 있는 창조의 의미는 피조 세계에 대해 하나님께서 인간에게 주신 '문화명령'(The Cultural Mandate)이다. 하나님께서는 엿새 동안 "보시기에 좋도록" 아름답고 질서정연한 천지만물을 만드시고 이 피조 세계를 자기의 형상을 따라 지은 인간이 관리하도록 위임하셨다. 성경에서는 "하나님이 그들에게 복을 주시며 그들에게 이르시되 생육하고 번성하여 땅에 충만하라 땅을 정복하라 바다의 고기와 공중의 새와 땅에 움직이는 모든 생물을 다스리라"고 하셨으며(창 1:28), 또한 "여호와 하나님이 그 사람을 이끌어 에덴 동산에 두사 그것을 다스리며 지키게 하시고"(창 2:15)라고 말씀하셨다. 일부 재세례파나 퀘이커 등에서는 문화 활동 자체를 죄악으로 보기도 하지만 이 구절들에 의하면 선한 문화 활동을 하나님의 명령이라고 보는 것이 옳다.[13]

이 말은 이신론자들의 주장처럼 하나님께서 더 이상 피조 세계에 관여하시지 않는다거나 자연주의자들의 주장처럼 인간이 피조 세계의 주인이라는 의미가 아니다. 어디까지나 소유주(Owner)는 하나님이시고 인간은 관리자, 청지기(Steward)일 뿐이다. 인간이 청지기라는 사실은 피조 세계를 소극적으로 보존, 관리하는 정도에 그치는 것이 아니라 하나님의 영광과 이웃 사랑을 실현하기 위해 적극적으로 이를 조작, 개발하는 것까지 포함한다. 이러한 청지기적 사명을 잘 감당하기 위해서는 하나님의 말씀은 물론 하나님께서 피조 세계에 제정하신 질서나 규칙을 잘 알아야 한다. 그리스도인들이 자신의 분야에서 프로가 되어야 하는 이유는 그가 바로 자신의 분야에서 청지기이며 관리자이기 때문이다.

오늘날 우리는 학문 활동이 돈이나 명예, 권력을 얻기 위한 수단으로, 다른 사람들 위에 군림하기 위한 수단으로 생각하는 시대에 살고 있다. 그러나 성경이 보여 주는 학문의 일차적인 목적은 피조 세계에 대한 선하고 충성된 청지기가 되는 것이다. 이를 위해 피조 세계를 깊이 이해해야 하며 따라서 성실하게 공부하고 연구해야 한다. 여기서 피조 세계란 가시적인 자연계는 물론 인간의 책임이 수반되는 전 영역을 포함한다. 사회 구조나 경제 질서, 정치 제도, 논리 세계, 심미적 세계도 자존적 존재가 아니라 피조물이기 때문에 인간은 이들 내에서도 하나님의 규범이 실현되고 하나님의 속성이 반영되도록 해야 한다.[14]

다섯 번째, 창조에는 하나님의 자기 계시라는 의미가 있다. 그림이

---

13) 문화에 대한 그리스도인들의 자세에 대해서는 니버(H. Richard Niebuhr)의 분류가 매우 유용하다. 그는 기독교와 문화의 관계를 다섯 가지 유형으로 나누었다. 즉 (1) 문화와 반하는 그리스도(Christ against Culture), (2) 문화의 그리스도 (The Christ of Culture), (3) 문화 위에 있는 그리스도(Christ above Culture), (4) 역설 관계의 문화와 그리스도(Christ and Culture in paradox), (5) 문화의 변혁자 그리스도(Christ the Transformer of Culture) 등이다.
H. Richard Niebuhr, *Christ and Culture*(Harper & Brothers, 1951).
14) Wolters, 『창조, 타락, 구속』, 53-59면.

화가를, 소설이 작가를, 도자기가 도예가(陶藝家)의 품성을 나타내듯이 피조 세계는 그것을 만드신 창조주 하나님을 나타낸다. 오늘도 어제처럼 변함없이 동쪽에서 태양이 떠오르며 내일도 그러리라고 기대할 수 있는 것이나 언제, 어디서, 누가 셈해 보더라도 1+1이 2가 되는 것은 영원 전부터 존재하는 자존적 수학 규칙에 의한 것이 아니라 졸지도, 주무시지도 않는 창조주 하나님(시 121:3-4)의 성실하신 속성 때문이다. 이러한 피조물들 중에서도 인간은 특히 하나님의 형상을 나타내는 창조 사역의 정점이라고 할 수 있다. 인간은 타락으로 훼손되고 제한되기는 했으나 여전히 하나님의 형상을 지니고 있다(창 1:26-27). 인간이 양심이나 창의성, 질서에 대한 심미적 감각, 어느 정도의 초월성이나 주권성을 갖고 있는 것은 하나님의 형상의 반영이라고 할 수 있다.[15]

또한 하나님은 만물을 보시기에 좋도록 만드셨다. 하나님은 자신의 선한 속성을 따라 만물을 아름답고 질서 있게 만드셨다. 창세기 1장에서 여러 번 되풀이되는 말 중에는 "보시기에 좋았더라"가 있다. 아마 이것은 모든 피조 세계가 심미적으로 가장 조화롭고 균형 잡히며 통일적인 아름다움을 가진 존재로 창조되었음을 의미할 것이다. 동물들은 인간의 명령에 잘 순종했으며 동물들끼리도 평화롭게 살았을 것이다. 모기나 파리, 바퀴벌레 따위는 인간을 괴롭히지 않았을 것이고, 가시덤불과 엉겅퀴들은 알곡들을 질식시키지 않았을 것이다. 동물들은 곧장 번식할 수 있는 성체(成體)로서 창조되었다(계란이 아니라 어미 닭으로), 에덴 동산에는 '상함도 해함'도 없었을 것이다. 인간은 어른으로 만들어졌으며, 그것도 인생에서 가장 꽃다운 결혼 적령기의 청춘으로 만들어졌을 것이다.

---

15) Wolters, 『창조, 타락, 구속』, 39-53면.

하나님이 피조 세계를 통해 자신을 드러내신다는 것은 기독교의 오랜 사상이다. 갈릴레오는 "하나님은 우리에게 두 권의 책을 주셨는데 한 권은 성경이라는 책이고 또 한 권은 자연이라는 책이다"라고 했는데 그의 말은 초대교회로부터 내려오던 사상을 표현한 것이었다. 성경은 곳곳에서 피조 세계가 하나님의 솜씨를 드러낸다고 말한다. 시편 기자는 "하늘이 하나님의 영광을 선포하고 궁창이 그 손으로 하신 일을 나타내는도다 날은 날에게 말하고 밤은 밤에게 지식을 전하니 언어가 없고 들리는 소리도 없으나 그 소리가 온 땅에 통하고 그 말씀이 세계 끝까지 이르도다"(시 19:1-4)고 했고, 사도 바울은 창세로부터 하나님의 영원하신 능력과 신성은 아무도 부인할 수 없을 만큼 분명히 자연 만물에 나타나 있다(롬 1:19-20)고 했다.[16]

하나님은 성경을 통해서만 아니라 자신의 작품인 창조하신 만물을 통해 자신을 나타내기 때문에 피조 세계를 연구하는 것 자체가 하나님을 알아 가는 과정이라고 할 수 있다. 이런 의미에서 모든 학문은 하나님을 아는 지식, 즉 신학의 일부분이라고 할 수 있다. 결국 피조 세계의 질서를 연구하는 것이 학문 활동이며 그 학문을 통해 하나님이 어떤 분인지를 알아 가는 것이 학문의 이상이라고 할 수 있다. 그 이상대로라면 신앙은 학력(學歷)에 비례해야 한다. 중학교만 공부한 사람보다는 고등학교를 마친 사람이, 고등학교를 마친 사람보다는 대학을 마친 사람이 더 믿음이 좋아야 한다. 오늘날 학문이 신앙과 무관하거나 도리어 하나님을 떠나게 하는 원인이 된다면 그것은 학문의 원래 목적이 왜곡되었기 때문이다.

하나님이 창조하신 태초의 에덴 동산에는 아무런 어두움의 그림자

---

16) Charles E. Hummel, *The Galileo Connection : Resolving Conflicts between Science and the Bible*(Downers Grove, IL: IVP, 1986) - 한국어판: 황영철 역, 『갈릴레오 사건 : 과학과 성경은 배치되는가?』(서울: IVP, 1991), 제5장.

가 없었다. 하나님과 인간 사이에는 가리는 것이 없었고, 인간과 인간, 인간과 다른 피조물들간에도 그러했다. 아담은 하와를 보고 "이는 내 뼈 중의 뼈요 살 중의 살이라"고 고백하면서 아름다운 부부의 관계를 시작하였다(창 2:23). 에덴 동산에서 이루어진 아담과 하와의 결혼은 가장 완벽한 결합이었을 것이다. 인간과 그 외 모든 피조물들과의 관계도 완전하였으며 아담은 모든 짐승들의 이름을 지어 주었다. "여호와 하나님이 흙으로 각종 들짐승과 공중의 각종 새를 지으시고 아담이 어떻게 그 이름을 짓나 보시려고 그것들을 그에게로 이끌어 이르시니 아담이 각 생물을 일컫는 바가 곧 그 이름"이 되었다(창 2:19). 아담이 모든 짐승들의 이름을 지어 주었다는 것은 그들에 대한 완전한 지배권을 가졌음을 보여 준다. 또한 에덴 동산에는 시기와 질투도, 질병과 굶주림도 없었다. 모든 관계는 완전했다.[17]

이렇게 "보시기에 좋았던" 에덴 동산에서의 모습이 현재는 어떤가? 지금의 우리 사회와 개인들의 모습, 피조 세계의 모습을 보고서도 하나님께서 여전히 "보시기에 좋다"고 하실 수 있는가? 인간과 모든 피조 세계의 현재 상태는 어떤가? 왜 이러한 상태가 되었는가? 하나님께서 창조하신 최초의 세계가 가장 완전한 질서와 조화 가운데 운행되었다는 사실은 이후에 이어질 타락과 구속과 관련하여 중요한 의미를 갖는다. 최초의 아름다웠던 세계는 인간의 타락이 피조 세계에 얼마나 심각한 영향을 미쳤는지를 가늠하게 해줄 뿐 아니라 예수 그리스도로 인한 회복의 이상이 어떤지를 제시하고 있다. 이제 현실 진단의 근거가 되는 인간의 타락을 살펴보자.

---

17) Wolters, 『창조. 타락. 구속』, 59-62면.

함께 이야기합시다

1. 창조 신앙이 주변 세계와 사회 현상을 기독교적으로 바라보는 기초가 될 수 있는 실제적인 이유를 말해 보자.
2. 성경의 창조를 믿지 않거나 다른 신을 창조주로 인정하는 사람들에게 어떻게 성경의 창조와 여호와 하나님을 설명할 수 있는가?
3. 그리스도인들간에도 다양한 창조론이 있는 것을 어떻게 설명할 수 있을까?
4. 하나님께서 우주와 그 가운데 있는 생명체들을 진화를 통해 만드셨다면 그것이 우리의 세계관에 어떤 영향을 미칠 것인가?
5. 시간, 공간, 물질이 하나님의 피조물이라고 생각하는 것의 의미는 무엇인지 말해 보라.
6. "만물이 그로 말미암아 지은바 되었으니 지은 것이 하나도 그가 없이는 된 것이 없느니라"(요 1:3)에서 말하는 바와 같이 모든 것이 하나님의 피조물이라는 사실을 생각하면서 자신의 삶의 영역에서 하나님께서 청지기로 관리하라고 맡기신 것들을 구체적으로 열거해 보자(자녀, 직업 등등).

3장 타락

창조주와의 결별

"피조물의 고대하는 바는 하나님의 아들들의 나타나는 것이니 피조물이 허무한 데 굴복하는 것은 자기 뜻이 아니요 오직 굴복케 하시는 이로 말미암음이라 그 바라는 것은 피조물도 썩어짐의 종 노릇 한데서 해방되어 하나님의 자녀들의 영광의 자유에 이르는 것이니라 피조물이 다 이제까지 함께 탄식하며 함께 고통하는 것을 우리가 아니 이뿐 아니라 또한 우리 곧 성령의 처음 익은 열매를 받은 우리까지도 속으로 탄식하여 양자 될 것 곧 우리 몸의 구속을 기다리느니라"(롬 8:19-23).

하나님께서 천지만물과 그 가운데 인간을 지으실 때 하나님의 첫 반응은 "보시기에 좋았더라"라는 말로 요약할 수 있다. 뒤틀려진 것도, 왜곡된 것도 없이 그야말로 보시기에 좋았다. 그러나 오늘 우리의 현실은 어떤가? 구태여 증거를 제시하지 않더라도 온 세계는 각종 범죄와 전쟁, 환경 오염, 인종 차별, 성 차별 등 어두움의 소식들이 각종 매스컴의 사회면을 채우고 있다. 어느 누구도 오늘 우리의 사회를 보고 "보기에 좋다"고 말하지 않을 것이다. 왜 이렇게 되었을까? 성경은 여기에 대한 구체적인 해답으로 인간의 타락을 제시한다.

창조가 만물의 기원과 창조 당시의 상태가 어떠했는지를 말해 주는 것에 비해 타락은 "보시기 좋도록" 창조된 피조 세계가 오늘날 왜 이렇게 피폐한 상태가 되었는지를 말해 준다. 즉 타락은 현실 세계에 대한 진단의 근거를 제공한다. 타락은 역사에서 하나님에 대한 인간의 반역을 포함하여 모든 반역의 원천이 되었고 하나님과 인간, 인간과 인간, 인간과 피조 세계 사이의 관계를 훼손시켰다. 인류 역사를 돌이켜볼 때 끊임없는 범죄와 수많은 반성경적인 세계관, 학설, 주장, 이데올로기의 기원이 곧 인간의 타락이다. 학문적 영역에서는 사회과학이나 문학, 예술의 분야가 타락의 실재를 가장 적나라하게 드러내는 분야라고 할 수 있다. 그러므로 이 시대를 풍미하고 있는 인본주의적, 유물론적 세계관을 비판하고 나아가 올바른 성경적 세계관을 정립하기 위해서는 인간의 타락에 관한 논의가 필요하다.[1]

그러면 타락은 무엇이며 그것이 어떻게 인간과 피조 세계에 영향을 끼쳤는가? 그리고 인간의 타락과 관련된 성경의 기록이 어떻게 현실 진단의 근거가 될 수 있는지 살펴보자.

타락, 인간의 독립선언

인간의 타락은 창세기 3장에 구체적으로 나타나 있다.[1] 하나님께서

---

1) 전광식, "기독교 세계관과 현실 문제", 『학문의 걷는 기쁨』(서울: CUP, 1998), 55-80면을 보라.
2) 신약에서는 롬 5:12, 딤전 2:14를 참고하라.

는 동방의 에덴에 동산을 창설하시고 동산 가운데 생명나무와 선악을 알게 하는 나무를 두셨다. 그리고 하나님은 사람을 창조하셔서 에덴 동산에 두고 명하시기를 각종 나무의 실과를 마음대로 먹어도 되지만 선악을 알게 하는 나무의 실과는 먹지 말라고 하셨다. 만일 그 실과를 먹는 날에는 반드시 죽으리라고 하셨다.

성경의 기록에 의하면 인류의 조상 아담과 하와는 하나님을 섬기도록 지음받았다. 그러나 동시에 자신들의 지성과 감성과 의지를 가지고 하나님께 순종할 수도, 불순종할 수도 있는 자유로운 존재로 창조되었다. 하나님은 이들에게 일종의 '수습 과정'을 두셨다. 생명나무와 선악을 알게 하는 나무가 수습 과정의 주요 '교재'였다(창 2:9). 성경에 왜 선악을 알게 하는 나무의 열매를 먹어서는 안 되는지에 대한 언급이 없는 것으로 미루어 이 나무 자체가 어떤 마술적 능력을 가진 것은 아닌 것으로 보인다. 단지 이것은 아담의 순종을 시험하려는 상징적인 목적으로 주어진 것으로 보인다. 선악을 알게 하는 나무의 실과를 먹는 것은 불순종을, 생명나무는 하나님과의 영원한 생명의 교제를 상징하였다.[3] 아담과 하와가 생명나무의 실과를 먹었더라면 영생하였을 터인데 불행하게도 아담과 하와는 선악을 알게 하는 나무의 열매를 먹었다. 하나님께서 "네가 먹는 날에는 정녕 죽으리라"(창 2:17)고 분명히 말씀하셨지만 사탄은 뱀을 통해 하와를 유혹하였고 하와의 권함을 받고 결국 아담도 하나님이 금하신 선악을 알게 하는 나무의 실과를 먹었다.[4]

어떤 사람들은 그들이 먹은 실과가 무엇인지 궁금해한다. 서양에서

---

3) 계 2:7, 2:2, 14를 보라.
4) B.A. Demarest, "Fall of Man" in Walter A. Elwell, editor, *Evangelical Dictionary of Theology*(Grand Rapids, MI: Baker, 1984), p. 403-405.

는 전통적으로 선악과를 사과(일부에서는 복숭아)라고 하는 사람들이 많고 한국에서는 무화과라고 말하는 사람들이 많지만 실과의 종류가 무엇인가는 중요한 것이 아니다. 중요한 것은 하나님께서 먹지 말라고 금한 실과를 인간이 순종하지 않고 "하나님과 같이 되어 선악을 알 줄" 기대하고 먹었다는 것이 문제였다(창 3:5). 이것은 곧 하나님께 의존되어 있는 인간이 하나님으로부터 독립하겠다고 선언한 것이었다.

유대인 학자들이나 기독교인 학자들 중에는 선악의 지식을 성적인 자각으로, 선악과를 따먹은 행위를 성행위로 해석하는 사람들이 있다. '범성욕주의'(汎性慾主義)라고 불리는 통일교에서도 이것을 놓칠 리 없다. 그들은 아담과 하와의 타락을 성적(性的)으로 해석한다. 이들은 창세기 3장 7절에서 "이에 그들의 눈이 밝아 자기들의 몸이 벗은 줄을 알고 무화과나무 잎을 엮어 치마를 하였더라"고 한 구절과 3장 10-11절에서 아담과 하와가 자신들이 벗은 줄을 알게 되었다는 구절을 근거로 제시한다.[5]

그러나 이러한 해석은 바르지 않다. 선악과를 먹은 것이 성관계를 말한다면 어째서 아담과 하와가 열매를 함께 먹지 않고 따로따로 먹었는가? 성경은 분명히 "여자가 그 실과를 따먹고 자기와 함께한 남편에게도 주매 그도 먹은지라"(창 3:6)고 말한다. 하와가 사탄과 성관계를 맺었다는 통일교의 주장도 어불성설(語不成說)이다. 영물(靈物)인 사탄과 인간이 어떻게 육체적 관계를 맺을 수 있는가? 그리고 하와가 선악과를 주어서 아담이 먹었다는 것은 또 어떻게 해석할 것인가?[6] 이미 사탄의 유혹을 받기 이전에 하나님은 아담과 하와에게 생육하고 번성하라는 복을 주셨다(창 1:28, 2:24). 생육하고 번성하

---

5) 손봉호, 『현대 정신과 기독교적 지성』(서울: 성광문화사, 1978), 391면.
6) Demarest, *Evangelical Dictionary of Theology*, p. 404.

는 것은 부부간의 성관계를 전제한 것임은 말할 필요가 없다. 정당한 부부 사이에서의 성관계는 하나님의 거룩한 창조 사역의 피날레에서 축복이자 명령으로 인간에게 주어진 것이다.

어떤 사람은 하와가 유혹받을 때 뱀이 어떻게 사람과 말할 수 있었을까를 의심한다. 분명히 아담과 하와를 유혹한 주체는 사탄이었지만 구체적으로 어떻게 뱀이 하와를 유혹했을까?[7] 어떤 사람은 뱀은 단지 사탄에 대한 비유적 표현일 뿐이라고 생각하기도 하고, 어떤 사람은 뱀은 단지 마귀의 일을 위한 도구였을 뿐이라고 주장하기도 한다. 그러나 다음 몇 가지 사실들을 고려할 때 타락 이전에는 동물과 사람 사이에 대화가 가능했으리라고 생각된다.

우선 아담이 에덴 동산에서 처음했던 일이 각종 들짐승과 공중의 각종 새의 이름을 짓는 일이었는데(창 2:19), 만일 사람과 동물이 어떤 형태로든 의사소통이 되지 않았다면 이런 일은 가능하지 않았을 것이다. 오늘날에는 일방적으로 사람이 동물들의 이름을 짓지만 당시에는 어느 정도의 교감이 있었을 것으로 생각된다.

둘째로는 타락으로 인해 하나님과 인간, 인간과 인간, 인간과 피조물들간의 관계 훼손, 즉 대화 단절이 일어난 것을 생각할 때 타락 이전에는 사람과 동물 사이에 대화가 가능하지 않았을까 생각할 수 있다. 어떤 사람은 발람의 당나귀처럼 잠시 동안 뱀이 사탄으로부터 특별한 능력을 받아(사람이 방언을 하듯이) 사람과 말할 수 있었을 것이라고 한다. 그러나 만일 이전에는 전혀 말을 못하던 뱀이 갑자기 사람에게 말을 건다면 하와는 놀라 도망갈 뿐, 그 희한한 뱀에게 넘어갈 리 없었을 것이다. 이사야서(11:6-8)에 나타난 회복된 천국의 설명에

---

[7] 요일 3:8, 계 12:9을 보라.

서 미루어 볼 때 인간이 타락하기 이전 세상의 모습은 오늘 우리들이 사는 이 시대, 이 세상과는 전혀 달랐을 것이다. 사람들간의 대화는 물론 사람과 하나님, 사람과 동물들간의 의사소통도 지금과는 판이하게 달랐을 것이다.

어쨌든 인류의 조상 아담과 하와는 완전하고 무흠(無欠)한 상태로 창조되었으나 하나님이 금하신 선악을 알게 하는 나무의 열매를 먹고 범죄함으로써 타락했다. 하나님께서 선악과를 두고 아담에게 경고하신 것은 하나님의 말씀을 순종하는 일이 선이고 어기는 일이 악이며 그 결과는 죽음이라는 것이었다. 결국 선악과를 따먹은 것은 경고의 무시였으며, 하나님과 의존적인 관계를 거절하고 인간 자신이 자기의 주인임을 선언한 행위였다. 그렇다면 이러한 타락은 어떤 결과를 초래하였는가?

타락의 결과

하나님의 모습이 나타나 있는 원래의 아름다운 피조 세계는 인간이 하나님께 불순종함으로써 인간과 더불어 총체적으로 저주 아래 놓이게 되었다. 아담은 인류의 조상으로서 하나님과 맺은 언약의 대표자이기 때문에 그가 하나님의 명령을 불순종한 것은 온 인류의 불순종으로 연결된다. 아담의 범죄로 말미암아 죄가 세상에 들어왔으며 아담으로 인해 모든 사람이 죄인이 된 것이다(롬 5:12).

하나님과 같이 되려는 인간의 독립 선언은 인간에게 진정한 독립을 가져다 주지 못했다. 도리어 인간은 사탄의 노예로 전락하여 죄의 착고를 차게 되었다. 인간의 불순종은 전인격적인 변화를 수반하여 지성에는 불신앙과 교만이, 의지에서는 하나님으로부터 독립하려는 경향이, 감정에서는 악한 만족의 탐닉으로 나타났다. 이처럼 타락한 인간의 성품은 실제 삶에 나타나 이제 인간은 선한 일을 위해서는 굉장한 극기와 절제가 필요하지만 탐욕, 시기, 질투 등 악한 생각이나 행동을 위해서는 조금도 결심할 필요가 없게 되었다. 그러한 것들은 가만히 있어도 우리 속에서 너무도 자연스럽게 흘러 나온다. 노동조합도, 작업 교대도 없는 완전 자동화된 죄의 공장으로서 인간은 끊임없이 악이라는 상품을 생산하고 있는 것이다. 마치 사과가 열리기 때문에 사과나무라기보다 사과나무이기 때문에 사과가 열리는 것처럼 이제 인간은 죄인으로 태어났기 때문에 죄를 짓는 '태생적 죄인', 혹은 소위 '존재론적 죄인'(Ontological sinner)이 된 것이다(시 51:5).

인류 역사를 돌이켜볼 때 수많은 반성경적인 세계관, 학설이나 주장, 이데올로기의 기원이 곧 인간의 타락과 관련되어 있다. 그러므로 현대의 잘못된 세계관을 비판하고 나아가 바른 세계관을 정립하려면 반드시 인간의 타락에 관한 좀더 심층적인 고찰이 필요하다. 하나님의 모습이 나타나 있던 아름다운 원래의 피조 세계는 인간이 하나님의 법칙에서 벗어남으로써 인간과 더불어 저주 아래 놓이게 되었다. 아담은 인류의 조상이며 대표자였기 때문에 그가 하나님의 명령을 거역하고 범죄한 것은 그에게서 나올 온 인류의 범죄를 초래하였다(롬 5:12).

이러한 인간의 타락은 인간의 영적, 지적, 육체적 피폐와 더불어 모든 자연계의 피폐도 수반하였다. 타락 기사는 인류 역사에서 하나님에 대한 인간의 모든 반역의 원천이 되었고 하나님과 인간, 인간과 인간, 인간과 피조 세계간의 관계에 지대한 영향을 끼쳤다. 인간의 타락은 하나님으로부터 인간의 독립 선언이며 하나님의 경고에 대한 무시였다. 사람들 사이의 관계는 깨어지고 세상은 각종 범죄로 가득 차게 되었다. 자기 자신과의 관계가 깨어지면서 인간은 자신으로부터도 철저히 소외되었다. 인간과 피조 세계의 관계도 깨어지게 되었다. 피조물들은 인간에게 순종치 않게 되었고 인간도 더 이상 피조물들의 선한 청지기가 아니었다. 인간의 타락으로 인해 야기된 각종 관계의 파괴를 좀더 자세히 살펴보자.

우상숭배, 하나님과 인간의 관계 훼손

인간이 하나님께 불순종함으로 초래된 가장 근본적인 문제는 하나님과의 관계가 깨어졌다는 사실이었다. 아담과 하와가 하나님의 낯을 피하여 동산 나무 사이에 숨은 것은(창 3:8) 훼손된 관계를 보여 주는 구체적인 증거이다. 늘 가리는 것 없이 하나님을 뵙던 인간이 범죄한 뒤에는 하나님의 소리를 듣고 두려워하여 숨은 것이다. 이것은 마치 아이들이 잘못한 일이 있으면 부모님의 낯을 슬금슬금 피하는 것과 같은 이치다.

범죄한 뒤 인간이 하나님의 얼굴을 피하는 것은 소극적인 관계 훼손의 모습이었다. 세월이 흐르면서 인간은 하나님의 얼굴을 피하는 데서 한 걸음 더 나아가 더욱더 적극적으로 행동하게 되었으니 그것은 곧 우상숭배였다. 우상숭배는 인간과 하나님 사이의 훼손된 관계 때문에 생긴 대표적인 죄악이었다. 다시 말해서 우상숭배는 인간이 하나님을 떠난 대표적인 증거라고 볼 수 있다. 우상숭배는 피조물을 창조주의 자리로 격상시키고 피조 세계의 일부를 절대화시켜 하나님의 자리에 두고 섬기는 것이다. "피조물을 조물주보다 더 경배하고 섬김"(롬 1:25)이 곧 우상숭배인 것이다. 이는 결국 하나님의 창조주 되심을 부인하고, 그의 통치를 거부하는 것이며 본질적으로 하나님께 의존적인 인간이 다른 피조물에 의존적인 존재로 전락한 것이기 때문에 하나님과의 관계는 물론 피조 세계와의 관계까지 왜곡하는 것이다. 한 예로 사람들은 고목이나 일월성신, 강이나 바다, 바위 등과 같은 피조물을 창조주로 오해하여 복을 빈다. 현대의 우상이 되고 있는 돈, 권력, 명예, 각종 이데올로기 등도 관리해야 할 피조물이지 섬겨야 할 창조주는 아닌 것이다.

이러한 우상숭배와 관련한 성경적 견해는 무엇인가? 첫째 인간은 종교적 본성을 갖고 있기 때문에 하나님을 섬기지 않는다면 대신 다른 것을 섬길 수밖에 없다는 것이다. 사도 바울이 당시 가장 논리적이고 학문적이었던 아덴 사람들에 대하여 범사에 종교성이 많다고 한 것(행 17:22)은 종교성이 인간의 본성적인 것임을 말한 것이었다. 인간이 "썩어지지 아니하는 하나님의 영광"을 보지 못하게 되면 그것을 "썩어질 사람과 금수와 버러지 형상의 우상"으로 바꾸게 된다(롬 1:23). 인간은 본성적으로 의존적인 존재이기 때문에 아무것도 섬기지 않는 중립적인 상태에 있을 수가 없다. 이와 같이 무엇인가를 섬길 수밖에 없는 인간의 본성을 어거스틴은 '종교적 집중'(religious concentration)이라고 불렀다. 하나님은 인간을 만드실 때 종교적 집중의 본성을 주셨다. 그러나 이 본성은 어디까지나 가능성일 뿐이므로 인간은 자신의 선택에 의하여 하나님을 섬길 수도 있고 우상을 섬길 수도 있는 것이다.

우상숭배는 타락으로 인해 생겨났기 때문에 동서고금을 막론하고 인간 사회에서 나타나는 보편적인 현상이었다. 과거에 하나님을 섬기지 않던 사람들은 주로 자연의 일부나 자연 현상을 숭배하였으므로 우상숭배 행위가 뚜렷이 드러났지만 복잡한 현대 사회에서는 우상의 형태나 숭배 행위가 교묘해서 때로는 자신이 우상을 숭배하고 있는지조차 느끼지 못하면서 우상숭배를 한다. 예를 들면 물질이나 명예나 권력, 쾌락, 지적 만족, 식욕이나 성욕, 인생의 목표 등도 정도를 넘게 되면 다분히 우상으로서의 특성을 띠게 된다. 과학, 기술, 특정한 이데올로기 등도 현대 사회에서 새로운 우상으로서 기능하는 경우가 많다.

우상숭배는 행위 그 자체가 하나님과의 관계를 왜곡하는 것이므로 하나님에게서만 오는 진정한 행복, 안정을 가져오지 못한다. 우상은 하나님에 의해서만 채워질 수 있는 인간의 내적인 공허를 채우는 모조품이며 따라서 우상으로 인해 누리게 되는 평안은 모조 평안에 불과하다. 바닷물로 갈증이 해소될 수 없듯이 우상숭배는 영혼의 갈증을 더하게 할 뿐이다. 사람의 마음속에는 "하나님에 의해서만 채워질 수 있는 공허"가 있고,[8] 인간은 하나님을 위해 창조되었으므로, 하나님 안에서 안식하기까지는 평안이 없다.[9]

둘째, 모든 사람들은 자기가 경배하는 대상을 닮아 간다. 돈을 우상화하는 사람은 얼굴에 돈의 그림자와 추잡함이 나타나고 시기와 질투의 마음이 강한 사람도 이것이 얼굴에 나타난다. 우리의 모습과 됨됨이는 우리가 무엇을 사랑하느냐에 따라 달라지며,[10] 사람이 나이가

---

8) 프랑스의 수학자이자 철학자였던 파스칼(Blaise Pascal, 1623-62)은 인간의 마음속에 있는 본질적 공허감을 "하나님에 의해서만 채워질 수 있는 공허"(God-shaped vacuum)라고 표현했다.

9) 어거스틴은 그의 『아우구스티누스 고백』(The Confessions of Saint Augustine) 첫 부분에서 "당신은 당신 자신을 위해 우리를 창조하셨으므로, 우리 마음이 당신 안에서 안식을 얻기까지는 평안이 없기 때문입니다"라고 고백했다.
  Saint Augustine, *The Confessions of St. Augustine* / a new translation by Rex Warner(New York : New American Library, 1963) — 한국어판: 어거스틴, 『아우구스티누스 고백』(서울: 종로서적, 1989), 9면.

10) 괴테(Johann Wolfgang von Goethe, 1749-1832) : 독일의 문호이자 정치가였으며 식물학자.

11) 링컨(Abraham Lincoln, 1809-1865) : 미국의 16대 대통령으로서 남북전쟁을 승리로 이끌면서 노예해방의 위업을 달성하였다.

마흔을 넘으면 자기 얼굴에 책임을 져야 한다.[11] 어릴 때나 젊은 때의 얼굴은 부모로부터 물려받은 것이지만 나이가 들어감에 따라 그때까지 어떻게 살아왔는가에 따라 얼굴에서 풍겨지는 이미지가 달라진다는 말이다. 우상숭배는 인간의 외면뿐 아니라 내면까지 바꾼다. 하나님을 경배할 때 하나님을 닮아 가고 우상을 섬길 때 우상을 닮는다. 그러므로 우리는 참되신 하나님을 섬겨 하나님의 거룩하심을 닮아야 한다.

사탄은 본질적으로 반역의 영이다. 그러므로 우상을 섬기게 되면 사탄이 우상을 통해 우상숭배자로 하나님을 반역하게 한다. 이 시대에는 진보주의, 인본주의, 배금사상, 기술주의, 진화론, 그 외 온갖 이데올로기들이 현대판 우상으로 사람들의 숭배를 받고 있다. 이들 우상의 한결같은 결말을 보면 숭배자들로 하여금 자존적(自存的) 존재임을 선언하게 한 후 하나님을 배격하게 만든다. 이것이 바로 우상의 특성이기 때문에 우상숭배자는 필연적으로 "가장 높은 구름에 올라 지극히 높은 자와 비기리라"(사 14:14)고 하는 반역의 길로 가게 된다.

동전의 비유를 생각해 보자. 한쪽 눈만 뜨고 동전을 점점 눈에 가까이 가져 가 보라. 동전을 눈에 가까이 가져 갈수록 점점 시야가 제한되며 동전을 명시 거리 내로 가져오면 동전에 있는 글씨나 문양을 인식하는 것조차 힘들어진다. 인간에게 하나님 외에 집중하는 어떤 것이 있으면 그것이 인간의 안목을 가리며 분별력을 빼앗아 간다. 점점 더 집중할수록 더욱더 분별력이 없어진다. 보통 사람들은 상식적으로 분별할 수 있는 것들조차 이단에 빠진 사람들은 도무지 분별하지 못하는 경우가 있는 것은 바로 이 때문이다. 우상은 사람들의 눈을 가린다.

셋째, 인간은 자기가 숭배하는 대상을 닮아 갈 뿐만 아니라 그 닮은 모습에 따라 문화를 형성한다. 하나님을 섬기는 사람은 하나님을 닮아 그분의 속성을 문화에 반영하고 우상을 섬기는 사람은 우상의 모습을 따라 하나님께 반역하는, 소위 바벨 문화를 형성한다. "성과 대를 쌓아 대 꼭대기를 하늘에 닿게 하여 우리 이름을 내고 온 지면에 흩어짐을 면하자"(창 11:4)고 모의하는 것이다. 오늘날 하나님을 반역하는 문화의 이면을 보면 예외 없이 우상숭배가 있음을 볼 수 있다. 하나님을 배격하고 인간의 이성을 섬기던 계몽시대에는 우상화된 이성의 모습이 문화에 반영되었고, 과학기술이 우상화되고 있는 현대에는 무신론적 과학기술 문화가 형성되고 있는 것이다. 그리스도인들이 기독교적 세계관을 확산시키고 이 세계관에 근거한 문화 형성에 적극적으로 참여해야 하는 이유는 그렇게 하지 않으면 하나님을 반역하는 문화가 이 땅에 편만해질 것이기 때문이다.

인간과 인간의 관계 훼손

인간의 타락은 하나님과 인간의 관계 훼손뿐 아니라 다른 사람들과의 관계에서도 문제를 생기게 하였다. 인간과 인간 사이의 관계가 깨어졌다는 증거의 하나는 책임 전가라고 할 수 있다. 아담은 "하나님이 주셔서 나와 함께하게 하신 여자 그가 그 나무 실과를 내게 주므로 내가 먹었나이다"(창 3:12)라고 하였다. 불과 얼마 전에 "이는 내 뼈 중의 뼈요 살 중의 살이라"(창 2:23)고 한 하와에게, 나아가 그를 만들어 주신 하나님께 아담은 자기의 선악과 먹은 책임을 전가하고 있는 것이다. 이 세상에서 가장 가까운 아내와의 관계가 이 정도로 훼손되었다면 그 외 다른 사람들과의 관계는 말할 필요가 없는 것이다. 그리고 하와도 역시 "뱀이 나를 꾀므로 내가 먹었나이다"(창 3:13)라고 책임을 전가하였다. 하나님의 형상, 곧 그분의 인격성을 닮아 자기 반성력과 판단력을 가진 인간이 자기 범죄에 대한 책임을 다른 피조물에게 돌리고 있는 것이다. 오늘날 우리 사회 구석구석에 길게 드리워지고 있는 범죄의 그림자들은 결국 훼손된 인간관계에서 출발한 것이라고 할 수 있다.

타락은 인간에게 있어서 다른 사람들과의 관계만 훼손시킨 것이 아니다. 인간은 이제 자기 자신과의 관계에도 전과 같지 않게 되었다. 범죄로 인하여 인간은 근심과 공포, 절망과 좌절, 이질감과 불합리, 무의미와 소외감에 빠지고 말았다. 현대 문학과 예술은 인간이 하나님과 이웃은 물론 심지어 자기 자신으로부터도 철저히 소외되었음을 적나라하게 보여 주고 있다. 이제 인간의 삶은 오염되었고, 따라서 소외, 절망, 고독 등등 비인간화를 나타내는 단어가 현실에 대한 가장 적절한 표현이 되었다.[12]

이러한 비참한 상태를 해결하기 위해 사람들은 많은 군중 속에 파묻혀 보기도 하고, 마약이나 알코올에 몸을 맡기기도 하며, 진한 향락의 늪에 몸을 던져 보기도 하고, 일에 중독되어 밤낮없이 일에 몰두해 보기도 한다. 그러나 그것은 일시적인 처방일 뿐 인간을 근원적인 소외로부터 건져 낼 수 없다. 이러한 방법을 동원하면 할수록 인간은 점점 더 깊은 절망의 늪으로 빠져 들게 된다. 마약과 알코올에 매달리는 사람은 약 기운이 가실 때 한없는 허무감을 느끼게 되며, 질펀한 향락으로 밤을 지새운 사람은 날이 밝으면 뒤에서 악마의 비웃는 소리를 듣게 된다. 이것들은 마치 바닷물로 갈증을 해소하려는 것처럼 마시면 마실수록 더더욱 갈증을 느끼게 한다.

인간의 의지에 하나님께로부터 독립하려는 경향이 생겨나면서 인

---

12) Hans R. Rookmaaker, *Art Needs No Justification* (Leicester, UK: IVP, 1978) — 한국어판: 김헌수 역, 『기독교와 현대 예술』(서울: IVP, 1987), 22면.
로크마커(Hans R. Rookmaaker, 1922-1977) 교수는 네덜란드의 미술사가로서 미술에 대한 기독교적 조망에 관한 여러 글들을 썼다.

간은 자기 자신의 진정한 주인의 자리로부터도 밀려나기 시작했다. 하나님의 통치 아래 있을 때는 자신의 의지대로 자기를 움직일 수 있었으나 범죄한 뒤에는 자신의 의지를 지배하는 다른 세력이 있음을 알게 된 것이다. 사도 바울은 "내 지체 속에서 한 다른 법이 내 마음의 법과 싸워 내 지체 속에 있는 죄의 법 아래로 나를 사로잡아 오는 것을 보는도다"(롬 7:23)라고 했다. 하나님을 떠나면 자기가 자기의 진정한 주인이 될 줄로 생각했는데 정반대의 상황이 벌어지게 된 것이다. 이제 인간은 선한 일을 위해서는 굉장한 극기와 절제가 필요하지만 악한 생각이나 행동을 위해서는 조금도 결심할 필요가 없게 되었다.

성경은 곳곳에서 하나님을 떠난 인간의 모습을 보여 주고 있다. 로마서 1장에서 보여 주는 것처럼 마음에 하나님 두기를 싫어한 인간은 불의, 추악, 탐욕, 악의가 가득한 자요 시기, 살인, 분쟁, 사기, 악독이 가득한 자요 수군수군하고 비방하고 하나님이 미워하는 자요 능욕, 교만, 악을 도모하고 부모를 거역하는 자요 우매, 배약, 무정, 무자비한 자가 되었다. 이러한 것들은 가만히 있어도 우리의 죄악 된 성품에서 너무도 자연스럽게 흘러 나오게 되었다. 인간은 더 이상 자기가 자기의 온전한 주인이 될 수 없었다. 위대한 사도 바울도 자신의 모습을 보고 "오호라 나는 곤고한 사람이로다. 이 사망의 몸에서 누가 나를 건져 내랴"(롬 7:24)고 탄식했다. 이제 인간은 "내가 원하는바 선은 하지 아니하고 도리어 원치 아니하는바 악은 행하는" 상태가 된 것이다(롬 7:19).

타락으로 인해 인간에게는 본성적으로 죄의 성향이 생겼다. 복잡한 신학적 논쟁이 개재(介在)된 원죄 교리를 동원하지 않더라도 인간의 본성적인 죄성은 우리의 일상 생활 가운데서 쉽게 찾아볼 수 있다. 인간의 본성적 죄성은 선을 행하기보다 죄를 짓는 것이 훨씬 수월하다는 데서 가장 극명하게 드러난다. 만일 행동주의자들이나 인본주의자들이 말하는 것처럼 인간이 도덕적으로 중립적인 존재라면 죄를 짓거나 선을 행하는 데 동일한 힘이 들어야 할 것이 아닌가! 그러나 죄를 짓는 것은 얼마나 수월한지, 죄악 된 생각을 하는 것은 얼마나 자연스러운지 모른다. 반면에 의를 행하고 선한 생각을 하는 것은 이를 악물지 않으면 불가능하게 되었다. 작심삼일(作心三日)은 선을 행하는데 나타나는 것이지 죄를 짓는데 나타나는 것이 아니다. 죄성이 인간 본성에 깊숙이 뿌리박고 있기 때문이다.

죄인 된 인간의 모습을 잘 나타내는 비유로서 연탄의 비유를 생각해 보자. 죄로 찌든 인간의 모습은 연탄과 흡사하다. 마치 연탄이 속속들이 검은 것처럼 인간은 철저히 죄로 물든 존재이다. 아무리 좋은 수세미와 비싼 세제를 사용하여 닦는다고 해도 연탄이 희게 될 수 없는 것처럼 인간은 돈, 권력, 학문, 명예 따위의 세제로 닦는다고 해도 십일조, 새벽기도, 금식기도, 교회 봉사, 직분 따위의 수세미로 닦는다고 해도 인간은 의롭게 되지 못한다. 하나님은 우리들에게 하얀 세마포(細麻布)의 의로움을 요구하시는 데 인간의 노력으로 얻는 의로움이란 누더기에 불과한 것이다. 이것은 세제와 수세미가 나빠서가 아니라 닦는 인간의 본성이 속속들이 부패했기 때문이다.[13]

인간과 피조 세계의 관계 훼손

타락은 인간과 여타 피조 세계와의 관계도 훼손시켰다. 타락은 사

---

13) 필자가 즐겨 사용하는 이 '연탄 비유'는 원래 서울 면목동 휜돌교회를 시무하셨던 고 황장옥 목사님이 20여 년 전 한국과학기술원 교회 목요예배 설교 시간에 소개한 것이다. 인간의 죄악 된 상태를 나타내는 매우 적절한 비유라고 생각되어 필자가 다소 각색을 하였다.

람의 의지로 인해 일어난 하나의 사건이었지만, 물질 세계와 생물 세계에도 큰 영향을 미치게 되었다. 성경은 말하기를 땅은 타락한 아담으로 인하여 저주를 받아 인간에게 가시덤불과 엉겅퀴를 낼 것이라고 했고(창 3:17-18) 피조물은 허무한 데 굴복하고 썩어짐에 종 노릇을 하게 되어 탄식하며 함께 고통을 받고 있으며 궁극적으로는 썩어짐의 종 노릇 한데서 해방되어 하나님의 자녀들의 영광의 자유에 이르기를 고대하게 되었다고 했다(롬 8:20-22).

과연 땅은 저주를 받아 가시와 엉겅퀴를 냄으로 인간의 농사를 방해하게 되었다. 잡초가 알곡처럼 번식력이 약하고 알곡이 잡초처럼 번식력이 강하다면 얼마나 좋을까! 그러나 잡초일수록 번식력이 강하고 해충일수록 구제(驅除)하기가 어렵게 된 것은 인간과 피조물들간의 훼손된 관계를 보여 주는 구체적인 예이다. 이제 인간은 이러한 '가시덤불과 엉겅퀴'를 헤치고 땀을 흘리며 수고해야 소산을 먹을 수 있게 되었다. 타락하기 전에는 인간에게 전적으로 순종하던 피조 세계가 인간을 대적하고 있는 것이다.

자연이 인간을 대적하는 것과 더불어 인간이 자연을 착취하는 것도 훼손된 관계를 보여 주는 예이다. 지난 한 세대 동안 국제적으로 초미의 관심사가 되고 있는 환경 오염은 피조 세계를 잘 다스리고 관리하라는 창조주 하나님의 명령에 반하여 인간이 자신의 끝없는 탐욕을 만족시키기 위해 자연을 과도하게 착취했기 때문에 생긴 것이다. 청지기로 부름을 받은 인간이 자연에 대한 소유권을 가진 것으로 착각했기 때문인 것이다. 인간의 욕망과 대량 소비, 대량 생산이 어우러져 무한대의 상승 작용을 일으키면서 그 틈바구니 속에서 피조 세계는 죽어 가고 있는 것이다. 환경 오염은 인간의 타락한 본성으로 인해 일어난 것이기 때문에 근원적으로 영적인 동기를 갖고 있다. 그러므로 환경 파괴를 막기 위해서는 단순한 사회적 운동만으로는 충분하지 못하다. 환경 보호를 위한 실제적인 대안들을 마련하는 것과 더불어 영적인 해결책, 즉 바른 성경적 세계관을 확립하지 않으면 안 된다.

피조물간의 관계 훼손

인간과 피조 세계의 관계가 훼손된 것에 더하여 피조물들간의 관계도 훼손되었다. 회복된 에덴의 모습을 보여 주는 이사야서 11장의 내용으로 미루어 타락 이전 에덴 동산에서는 동물들끼리도 서로 사이좋게 지냈던 것으로 보인다. 인간의 타락으로 인해 피조물들간의 관계도 악화되었다. 좋게 말하면 자연계의 먹이 연쇄, 나쁘게 말하면 생물계의 약육강식 등도 피조물들간의 훼손된 관계를 보여 주는 예이다.

인간의 범죄는 인간의 타락과 저주로 끝나는 것이 아니었다. 이로 인해 모든 피조 세계는 '썩어짐의 종 노릇'을 하기 시작하였다. 피조물이 "썩어짐의 종 노릇 한데서 해방되어 하나님의 자녀들의 영광의 자유에 이르는 것"(롬 8:21)을 바라는 것은 썩어짐의 상태를 벗어나려는 피조 세계의 열망을 표현하는 것이다. 로마서 8장 19-25절은 결국 부패하려는 피조물의 속성을 보여 준다는 점에서 타락의 한 모습을 보여 준다고 할 수 있다. 이것은 물리학의 법칙으로 나타낼 수도 있다.

물리학적으로 열역학 제2법칙, 즉 엔트로피(entropy) 증가 법칙은 피조 세계의 부패하는 속성을 표현하는 법칙이라고 할 수 있다. 엔트로피는 '에너지'(energy)라는 말과 '변환'(transformation)이라는 말을 가지고 만든 단어로서 열역학적으로는 계(system)의 에너지 무용도(無用度)를 나타내며 통계역학적으로는 계의 무질서도(無秩序度)

를 나타내는 말이다. 이 법칙에 의하면 고립된 시스템의 엔트로피, 즉 계의 에너지 무용도나 무질서도는 시간이 지남에 따라 점점 증가한다. 유용한 에너지는 점점 줄고 아무짝에도 쓸모 없는 에너지만 점점 늘어간다는 말이다.

몇 가지 예를 들어 보자. 새 차를 사서 타고 다니면 헌 차가 되고 마찬가지로 새 옷은 입을수록 헌 옷이 된다. 잉크를 물에 떨어뜨리면 잉크가 골고루 퍼져 나가는 것도 한 예이다. 흩어졌던 잉크가 한 곳으로 모이는 일, 즉 물과 잉크가 자연적으로 다시 분리되는 일은 일어나지 않는다. 새 차는 탈수록 헌 차가 되며 헌 차는 저절로 새 차가 되지 않는다. 새 옷은 입을수록 헌 옷이 되지만 헌 옷이 저절로 새 옷이 되는 일은 절대로 일어나지 않는 것이다. 우주의 에너지의 총량은 일정하지만 (열역학 제1법칙 혹은 에너지 보존 법칙) 에너지의 흐름은 분명한 방향이 있는데, 그것은 유용한 에너지가 점점 더 무용한 에너지 쪽으로, 질서 있는 계가 점점 더 무질서한 쪽으로 변해 간다는 것이다. 이 법칙에 의하면 우주는 시간이 지남에 따라 점점 더 낡고 퇴락하게 되며 결국에는 열적 죽음(Thermal Death), 즉 완전한 무질서의 상태에 이르게 된다.

태초에 하나님께서 만드신 피조 세계는 보시기에 심히 좋았다(창 1:31). 그래서 엔트로피 제로의 상태, 즉 완벽한 질서 가운데 운행되고 있었다. 무질서함이나 무용한 에너지는 없었고 모든 것은 제자리에 위치하고 있었으며 만물은 조화 가운데서 운행되고 있었다. 그러나 인간의 타락으로 인해 피조 세계의 질서는 곳곳에서 금이 가기 시작했으며 생명 세계에는 죽음이 왔다. 모든 생명체는 태어나는 순간부터 죽음을 향해 달려가도록 운명 지워졌으며 이것은 영원한 죽음의 그림자였다.

그러면 이것으로 모든 이야기는 끝인가? 만일 그렇다면 성경은 창세기 3장으로 끝났을 것이다. 그러나 공의로운 하나님은 또한 사랑의 하나님이셨다. 그래서 타락으로 죽음에 이르게 된 인간과 온 천지만물을 향한 구원의 길을 예비하셨다. 창세기 3장에서 시작된 이 구속의 이야기는 예수 그리스도가 오심으로 절정에 이르렀으며 요한계시록 22장에서 완성된다. 이것이 바로 다음 장에서 살펴볼 구속에 대한 내용이다.

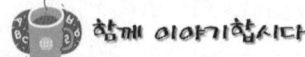 함께 이야기합시다

1. 타락이란 무엇이며 인간의 타락이 갖는 함의를 정리해 보라.
2. 인간의 타락이 가장 구체적으로, 적나라하게 드러나는 부분의 예를 들어 보자. 특히 인간과 인간의 관계에서 나타나는 타락의 영향을 말해 보자.
3. 인간의 창의성의 결과라고 할 수 있는 예술과 문학의 가치를 말해 보자. 로크마커(Hans R. Rookmaaker) 교수가 소위 '문화의 대제사장들'(the high priests of culture)이라고 불렀던 예술가들이 기독교 문화와 관련해 갖는 가치는 무엇인가?
4. 인간이 모여 삶으로 생긴 여러 사회과학의 여러 영역들, 특히 타락 후에 생긴 사회의 여러 제도들도 하나님의 피조 세계의 일부라고 할 수 있는가?
5. 이 시대의 우상들을 열거해 보고 나의 우상은 어떤 것인지 살펴보자.

4장 구속

피 묻은 십자가의 수용

"그때에 이리가 어린 양과 함께 거하며 표범이 어린 염소와 함께 누우며 송아지와 어린 사자와 살찐 짐승이 함께 있어 어린아이에게 끌리며 암소와 곰이 함께 먹으며 그것들의 새끼가 함께 엎드리며 사자가 소처럼 풀을 먹을 것이며 젖 먹는 아이가 독사의 구멍에서 장난하며 젖뗀 아이가 독사의 굴에 손을 넣을 것이라 나의 거룩한 산 모든 곳에서 해됨도 없고 상함도 없을 것이니 이는 물이 바다를 덮음같이 여호와를 아는 지식이 세상에 충만할 것임이니라"(사 11:6-9).

창조는 모든 존재와 인식의 기원이 된다는 점에서 세계관 논의의 출발점이 되며, 모든 인류의 타락과 전 피조 세계의 피폐를 가져온 아담의 범죄는 인간을 포함하는 모든 피조 세계의 현재 상태에 대해 근원적 진단을 내리는 기초가 된다. 이에 비해 구속은 피조 세계가 사탄이 왕 노릇 하는 타락한 상태에서 하나님의 은혜로 그리스도가 왕 노릇 하는 상태로 회복됨을 의미하기 때문에 기독교적 세계관의 궁극적 지향점을 제시해 준다.

구속과 비슷한 말로 구원이란 말이 있다. 구원(salvation)과 구속(redemption)은 매우 밀접하게 관련된 말이지만 동의어는 아니다. 엄밀하게 말하면 구속은 좀더 구체적이며 구원이 이루어지는 방법, 즉 죄의 값을 지불하는 것이라고 할 수 있지만 여기서는 필요에 따라 구속과 구원을 구별 없이 사용하고자 한다. 또한 어떤 사람들은 세계관을 논의하면서 구속 다음에 영화(glorification), 완성(consummation) 등을 첨가하기도 한다. 그러나 완전한 영화와 완성은 넓은 의미의 구속에 포함시키거나 혹은 역사 외적 상태라고 볼 수 있으므로 여기서는 따로 논의하지 않는다. 아래에서는 먼저 성경에 나타난 말뜻에 근거하여 구속이란 무엇인가를 몇 가지로 나누어 생각해 본다.[1]

해방과 죄사함으로서의 구속

흥미롭게도 구약에서는 구속이란 말이 '죄에서 건지는 것'이라는 의미로 사용된 적은 많지 않다. 시편에서 "저가 이스라엘을 그 모든 죄악에서 구속하시리로다"(시 130:8)라고 했고, 이사야서에서도 비슷한 언급이 있으며(사 59:20), 시편 49편 7절에서는 사람의 생명은 스스로 구속할 수 없다고 말한다. 하지만 구약에서의 구속은 대개 물리적으로 건져 냄을 의미하는 경우가 많았다. 구속이란 말은 원래 시장에서 사는 것, 특히 노예 시장에서 값을 주고 노예를 사는 것을 의

---

1) 구원의 의미를 설명하는 좋은 책으로는 미국 풀러신학교 김세윤 교수의 책을 참고하기 바란다.
김세윤, 『구원이란 무엇인가?』 증보판(서울: 제자, 1997).

미하였다. 노예를 해방시키고자 할 때는 주인에게 노예의 값을 치르고 노예를 사서 해방시켰다. 고대 이스라엘에서도 재산이나 생명은 적절한 값을 치름으로써 구속될 수 있었다.[2]

출애굽기에서는 출애굽할 때 마지막 재앙에서 장자는 문설주에 피를 바름으로써 구속받았고 그 후로 장자는 돈을 지불함으로써 구속되었다(출 13:13-15). 이스라엘을 애굽에서 구출한 것도 구속이라고 말하며(출 6:6, 15:13), 이때 여호와 하나님은 이스라엘의 구속자였다(시 78:35). 이스라엘 백성이 바벨론 유수로부터 풀려 나는 것도 구속이란 말로 표현되었다.[3] 레위기에서는 만일 사람이 빚을 져서 유업인 땅을 잃거나 자신의 몸을 종으로 팔았다면 가까운 친족들 중에서 돈을 지불함으로써 그것들을 다시 무를(redeem) 수가 있었는데 이때 무르는 것을 나타낼 때 구속 혹은 구속자라는 말이 사용되었다.[4]

이러한 구약의 구속 개념은 신약에서 영적인 의미로 확대되었다. 신약에서 마가복음 10장 45절에서는 구속이란 말은 사용되지 않았으나 예수님의 사역으로 대속(대신 구속함)을 나타내는 가장 중요한 구절이라고 할 수 있다. "인자의 온 것은 섬김을 받으려 함이 아니라 도리어 섬기려 하고 자기 목숨을 많은 사람의 대속물로 주려 함이니라." 예수님이 이 세상에 오신 목적은 자신을 다른 사람들을 구속하는 데 필요한 대속물로 주려 하기 위함이라는 말씀은 기독교의 모든 교리의 기초가 된다.

사도 바울은 그리스도께서 우리를 위해 죽으심으로 율법의 저주에

---

2) 김세윤, 『구원이란 무엇인가?』, 51-52면.
3) 렘 31:11, 50:33-34를 보라.
4) 레 25:25-27, 47-54, 룻 4:1-12을 보라.
  E.F. Harrison, "Redeemer, Redemption", in Walter A. Elwell, editor, *Evangelical Dictionary of Theology* (Grand Rapids, MI: Baker, 1984), p. 918-919.

서 구속하였고(갈 3:13, 4:5), 칭의와 속죄의 은혜를 입게 하였음을 지적한다(롬 3:24, 고전 1:30). 바울에게 있어서 구속은 예수님의 흘리신 피로 이미 우리가 죄 용서함을 받았다는 사실과(엡 1:7, 벧전 1:18-19) 미래에 우리의 부패할 육체로부터 건짐을 받을 것이라고 하는 이중적 의미를 갖고 있다(롬 8:23). 먼저 죄 사함을 받은 육체는 후에 건짐을 받을 것이 확실하며 그로 인해 구원은 완성된다는 것이다. 아담의 범죄가 모든 인류와 피조 세계의 타락을 가져온 것처럼 제2의 아담 예수님의 죽음은 죄로 죽은 인류를 구원하였다.[5]

화해와 회복으로서의 구속

구속은 원래 상태로의 회복을 의미한다. 회복으로서의 구속이란 하나님에 의해 창조된 처음의 완전하고도 무흠한 상태가 있었으며 이것이 인간의 타락으로 인해 파괴되었음을 전제한다. 그러므로 회복이란 말 그대로 돌아가는 것, 혹은 되찾는 것을 의미한다. 성경에서 구속을 설명하는 단어들은 모두 본래의 선한 상태로의 회복을 의미한다. 예를 들면, redemption(살아서 자유케 하다, 다시 산다는 의미), reconciliation(화해), renewal(새롭게 함, 롬 12:2), salvation(그리스어 soteria는 질병 후의 건강, 위험 후의 안전 등을 의미), regeneration (거듭남), born again(거듭남), re-creation(재창조) 등은 원래 상태로 돌아감을 나타내는 말들이다.

원상 회복 중에서도 깨어진 관계의 회복은 대표적인 것이라고 할 수 있다. 이것은 예수 그리스도의 왕권(kingship)의 회복을 포함하여

---

5) Harrison, *Evangelical Dictionary of Theology*, p. 919.

하나님과 인간, 인간과 인간, 인간과 피조물, 인간 스스로와의 관계에 있어서 훼손된 관계의 회복을 의미한다(사 11:6-9, 65:25). 아담의 범죄가 인간과 하나님의 관계를 깨뜨렸다면 예수님의 죽음은 이처럼 깨어진 관계를 회복시켰다. 회복으로서의 구속은 인본주의적 유토피아나 과학기술 이데올로기가 만들어 낸 '테크노피아'나 '컴퓨토피아'에 이르는 것을 의미하지 않는다. 구속은 하나님의 은혜에 기초하고 있고 '테크노피아'나 '컴퓨토피아'는 인간의 자만에 근거하고 있기 때문이다.[6]

회복이란 말은 화해를 전제로 하고 있으며 근본적인 화해는 하나님과 범죄한 인간의 화해이다. 화해하지 않고는 회복이 있을 수 없다. 세상의 다른 종교들은 인간이 신들의 노를 풀고 그 신들과 먼저 화해를 하려고 노력하지만 성경에 나타난 하나님은 자신이 먼저 화해를 하셨다. "이는 하나님께서 그리스도 안에 계시사 세상을 자기와 화목하게 하시며 … 화목하게 하는 말씀을 우리에게 부탁하셨느니라"(고후 5:19). 하나님께서 먼저 이니셔티브를 가지고 화해를 하셨으며, 또한 그분만이 화해를 하실 수 있었다. 우리가 아직 죄인 되었을 때에 그리스도께서 우리를 위하여 죽으심으로 하나님께서 우리에게 대한 자기의 사랑을 확증하신 것이다(롬 5:8).[7]

화해란 예수님의 피가 우리의 죄를 덮어 버리고(expiation), 우리의 죄에 대한 하나님의 진노를 풀어 버림으로(propitiation) 일어난 것이다. "이 예수를 하나님이 그의 피로 인하여 믿음으로 말미암는 화목제물로 세우셨으니"(롬 3:25). 예수님은 십자가에서 죽으심으로 죄

---

6) Albert M. Wolters, *Creation Regained : Biblical Basics for a Reformational Worldview* (Grand Rapids, MI: Eerdmans, 1985) – 한국어판: 양성만 역, 『창조, 타락, 구속』(서울: IVP, 1992), 79-83면.

7) R.E.O. White, "God the Reconciler", in *Evangelical Dictionary of Theology*, p. 918.

로 인한 우리의 저주를 대신 받으셨다(갈 3:13, 신 21:23). 하나님과 화해하게 되자 인간은 하나님과 자녀로서의 신분을 갖게 되었으며 하나님 아버지의 무한한 자원을 사용할 수 있게 되었다. 그리고 하나님과 평화(shalom)하게 되었다. 이러한 화해의 일차적 대상은 인간이며, 다음에는 인간의 타락으로 피폐해진 다른 모든 피조 세계이다.[8]

개인의 구속

지금까지 우리는 하나님의 편에서 본 구속을 살펴보았다. 어떻게 구속이 이루어지며 그 구속의 결과로 하나님과 인간의 관계는 어떻게 달라지게 되는가를 살펴보았다. 이러한 것들은 구속의 객관적인 측면이라고 할 수 있다. 이 구속의 객관적인 측면을 개인이 받아들일 때 비로소 주관적인 구속이 이루어지게 된다. 그러면 개인적 차원에서 구속이란 무엇이며 어떤 과정을 통해 일어나는가?

구속의 모든 과정은 하나님의 은혜로, 하나님의 이니셔티브로 우리에게 베풀어진 것이지만 인간이 이것을 의지적 결단을 통해 받아들이지 않으면 아무런 소용이 없다. "성경대로 그리스도께서 우리 죄를 위하여 죽으시고 장사 지낸바 되었다가 성경대로 사흘만에 다시 살아나신" 것을 믿기로 결단할 때 구속이 이루어진다(고전 15:3-4). 성경에는 "물과 성령으로 거듭났다"(요 3:5), 혹은 "하나님의 자녀가 되었다"(요 1:12, 롬 8:16, 요일 3:2) 등 여러 표현들을 사용하고 있다. 이들의 엄밀한 의미는 다소 다를지 모르나 모두 구속받은 상태를 나타내는 말들이다. 이러한 구속의 과정을 설명할 때 칼빈주의자들은 하

---

8) 김세윤, 『구원이란 무엇인가?』, 51면.

나님이 이미 베푸신 구속의 객관적 측면을 강조함으로써 하나님의 은혜와 주권을 더 강조한다. 반면에 알미니안주의자들은 이미 하나님이 베풀어 놓은 구속의 은혜지만 인간이 받아들이지 않으면 안 된다고 생각하여 인간의 결단을 더 강조한다. 둘 다 동일한 구속의 과정을 설명하면서 강조하는 부분이 다소 다를 뿐이다. 개인적 구속의 의미는 다음과 같이 나누어 볼 수 있다.

첫째, 구원은 신분의 변화를 의미한다. 가장 중요한 변화는 죄인의 신분에서 의인의 신분으로 바뀌는 것이다. 이것은 예수를 믿고 난 후에 죄를 짓지 않는 사람이 됨을 의미하기보다 법적으로 의롭다고 일컬음을 받는 존재가 되는 것이다. 우리가 믿음으로 예수님의 죽음을 받아들이게 되면 예수님의 존재(신분)와 하신 일이 곧 나의 것이 된다. 예수님이 율법의 모든 저주를 지시고 십자가에 죽으신 것이 곧 내가 죽은 것이 되며, 그가 부활하신 것이 곧 나의 부활이 된다. 예수님은 "우리 범죄함을 위하여 내어 줌이 되고 또한 우리를 의롭다 하심을 위하여 살아나셨다"(롬 4:25).

일단 회개하고 예수님을 믿음으로 의롭게 된 후에는 죄를 짓더라도 그 죄로 인해 다시 멸망하는 죄인이 되는 것이 아니다.[9] "그리스도 예수 안에 있는 자에게는 결코 정죄함이 없기" 때문이다(롬 8:1). 물론 예수님을 믿은 뒤에도 죄를 지을 때마다 죄를 고백해야 하지만 그것은 구원받기 위해서가 아니라 하나님과의 관계가 투명하게 지속되기 위함이다. "만일 우리가 우리 죄를 자백하면 저는 미쁘시고 의로우사 우리 죄를 사하시며 모든 불의에서 우리를 깨끗케 하실 것이다"(요일

---

[9] 한 번 회개한 사람이 그 후에 짓는 죄로 인해 다시 멸망에 이르지 않는다면 회개한 뒤에 믿음을 떠나 멸망의 길로 간 사람을 어떻게 설명하느냐 하는 문제가 생긴다. 이것은 그의 회개가 진정이 아니었다는 말로 설명할 수가 있다. 진정으로 회개하고 사죄의 은혜를 경험한 사람은 다시 멸망의 길로 갈 수 없다.

1:9). 우리가 믿음으로 의롭다 함을 얻게 되면 "우리 주 예수 그리스도로 말미암아 하나님으로 더불어 화평을" 누리게 된다(롬 5:1).[10]

또 하나의 변화는 죄인이 하나님의 자녀의 신분으로 바뀌는 것이다. 예수님은 우리로 하여금 하나님의 아들이 되게 하려고 십자가에서 대신 죽으시고 새 언약을 세우셨다. 최후의 만찬을 하시면서 예수님은 떡을 자기의 살이라고 하시고 잔을 새 언약을 세우기 위한 피라고 말씀하셨다. 그리고 자신이 하나님을 아바 아버지라고 부르는 것 같이 제자들에게도 아바 아버지라고 부르게 했다. 즉 하나님의 아들이 되어서 아들로서의 특권을 누리고 하늘 나라를 상속받게 된 것이다. 하나님의 자녀가 된다는 것은 우리가 피조물의 제한 때문에 생기는 모든 한계로부터 벗어나 하나님의 무한한 자원을 누릴 수 있음을 의미한다. 시간과 공간의 제한에서 벗어나 질적으로 전혀 다른 영원한 생명에 참여하는 것이다. 예수님께서 세상에 오신 것은 "양으로 생명을 얻게 하고 더 풍성히 얻게 하려는 것"이다(요 10:10).[11]

둘째, 구속에는 재창조의 의미가 내포되어 있다. 타락한 인간의 성품에는 개조만으로는 완전해질 수 없는 부분이 있다. "그런즉 누구든지 그리스도 안에 있으면 새로운 피조물이라 이전 것은 지나갔으니 보라 새것이 되었도다"(고후 5:17)라는 선언에서 볼 수 있는 것같이 구속은 새로운 피조물로서의 탄생을 의미한다. 우리는 예수님께서 우리의 죄를 위해 십자가에 죽으시고 부활하셨다는 것을 받아들임으로써 예수님 안에서 다시 태어나게 되고 그분 안에 거하게 된다. 이렇게 재창조된 새사람은 하나님에 대하여 자신을 닫았던 옛사람과는 달리 자신을 열어 놓으며 하나님께 의존하고 순종한다. 재창조로서의 구속

---

10) 김세윤, 『구원이란 무엇인가?』, 63-66면.
11) 김세윤, 『구원이란 무엇인가?』, 67-71면.

은 성화의 과정이나 회복을 배제하지 않으며 보완한다.[12]

재창조는 생명의 대체라고 표현할 수도 있다. 타락으로 인해 본성적으로 죄인 된 인간은 인간의 노력으로는 의롭게 될 수 없다. 이것을 앞 장에서 소개한 연탄 비유로 설명해 보자. 연탄은 태움으로만 희게 되듯이 타락한 인간은 변화(change)가 아니라 재창조된 새 생명으로의 대체(exchange)를 통하여 의롭게 될 수 있는 것이다. 재창조된 예수님의 생명으로 대체되는 것이 바로 구속인 것이다. 재창조와 생명의 대체란 본질적으로 옛사람의 죽음을 동반한다. 마치 검은 연탄은 태움으로써만 희게 만들 수 있듯이 속속들이 죄성에 물든 인간은 죄의 활동 무대인 옛사람을 죽임으로써만 죄의 문제를 해결할 수 있다. 멀쩡하게 살아 있던 사도 바울이 "내가 그리스도와 함께 십자가에 못박혔나니 그런즉 이제는 내가 산 것이 아니요 내 안에 그리스도께서 사신 것이라"(갈 2:20)고 고백한 것은 바로 옛사람의 죽음을 나타낸다.

셋째, 구속은 일종의 과정이라고 볼 수 있다. 온전한 구속은 "몸을 떠나 주와 함께 거하는"(고후 5:8) 때에 이루어질 것이다. 지상적 의미의 구속은 타락한 인간이 순간적으로 온전하고 무흠(無欠)한 상태가 됨을 의미하기보다 그렇게 될 가능성의 시작이라고 할 수 있다. 그리스도인들은 예수 그리스도를 구주로 받아들임으로 이미 구속의 길에 들어선 것이지만 그리스도의 온전한 모습으로 완성되기 위해서는 멀고 먼 광야의 훈련이 필요한 것이다.

피조 세계의 구속

과연 인간이 구원받는 것과 피조 세계가 구속된다고 하는 것은 같

---

12) 김세윤, 『구원이란 무엇인가?』, 71-72면.

은 뜻인가?

피조 세계는 타락의 주체가 아니었으며 피조 세계의 대표인 인간의 범죄로 인해 그 타락의 여파가 미친 대상이라고 할 수 있다. 그러므로 구속의 일차적인 대상은 인간이라고 할 수 있다. 그러나 개인의 구속에 이어 구속의 범주에 넣을 수 있는 것은 피조 세계이다. 예수께서 만물을 회복하신다는 것은 먼저 인간에게 "의와 진리와 거룩함의 형상"(엡 4:24, 골 3:10)을 회복하여 하나님의 청지기로서 피조 세계를 향한 본래의 목적을 이루시고, 다음에는 인간과 모든 피조 세계에 화목의 복음을 전하게 하는 것이었다(고후 5:18). 마가복음 16장 15절의 "만민에게 복음을 전파하라"는 말씀에서 '만민'(the whole creation)은 그리스어에서 전체 피조 세계를 가리키는 말이다.

복음주의자들 중에는 사람이 아닌 다른 피조 세계에 구속이란 용어를 사용하는 것에 대하여 거부감을 갖는 사람들도 있다. 그러나 예수님께서 "보라 내가 만물을 새롭게 하노라"(계 21:5)고 하신 것이나 "새 하늘과 새 땅"(계 21:1) 등은 피조 세계의 구속과 관련된 것이라고 할 수 있다. 구속은 인간과 하나님과의 관계는 물론 인간의 범죄로 왜곡된 피조 세계를 원래의 모습대로 회복시키는 것이다. 하나님께서는 예수님의 십자가의 피로 화평을 이루사 만물을 예수님으로 말미암아 자기와 화목하게 하셨다. 타락의 범위가 피조 세계 전역에 걸친 것이라면 제2의 아담, 즉 예수님의 사역을 통한 구속 또한 타락하고 피폐한 모든 피조 세계를 새롭게 하는 것이다.

여기서 피조 세계란 가시적인 세계뿐 아니라 비가시적인 영적 세계, 사회 구조, 논리의 세계까지도 포함한다. 논리의 세계라 함은 방대한 학문의 세계가 그 일부를 차지한다고 할 수 있기 때문에 학문의 세계에서도 예수 그리스도의 주권이 인정될 때, 좀더 온전한 피조 세계의 회복이 이루어진다고 볼 수 있다. 피조 세계는 원래 선한 것이었으나 인간의 죄로 말미암아 억압 상태에 놓이게 된 것이므로 하나님은 예수 그리스도의 속죄의 사역을 통해 인간의 구속뿐 아니라 피조 세계까지 악과 오염으로부터 회복하려 하신다. 이것은 물질 세계를 본질적으로 악한 것으로 보는 고대 그리스, 인도, 중국의 자연관과 대조된다.[13]

하나님 나라의 도래

예수 그리스도 안에서 사람들이 구원을 받아 하나님의 자녀가 되고 피조 세계가 구속되는 것을 더 넓은 의미로 보면 하나님 나라의 도래라고 할 수 있다. 하나님 나라는 그리스도의 왕국, 천국, 하늘 나라 등과 동의어라고 할 수 있다. 주기도문에서 "나라이 임하옵시며"(마 6:10)란 이 땅에 하나님의 통치 영역이 확장되고 예수님께서 재림하심으로 하나님 나라가 완성되는 것을 구하는 것이다. 그러면 하나님 나라란 무엇인가?

하나님 나라에 대한 일반적인 개념은 공간적, 시간적 개념보다 하나님의 통치권(kingship)과 관련되어 있다. 구약이나 신약에서 왕국 혹은 나라가 하나님에 대하여 사용될 때는 항상 하나님의 통치와 권위를 의미하였다. 하나님의 뜻이 하늘에서 이루어진 것같이 이루어지는 곳(마 6:10)이 곧 하나님이 통치하시는 하나님의 나라이다.[14] 하나님께 대한 모든 적대적인 세력들을 무릎 꿇게 하고 예수 그리스도의 메시아적 권위를 인정하는 곳이 하나님의 나라이다.

---

13) 로마서 8장 18-23절에서 만물이 "썩어짐의 종 노릇 한데서 해방" 되기를 기다린다는 말은 만물의 구속이 인간의 구속과 관련된 것임을 나타낸다.
14) Wolters, 『창조, 타락, 구속』, 83-84면.

오랫동안 독재 권좌에 앉아 철권을 휘둘렀던 필리핀의 마르코스는 수십 년 동안 수도 마닐라가 있는 섬을 제외한 여타 필리핀 섬들을 거의 방문한 적이 없었다고 한다. 반군들을 두려워했기 때문이다. 반군이 두려워 방문하지 못하는 곳이 있다면, 엄격한 의미에서 그곳은 마르코스가 다스리는 필리핀이라고 할 수는 없다. 또한 쿠르드족이 사는 아라랏산 지역은 사담 후세인이 다스리는 이라크가 아니다. 이에 반해 태평양 한가운데 있는 하와이는 미국 땅이다. 머나먼 미국 동부 귀퉁이에 있는 백악관에서 내리는 명령이 하와이에 있는 연방 공무원을 통해 집행되는 곳이기 때문이다.

이처럼 하나님 나라도 외형적으로 어떻게 보이느냐 하는 것보다 하나님의 뜻에 순종하는 백성이 있고 하나님의 명령이 집행되는 곳이 있다면 곧 그곳이 하나님의 나라라고 할 수 있다. 옛사람이 그리스도와 함께 십자가에 못박혔다고 인정하는 하나님의 백성이 하나님의 왕권을 인정하며 그분의 명령에 순종하는 곳을 하나님의 나라라고 할 수 있다. 이런 의미에서 그리스도인들은 하늘 나라의 시민이요 나아가 하나님의 뜻을 담은 하늘 나라의 공문서를 집행하는 공무원이라고 할 수 있다.

하나님이 원하시는 바는 인간의 구속이며 세상을 모든 적대적 세력으로부터 구원하는 것이다. 세상의 왕국(마 4:8, 눅 4:5)은 사탄의 지배하에 있고 하나님의 일을 대적한다. 하나님 나라와 사탄의 나라간의 반목은 고린도후서 4장 4절에 잘 요약되어 있다. "그중에 이 세상 신이 믿지 아니하는 자들의 마음을 혼미케 하여 그리스도의 영광의 복음의 광채가 비춰지 못하게 함이니 그리스도는 하나님의 형상이니라." 사탄은 이 세상의 신이라 불리며 사람들을 흑암 중에 거하게 하면서 자신의 통치력을 행사한다. 이러한 사탄의 나라에 대하여 하나님의 나라에 들어간다는 것은 어두움의 세력들로부터 건짐을 받는 것

을 의미한다(골 1:13).[15]

D-Day와 V-Day

이러한 하나님의 나라는 성취되는 데 있어서 이중적 특성을 가진다. 이것은 "하나님의 나라가 너희 안(개인의 마음속이 아닌 우리들 가운데)에 있다"(눅 17:21)고 가르치시는 동시에 "나라이 임하옵시며"(마 6:10)라고 기도하라 하신 데서 나타난다. 전자는 이미 우리 마음속에 도래했거나 도래하고 있는 완료형 내지 진행형인 데 비해 후자는 도래하기를 고대하는 미래형으로 나타나 있다. 이러한 천국의 이중성을 이해하기 위한 좋은 비유로서는 쿨만이 사용한 D-Day와 V-Day의 개념을 들 수 있다.[16]

쿨만은 예수 그리스도께서 십자가에 죽으시고 사흘 만에 부활하심으로 사망의 권세를 이긴 것과 최후 심판 때 사탄이 완전히 패망하게 되는 것의 관계를 2차대전에서 노르망디 상륙 작전과 종전(終戰)의 관계에 비유하였다. 즉 노르망디 상륙 작전이 성공하던 1944년 6월 6일(D-Day)과 독일군 사령관이 베를린 지하 벙커에서 항복 문서에 서명함으로 연합군의 승리가 확정된 1945년 5월 7일(V-Day)이 다른 것과 같은 이치라는 것이다. 노르망디 상륙 작전에 성공함으로 사실상 전쟁의 대세는 연합군 쪽으로 기울었다. 독일군은 패주하기에 급급했고 이제 연합군이 승리하는 것은 시간 문제였다. 그러나 대세가 기울

---

15) George E. Ladd, "Kingdom of Christ, God, Heaven", *Evangelical Dictionary of Theology*, p. 607-611.
16) 쿨만(Oscar Cullmann)은 스위스의 성경 신학자이다.
　　Oscar Cullmann, *Christ and Time*, Revised edition(1964).

었다고 전쟁이 끝난 것은 아니었다. 패퇴하는 독일군이지만 여전히 막강한 화력을 갖고 연합군을 위협하고 있었다. 노르망디 작전 이후에도 연합군은 상당한 희생을 치르고서야 비로소 종전에 이를 수 있었다.

예수께서 십자가에서 죽으셨다가 사흘만에 사망의 권세를 이기고 부활하심으로 사탄과의 전쟁에서 대세는 결정되었고 사탄의 패배는 분명해졌다. 즉 사탄의 최후 무기인 사망은 더 이상 사람들의 위협 무기가 될 수 없었다. "사망이 이김의 삼킴 바"된 것이다(고전 15:54). 이제는 "사망아 너의 이기는 것이 어디 있느냐 사망아 너의 쏘는 것이 어디 있느냐"(고전 15:55)라고 사망을 조롱할 수 있게 된 것이다. 예수님의 부활은 죽기를 무서워하므로 일생에 매여 종 노릇 하는 모든 사람들을 풀어 주었다(히 2:15).

그럼에도 불구하고 사탄과의 전쟁은 완전히 끝난 것이 아니며 우리는 지금 '상륙 작전의 날' 혹은 '승기(勝機)의 날' (D-Day)과 '승리의 날' (V-Day) 사이에 살고 있다. 아직도 사탄은 막강한 힘을 가지고 그리스도인들을 대적하고 있으며 심지어 국부적으로는 사탄이 이기는 것 같을 때도 있다. 그러나 잠깐 동안 전세가 사탄에게 유리한 듯이 보여도 궁극적 승리는 예수님의 것이요 우리들의 것이다. 예수께서 십자가에서 죽으시고 사흘만에 부활하심으로 사탄은 치명상을 입었기 때문이다.

이 세상에 사는 그리스도인들이 언제나 낙천가가 될 수 있는 이유가 바로 여기에 있다. 그리스도인들이 이 세상에 살면서 악과 싸우고 사탄의 세력과 피 흘리기까지 싸움을 하더라도 이 싸움은 질지 이길지 모르는 조마조마한 전쟁이 아니라 이미 승리가 보장된 전쟁이다. 최선을 다하여 전쟁에 임하더라도 마치 자기 편이 이겼다는 경기 결과를 미리 듣고 난 뒤 재방영되는 경기를 보는 것처럼 평안을 잃지 않고 전쟁을 할 수 있는 것이다.

개인적 구원과 하나님 나라

지금까지 우리는 구속의 문제를 개인의 구원과 피조 세계의 구속, 그리고 이들을 통합하여 하나님 나라의 회복이라는 차원에서 살펴보았다. 구속의 시제와 범위에 대한 좀더 폭넓은 이해를 통해 우리는 균형 잡힌 구속관을 가질 수 있다. 구속의 문제가 개인 구원에만 집중될 때 신앙은 자칫 개인주의에 빠질 수 있다. 자기만 잘 믿고 구원받으면 된다는 개인주의적 태도는 성경의 기본 정신과 배치된다. 신앙이 개인주의화되면 보편적인 기독교 윤리가 설 땅이 없어지며 결국은 복음의 정체성 자체가 위협을 받게 된다. 또 하나의 이상한 종교적 집단이 형성되는 것이다. 흔히 개인주의화된 신앙 때문에 여러 가지 어려움에 직면하는 보수적 교단에서는 더 넓은 의미의 구원관이 회복되어야 할 것이다.

또한 구원의 문제와 관련하여 지나치게 주변 세계에만 집중할 때 개인적 경건이 부족할 수 있다. 아무리 사회 정의, 경제 정의, 기업 윤리, 여권 신장 등을 부르짖더라도 이러한 것들은 개인의 경건이 전제되어야 한다. 개인적 경건이 부족하게 되면 피조 세계에서 하나님 나라의 회복 운동은 또 하나의 세상의 사회 운동일 뿐이고 기독교 신앙은 또 다른 이데올로기에 불과하다. 개인적 영성의 부족으로 인하여 여러 가지 문제가 생기는 진보적 교단에서는 그리스도인들의 사회적 관심이 개인의 경건에 기초해서 이루어져야만 한다는 점을 강조해야 한다.

창조-타락-구속의 틀

아르키메데스는 지렛대를 이용하면 작은 힘으로도 엄청나게 무거운 물체를 쉽게 들 수 있음을 발견하고서 만일 지구 밖에 적절한 고정점만 있다면 지구도 들어 올릴 수 있다고 장담하였다.[17] 도예베르트의 표현을 빌면 세계관은 아르키메데스의 고정점과 같다.[18] 세계관은 마치 이 고정점과 같아서 어떤 대상에 대해서도 해석을 내릴 수 있는 기준 틀이 된다.

지금까지 우리는 창조-타락-구속의 틀은 그리스도인들이 자신과 역사와 세상을 성경적으로 볼 수 있는 고정점, 즉 세계관의 기초를 제공함을 살펴보았다. 이 틀은 '홍해'를 건너는 데 필요할 뿐 아니라 '광야'를 승리하며 살아가는 데도 필수적인 안경이다. 아무것도 이 틀을 벗어나 있는 것은 없다. 이 세상의 어느 것도 하나님의 피조물이 아닌 것이 없고, 인간의 타락으로 인한 영향이 미치지 않은 것이 없으며, 그 결과 구속이 필요하지 않은 것이 없기 때문이다.

모든 사람이 구원받고 만물이 새롭게 되기를 바라시는 하나님은 지금도 역사의 주인이시며 그 구속의 역사를 진행하고 계신다. 역사에서 일어나는 크고 작은 모든 사건들은 인간의 계략과 노력이 포함되어 있음에도 불구하고 이러한 하나님의 구속 사역을 이루어 가는 과정이다. 세상의 일들을 구속사적 관점에서 보는 태도를 기르는 것은 비단 예수 그리스도를 믿는 역사가들만의 과업은 아니다. 창조주 하나님, 구속주 하나님, 심판주 하나님을 믿는 모든 그리스도인들의 과업인 것이다.

---

17) 아르키메데스(Archimedes, BC. 287-212) : 고대 그리스의 수학자.
18) 도예베르트(Herman Dooyeweerd, 1894-1977) : 네덜란드의 기독교 철학자.

그러면 이 창조-타락-구속의 틀 위에 세울 수 있는 중심적인 적용 영역은 무엇인가? 다음 장부터는 인간의 삶에 있어서 부딪히는 몇 가지 기본적인 주제들을 중심으로 기독교적 세계관의 적용을 살펴보도록 하자.

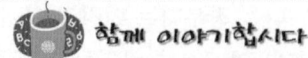 함께 이야기합시다

1. 개인적 구원, 피조 세계의 구속, 하나님 나라의 회복과는 어떤 관계가 있는가?
2. 개인적 경건과 피조 세계에 대한 청지기적 정신이 균형을 이룬 신앙은 어떤 것인가?
3. 복음주의자들 중에는 개혁주의자들이 인격체인 사람이 아닌, 사회 제도나 문화적 활동을 구속한다는 말에 대해 이의를 제기하는 사람들이 있다. 자신의 직업이나 학문을 '구속'한다는 것이 사람을 구속하는 것과 무엇이 다른가 말해 보자.
4. 창조-타락-구속 이외에 다른 기독교적 세계관의 틀의 가능성을 생각해 보라.

타락에서 구원으로

2부

5장 인간 : 고개 돌린 하나님의 형상
6장 죽음 : 숨겨진 교만의 진실
7장 윤리 : 내가 거룩하니 너희도 거룩하라
8장 역사 : 구속을 향해 가는 달력
9장 결혼 : 하나 됨의 미학
10장 노동 : 땀 흘리는 수고의 기쁨

5장 인간

고개 돌린 하나님의 형상

"주의 손가락으로 만드신 주의 하늘과 주의 베풀어 두신 달과 별들을 내가 보오니 사람이 무엇이관대 주께서 저를 생각하시며 인자가 무엇이관데 주께서 저를 권고하시나이까 저를 천사보다 조금 못하게 하시고 영화와 존귀로 관을 씌우셨나이다 주의 손으로 만드신 것을 다스리게 하시고 만물을 그 발 아래 두셨으니 곧 모든 우양과 들짐승이며 공중의 새와 바다의 어족과 해로에 다니는 것이니이다"(시 8:3-8).

지금까지 우리는 기독교적 사고의 출발점으로 기독교적 세계관은 창조-타락-구속이라는 틀로 구성되어 있음을 살펴보았다. 이러한 구조는 기독교 신앙의 준거가 되는 성경의 전체 뼈대라고 볼 수 있기 때문에 기독교적 세계관은 성경에 근거하고 있으며 그 가르침을 깨닫게 하는 성령의 역사와 불가분의 관계가 있다. 특히 기독교적 세계관의 적용은 다양한 삶의 현장 및 이들과 직접, 간접으로 관련된 주제를 대상으로 하므로 주의 깊게 성령의 인도를 구하지 아니하면 자칫 아전인수격인 적용을 할 우려가 있다.

이 장에서는 기독교적 세계관의 첫 번째 적용으로서 "인간이란 무엇인가?"라는 주제를 생각해 보고자 한다. 바른 세계관을 갖기 위해서는 자신이 누구인지에 대한 분명한 인식이 선행되어야 하므로 기독교적 세계관의 첫 번째 적용으로 인간관을 살펴보는 것은 자연스럽다고 할 수 있다. 먼저 유물론적 인간관과 진화론적 인간관 등 세속적인 인간관을 고찰한 뒤에 성경적인 인간관을 살펴보도록 하자.

유물론적 인간관

인간이란 무엇인가에 대한 견해, 즉 인간관은 신관(神觀)과 밀접한 관련이 있다. 인간을 존재하게 한 원인을 무엇으로 보느냐에 따라 인간이 무엇인지에 대한 이해가 달라지기 때문이다. 즉 그 원인이 인격적인 창조주인가, 물질인가, 음양과 같은 우주의 기본 원리인가에 따라 당연히 다른 인간관을 갖게 될 것이다.

궁극적 실재를 물질이라고 보는 유물론적 세계관을 가진 사람들은 신은 존재하지 않으며 영혼은 존재하지 않거나 존재한다면 물질이라고 생각한다. 그래서 죽음을 앞둔 사람을 정밀한 저울 위에 올려놓고 죽기 직전과 직후의 체중 변화를 측정하여 영혼의 무게를 측정하려고 한다. 또한 사랑하는 감정이 유발될 때 분비되는 화학 물질을 조사하거나 오관을 통한 자극의 전달을 전기적 반응으로만 본다. 심지어 이들은 인격도 물질로 환원시켜 인간을 정교한 전기 화학적 기계에 불과하다고 주장한다.

인간 기계론은 유물론적 세계관과 결합하여 오늘날 현대인들의 마음속에 중요한 인간관의 하나로 자리잡고 있다. 기계론적 인간관의 근대적 시조는 데카르트라고 할 수 있다.[1] 그는 인간을 비물질적인 마음과 물질적인 신체(extension)로 나누었다. 데카르트에게 있어서 신체란 마음과는 관계없이 기계적으로 움직이는 자동기계(automaton)였다. 그리고 신체와 마음을 연결하는 것은 뇌 속에 들어있는 송과선(松科腺, pineal gland)이라고 주장하였다.

근대에 들어와 데카르트의 사상을 발전시킨 대표적인 학자는 라 매트리이다.[2] 그는 1747년에 간행된 저서 『인간 기계론』(L'homme Machine)에서 '인간은 극히 복잡한 기계'임을 증명하기 위하여 인간과 동물을 철저하게 해부학적으로 비교하였다. 그는 영혼과 육체의 의존 관계를 가정하면서 뇌수와 신체 조직을 비교해부학적으로 다루었다. 그리고 신체조직을 제1의 가치라고 하였다. 인간의 기억력, 판단력, 추리력은 영혼의 일부지만 뇌질막(腦質膜)의 한 모습이라고 보았으며 상상력과 우수한 판단력은 우수한 뇌 조직에서 나온다고 보았다.[3] 그는 당시 뉴톤 역학의 놀라운 설명 능력에 감탄한 나머지 의식이란 원자 운동의 결과로 생긴 '가공적인 부산물'(illusory by-product)일 뿐이라고 주장했다.[4]

헥켈 역시 인간은 결국 물질로 만들어졌으며 따라서 인간은 물질을 지배하는 법칙들에 의하여 완전히 설명할 수 있다고 주장한다. 그는 "고등동물에서 발견할 수 있는 감각이나 의지와 같은 의식 작용은 단지 신경세포의 기계적 작동이며 따라서 그런 신경세포들의 원형질

---

1) 데카르트(Rene Descartes, 1596-1650) : 프랑스의 철학자이자 수학자.
2) 라 매트리(Julian Offray de la Mettrie, 1709-1751) : 프랑스 철학자.
   Julian Offray de la Mettrie, *L' Homme Machine*(Paris, J.J. Pauvert, 1966).
3) 『학원세계백과대사전』, 15권(서울: 학원출판공사, 1983), 481면.
4) Ian G. Barbour, *Issues in Science and Religion*(Englewood Cliffs, NJ: Prentice-Hall, 1966), p.59.

(plasma) 속에서 일어나는 물리적이며 화학적인 작용으로 환원시킬 수 있다(reduce)"고 했다. 유물론자들에게 있어서 인간은 결국 미립자들의 집합체에 불과한 것이다.[5]

그러나 인간이 단지 물질일 뿐이라면, 그리고 이 세상에 초자연적인 것은 어디에도 존재하지 않는다고 생각한다면 이 세상에서 사람이 하나님과 어떤 관계를 갖는다는 것은 불가능한 일이다. 이들에게 인간을 이해할 수 있는 유일한 방법은 심리학적 접근이 있을 뿐이다. 생명으로부터 초자연적인 요소가 배제되면 인간의 존엄성도 사라지며 인간의 개성도, 사랑도, 윤리도 절대적 근거를 잃어버린다. 오로지 육체적 필요와 감각적 쾌락만이 존재할 뿐이다. 도대체 인간이 단지 원자들의 집합, 단백질 덩어리, 나아가 세포들의 조합으로 된 존재라면 인간에게 어떤 궁극적 가치가 있다는 말인가! 그리고 인간의 궁극적 가치를 발견하지 못한 사람이 어떻게 인간의 존재 의미를 알 수 있으며, 존재 의미를 발견하지 못한 사람이 어떻게 행복할 수 있는가![6]

진화론적 인간관

진화론자들은 모든 생명체가 물질로부터 저절로 생겨났다고 생각하기 때문에 진화론적 인간관은 유물론적 인간관의 아류(蛾類)라고 할 수 있다. 어떤 사람들은 하나님이 진화론적 과정을 통해 모든 생명

---

5) 헥켈(Ernst Haeckel) : 독일의 생물학자.
 Ernst Haeckel, *Het monisme*(Amsterdam, n.d.).
 Kalsbeek, 『기독교인의 세계관』, 124면에서 재인용.
6) Ranald Macaulay and Jerram Barrs, *Being Human : The Nature of Spiritual Experience*(Downers Grove, IL: IVP, 1978) — 한국어판: 홍치모 역, 『인간 하나님의 형상』(서울: IVP, 1992), 34-35면.

체들을 만들었다고 주장하지만 이들의 주된 관심은 하나님의 창조 능력이 아니라 자연의 '진화 압력'에 있으므로 진화론은 근본적으로 유물론과 '자존철학'에 근거하고 있다.

　진화론적 입장에서는 인간을 가장 진화된 포유동물의 한 종류로 본다. 그들은 많은 유인원 화석들이 인간의 진화를 지지한다고 한다. 진화론자들은 인간은 아프리카 탄자니아와 이디오피아 등에서 발견된 400여 만 년 전의 오스트랄로피테쿠스(Australopithecus), 200여 만 년 전에 살았다는 호모 해빌리스(Homo habilis), 160여 만 년 전에 살았다는 직립원인(Homo erectus), 50여 만 년 전에 살았다는 호모 사피엔스(Homo sapiens), 10여 만 년 전에 살았다는 네안데르탈인(Neanderthals), 3만여 년 전에 살았다는 크로마뇽인(Cro-Magnons) 등의 진화 단계를 거쳐 오늘날에 이르게 되었다고 주장한다.

　그리고 진화론자들은 인간과 동물들이 유전적으로나 해부학적으로 비슷하다는 점을 들어 인간 진화를 주장한다. 사실 호흡계, 순환계, 본능적 행동 등을 조절하는 인간 뇌의 하부는 파충류나 조류와 비슷하며 유전적으로 프로그램된 대로 정확하게 작동한다. 사지(四肢)나 호르몬 분비와 희로애락(喜怒哀樂)의 정서를 조절하는 중간 뇌도 다른 동물들과 유사하다. 인간을 포함한 고등동물에서 잘 발달된 바깥 뇌 부분은 인식하고 대화하는 기능을 조절한다. 대뇌피질(大腦皮質, neocortex)은 언어, 학습, 정보 처리와 같은 복잡한 기능을 담당한다. 또한 진화론자들은 인간의 DNA가 아프리카 침팬지나 고릴라의 DNA와 99퍼센트 이상 같다는 사실을 지적한다. 이것은 말과 얼룩말, 혹은 개와 여우의 유전자가 비슷한 정도와 같다고 한다. 다윈도 인간과 동물의 유사성을 지적하면서 인간과 동물의 진화적 연결을 강조했다. 이러한 예들로부터 인간은 본질적으로 동물과 다를 바가 없으며 단지 정량적으로 우수할 뿐이라고 생각한다.[7]

진화론적 인간관의 대표라고 할 수 있는 행동주의에서는 자유와 존엄도 인간만의 독점물이 아니며 단지 생물 진화의 한 결과라고 본다. 스키너는 인간도 쥐나 비둘기같이 규칙을 배우는 데 있어서 자극-반응을 통해 배운다는 소위 '자극-반응설'(Stimulus-Response theory)을 주장했으며, 로렌츠는 인간은 본성적으로 배출구를 필요로 하는 공격성을 갖고 있다는 소위 '본능 지배론'(Instinct-Domination theory)을 주장했다.[8] 진화론적 인간관에서는 남녀간의 사랑도 종족 보존 본능이라는 동물적인 측면으로만 이해한다.[9]

인간을 진화한 고등동물이라고 생각한다면 유물론적 인간관과 같이 인간의 궁극적 가치를 찾기 어려워진다. 모든 초월적 가치나 존재가 배제된 채 오로지 자연 내적인 가치만을 추구한다면 인간에게 동물과 다른 어떤 가치가 있음을 생각하기 어렵다. 그리고 그 동물을 물질에서 저절로 진화한 것이라고 본다면 인간에게 물질적 가치 이상의 가치는 존재하지 않게 된다. 환경론, 프로이디즘 등은 진화론적 인간관을 가진 사상들의 예라 할 수 있다.

부분적 진리

앞에서 언급한 유물론적 인간관이나 진화론적 인간관 등을 비롯하여 많은 비기독교적 인간관들의 공통적인 특징은 인간의 어떤 특정한

---

7) Ian G. Barbour, *Religion in an Age of Science*(New York: Harper Collins, 1990), p.189-190.
8) 스키너(B.F. Skinner), 로렌츠(Konrad Lorenz) : 행동주의 심리학자들.
9) David Lyon, *Sociology and the Human Image*(Leicester, United Kingdom: IVP, 1983), p.94.

측면만을 확대해 전체를 설명하려고 한다는 점이다. 예를 들면 인간에게 물질적 측면이 없는 것은 아니지만 물질적인 요소만으로 인간을 다 설명할 수 없으며, 인간이 동물의 특성을 가지고 있지만 동물적인 요소만으로 인간을 다 설명할 수 있는 것은 아니다.

이것은 비단 위에서 언급한 인간관들만 그런 것이 아니다. 한 예로 프로이디즘(Freudism)의 인간관을 살펴보자. 프로이트는 인간의 행동, 특히 잠재된 무의식의 행동을 설명하는데 성적(性的)인 것을 중시하는 소위 범성설(汎性設)을 주장하였다.[10] 프로이트는 히스테리, 신경증, 강박관념 등이 성적인 요소, 특히 아동 시절의 성적인 요소와 관련이 있다고 생각하면서 인간의 행동을 성욕 모티브로 설명하였다. 그는 성욕으로 간주할 수 있는 범위를 점점 더 확대하였으며 그의 후계자들은 인간의 모든 행동을 성욕으로 설명하려고 하였다. 그러나 당연히 성욕은 인간이 가지고 있는 본능 중의 하나이지만 성욕만으로 인간의 모든 행동을 설명하려는 시도는 여러 가지 무리가 따른다.

마르크스주의의 인간관은 어떤가? 마르크스는 인간의 모든 행위를 오로지 경제적 동인으로만 축소하였다.[11] 경제적 욕구를 개인과 사회의 모든 행위의 동인으로 보는 마르크스주의 세계관에서는 인간을 경제적인 존재로만 본다. 마르크스주의나 경제주의, 또는 배금주의적 세계관을 가진 사람들은 직업 활동뿐 아니라 가정 생활, 취미 생활, 종교적 신앙 등 인간의 모든 행위를 경제적인 관점에서만 조망한다. 인간을 설명하는데 경제적 측면이 매우 중요한 것임에는 의문의 여지가 없지만 그렇다고 과연 인간을 경제적 측면만으로 설명할 수 있는가? 이 세상에는 경제적 동인과는 무관하게 자신의 인생을 희생하는

---

10) 프로이트(Sigmund Freud, 1856-1939) : 오스트리아의 정신분석학자.
11) 마르크스(Karl Heinrich Marx, 1818-1883) : 독일 사회주의자.

사람들이 많다.

인간의 다면적, 혹은 통합적 특성을 무시한 채 어느 한 측면만을 뽑아 내어 절대화시키고 나머지 모든 측면을 그 한 측면 속으로 축소시키려는 환원주의는 잘못된 인간관을 만들 수밖에 없다. 그 시도들은 우리들에게 부분적 진리만을 가르쳐 줄 뿐이다. 이러한 환원주의적 태도의 문제점은 도예베르트에 의해 예리하게 지적되었다.[12] 그는 피조 세계의 구조를 15개의 측면(양상)으로 나누어 조망하는 것을 제안하였으며 이를 통해 피조 세계의 대상들이 하나 혹은 몇몇의 측면으로 축소되지 않도록 하였다. 인간을 조망할 때도 다양한 측면들(예를 들면 심미적, 법적, 도덕적, 신앙적 측면 등)을 고려하였으며, 이러한 측면들을 통합적으로 엮어 인간의 존재를 설명하였다.[13]

인간, 하나님의 형상

기독교적 세계관에서는 인간을 어떻게 생각하는가? 기독교적 세계관에서는 인간을 두 가지 측면에서 조망한다. 즉 인간은 하나님의 형상(라틴어로 Imago Dei)대로 지음받았으나 하나님께 불순종함으로 타락한 존재로 본다. 인간이 하나님의 형상대로 지음받았다는 말은 인간이 하나님의 영광을 반영하는 '창조의 절정'임을 나타낸다. 인간은 물질 세계와 조화를 이루면서도 하나님의 형상을 지니고 있으므로

---

12) 도예베르트(Hermann Dooyeweerd, 1894-1977) : 네덜란드의 개혁주의 철학자.
13) Dooyeweerd의 사상을 가장 쉽게 잘 소개한 책으로는 L. Kalsbeek, *Contours of a Christian Philosophy : An Introduction to Herman Dooyeweerd's Thought*(1974) — 한국어판: 황영철 역, 『기독교인의 세계관 : 기독교 철학 개론』(서울: 평화사, 1981). 인간관에 대한 설명으로는 특히 본서의 마지막 38장을 참고하라.

하나님을 알 수 있고 하나님과 관계를 맺을 수 있으며 하나님의 말씀에 반응할 수 있다.

하나님의 형상, 즉 하나님의 속성을 살펴보면 하나님은 선하시며 거룩하시고 삼위의 인격신이시고 동시에 영이시며 전지자(全知者)이시다. 하나님께서는 천지만물을 무에서 창조하셨으며 개방 체계(open system) 속에서 인과율에 따라 운행하신다. 인간은 하나님의 형상대로 창조되었기 때문에 인격, 자기 초월성, 지성, 도덕성, 사교성, 창조성 등을 가지고 있다고 본다. 이러한 하나님의 형상을 따라 지음받은 인간은 창조의 절정으로 천사보다는 조금 못하지만 고귀한 존재이다. 시편 기자는 "사람이 무엇이관대 주께서 저를 생각하시며 인자가 무엇이관대 주께서 저를 권고하시나이까 저를 천사(하나님)보다 조금 못하게 하시고 영화와 존귀로 관을 씌우셨나이다"(시 8:4-5)라고 했다.[14]

하나님의 형상대로 창조함을 받았다는 사실은 여러 가지 실제적인 함의를 가진다. 첫째, 하나님의 형상대로 지음받았다는 사실은 인간이 인격적인 존재이며 인격적인 하나님과 교제하며 개인적인 관계를 맺을 수 있는 존재로 창조되었음을 나타낸다. 인간은 하나님의 형상을 지니고 있기 때문에 인간이 하나님과 갖는 관계는 다른 어떤 피조물들이 하나님과 갖는 관계와 질적으로 다르다. 이것은 하나님을 섬기고 예배하는 것이 인간 삶의 최우선 순위여야 함을 의미한다.[15]

---

14) James W. Sire, *The Universe Next Door*(Downers Grove, IL: IVP, 1976) — 한국어 판: 김헌수 역, 『기독교적 세계관과 현대사상』(서울: IVP, 1985), 제2장.

15) W. Andrew Hoffecker, editor, *Building a Christian World View* Volume 1(God, Man, and Knowledge) (Phillipsburg, NJ: Presbyterian & Reformed Publishing Co., 1986) — 한국어판: 김원주 역, 『기독교적 세계관』, 1권 "하나님, 인간, 지식"(서울: 생명의 말씀사, 1993), 38-43면.

둘째, 인간이 하나님의 형상대로 지음받았다는 사실은 인간이 존귀한 존재임을 의미한다. 성경에서 인간의 생명을 해하는 일을 가장 큰 죄악으로 보는 것은 인간이 하나님의 형상대로 지음받은 존귀한 존재이기 때문이다. "무릇 사람의 피를 흘리면 사람이 그 피를 흘릴 것이니 이는 하나님이 자기 형상대로 사람을 지었음이니라"(창 9:6). 또한 인권이란 편의상 자연 발생된 것이 아니라 창조 때부터 고유하게 하나님으로부터 부여받은 것이라고 볼 수 있다. 영화와 존귀로 관을 쓴 인간이므로 인간은 착취되어서는 안 되고, 비인간적인 대우를 받아서도 안 되며, 피부색이나 사회적 지위, 개인의 능력 등에 관계없이 인권이 보장되어야 한다. 최저임금제에 관해서도 인간은 하나님의 형상대로 지음받은 거룩한 존재이므로 최소한 인간다운 생활을 영위할 수 있는 임금을 받아야 한다. 고문이나 인신 매매에 대한 우리의 분노도 인간이 하나님의 형상대로 지음받은 존재이기 때문이다.

셋째, 인간은 하나님의 형상대로 지음받았기 때문에 영적 특성이 남아 있다. 비록 타락으로 말미암아 원래의 하나님의 형상은 많이 훼손되었지만 여전히 영적, 도덕적 특성들의 그림자가 희미하게나마 남아 있다. 인간은 도덕적으로나 영적으로 중립 상태가 아니다. 인간에게 있는 선함은 창조 후에 외부적으로 주입되거나 생겨난 특성이 아니라 하나님이 자신의 속성을 따라 선하게 창조하셨기 때문이다. 하나님께서 그 지으신 모든 것을 보시고 "보시기에 심히 좋았더라"(창 1:31)라고 말씀하신 것은 바로 타락 이전의 인간과 세계는 선하게 창조되었음을 의미한다.[16]

여자나 아이나 노예나 모두 하나님의 형상대로 지음받은 고귀한 존재라는 사실은 서양 민주주의의 근거가 되었다. 민주주의는 모든 사

---

16) Hoffecker, 『기독교적 세계관』 1권, 40면.

람이 귀중하며 평등하다는 사실에 근거하고 있는데, 이것은 인간이 하나님의 형상대로 지음받았다는 사실에서 유래하였다. 많은 사람들이 민주주의의 기원을 고대 그리스에서 찾지만 그리스인들에게 있어서는 모든 사람이 평등하지 않았다. 그들에게 있어 여자는 덜 발달한 남자에 불과했으며 육체적 노동을 하는 선원들은 아예 아테네의 시민이 될 자격이 없었다. 아리스토텔레스는 자신이 여자로 태어나지 않은 것을 신에게 감사했으며 비그리스인들은 야만인들로서 짐승과 같은 존재로 보았다. 그러나 성경은 여기에 폭탄적인 선언을 하였다. "너희는 유대인이나 헬라인이나 종이나 자주자나 남자나 여자 없이 다 그리스도 예수 안에서 하나이니라"(갈 3:28). 인간은 하나님의 형상대로 지음받은 고귀하고도 평등한 존재라는 사상은 성경 곳곳에 스며 있다.[17]

타락한 인간

기독교적 인간관의 또 다른 측면은 인간이 하나님의 형상대로 지음받았으나 타락했다는 점이다. 인간에게 나타난 하나님의 형상은 타락으로 인해 훼손되었고 정신적, 육체적 능력이 크게 축소되었으며 영적으로는 죽은 상태가 되었다. 이러한 인간은 예수 그리스도의 대속적인 죽음을 통해서만 구원받을 수 있다고 본다. 인간은 피조물이며 하나님께 불순종함으로 타락했다는 사실은 인간 지위의 상한선을 설정한다고 할 수 있다. 즉 인간은 창조주 하나님보다 높아질 수 없으며 타락으로 인해 인간에게는 죄의 성향이 생겨나게 되었고 자력으로는

---

17) 예를 들면 행 20:21, 롬 1:14, 1:16, 2:10, 10:12, 고전 1:24, 12:13, 골 3:11을 보라.

죄의 문제를 근원적으로 해결할 능력이 없으므로 구원자를 필요로 하는 존재가 되었다.

인간의 지식이 폭발적으로 증가하면서 인간이 피조물이며 의존적인 존재임을 망각한 인본주의자들은 인간 지위의 본래적 상한선을 끊임없이 상기해야 한다. 겨우 지구 대기권 밖에 몇 번 나갔다가 와서 하나님은 우주 아무 데도 계시지 않다고 용감하게(?) 선언한 가가린 같은 사람에게 인간은 타락한 존재이므로 자력(自力)으로는, 더구나 '맨 눈'으로는 하나님을 볼 수 없음을 가르쳐 주어야 한다.[18]

또한 라플라스와 같이 천체 운동에 대한 뉴톤 역학의 정확성에 감탄하여 우주는 더 이상 하나님이 운행하는 것이 아니라 뉴톤 역학에 따라 움직이는 거대한 기계이며 하나님은 이 우주 속에 더 이상 있을 여지가 없다고 하는 사람들에게도 인간은 타락한 존재임을 상기시켜 주어야 한다.[19] 이제 겨우 달에 몇 번 갔다오고서는 인간이 우주를 정복한 듯이 말하는 사람들이나 최근 유전공학의 발전을 두고 인간이 하나님의 영역인 생명까지 만들어 낼 수 있다고 의기 양양해하는 사람들에게도 인간의 주제를 파악하게 해야 한다.

과학은 존재의 현상을 연구하는 것이지 존재의 의미나 근거를 연구하는 학문이 아니다. 인간이 자신을 포함한 전 우주에 대한 지식을 오로지 과학적 지식에만 국한한다면 과학주의의 오류에 빠질 수밖에 없다. 하나님이 죽었다고 하는 실존주의의 주장과 유사하게 과학주의는 하나님이 없다고 주장한다. 하나님의 존재를 부인하고 우주의 기원을

---

18) 가가린(Yuri A. Gagarin, 1934-1969) : 구 소련의 세계 최초의 우주인으로 후에 우주선 사고로 사망.

19) 라플라스(Pierre Simon, marquis de, Laplace, 1749-1827) : 프랑스 수학자이자 물리학자.
   Pierre Simon Laplace, *System of the World*(London Richard Philip, 1809).

오로지 생물학적, 물리학적 관점에서만 파악하려고 한다면 인간은 결국 우연한 존재로 전락하게 되며 따라서 무의미한 존재가 된다. 인간의 존재를 논의하면서 하나님을 배제하고 인간을 우연한 존재로 파악한다면 우리는 어디에서도 진정한 인간 존재의 의미를 찾을 수 없다.

인간은 본성적으로 타락한 존재이므로 죄를 짓는 데는 별로 힘이 들지 않는다. 마치 감이 열리기 때문에 감나무가 아니라 감나무이기 때문에 감이 열리듯이 인간은 죄를 지어서 죄인이 아니라 죄인이기 때문에 죄를 짓는다. 인간은 이미 오래 전에 자력 갱생 불능의 선고를 받은 존재이다. 인간은 본질적으로 타락한 존재이므로 스스로의 힘으로는 천국에 갈 수도, 천국을 만들 수도 없다. 기술, 컴퓨터, 또는 교육을 통해 천국을 이루어 보겠다는 소위 테크노피아, 컴퓨토피아, 에듀토피아(edutopia) 등은 인간 능력에 대한 무한한 신뢰에서 나온 것이다. 오늘날 범람하는 모든 '-피아' 혹은 '-토피아' 들은 인간의 본성에 대한 왜곡된 이해에서 나왔다고 할 수 있다.[20]

인간이 살아가는 이유

기독교적 인간관은 인간에 대한 존재론적 의미뿐 아니라 인생의 궁극적 목적이 무엇인지를 분명하게 보여 준다. 한 개인이 존재하게 된 것이 주사위 놀음 같은 확률적 과정이나 우발적 과정에 의한 것이라면 인간 존재의 목적을 찾기가 어렵다. 자신이 존재하는 목적을 모르면 인간은 마음속에 본질적으로 찾아오는 공허, 무의미, 좌절, 근심, 공포, 소외감, 불안 등에서 헤어날 수 없으며 종국에는 그 육체와 함

---

20) '-토피아' 란 말은 원래 장소를 의미하는 그리스어 '토포스'에서 온 말이다.

께 영혼이 영원히 파멸하게 된다. 유래 없이 물질적으로 풍요한 시대를 사는 현대인들이 허무주의에 시달리고 있는 것은 바로 이 때문이다.

그러나 성경은 우리가 그리스도 안에서 창세 전부터 예정되고(엡 1:4-5) 영광받도록 예비하셨으며(롬 9:23) 하나님에 의해 미리 아신 바 된 존재(롬 8:29-30)라고 한다. 대개 사람들은 크고 의미 있는 일일수록 오래 전부터 예정하고 준비한다. 방안을 청소하기 위해 10년 전부터 계획하는 사람이 없고 점심 한 그릇 사먹기 위해 일년 전부터 예산을 세우는 사람이 없는 것은 그것들이 하찮은 일이기 때문이다. 그러나 사법 시험이나 대학 입시를 위해서는 적어도 일년 이상 준비해야 한다. 하나님께서 창세 전부터 우리를 예정하신 것은 그만큼 우리 개개인이 귀중하며 나름대로 하나님 앞에서 특별한 목적을 가진 존재들이기 때문이다. 남녀노소, 식자, 무식자, 장애자, 노약자 등 모든 개개인은 나름대로 독특하고 귀하며 고유한 생의 목적이 있다. 그러므로 각 사람은 하나님께서 주신 목적을 알고 그 목적대로 살아갈 때 자신의 의미를 발견하며 보람을 느끼며 인생은 살 만한 가치가 있음을 발견하게 된다.

인간이 하나님의 형상대로 창조되었다는 말은 우리에게 분명한 삶의 목표를 준다. 그것은 우리가 그리스도 안에서 성장하여 창조주의 형상을 닮는 것이다. 바울은 성화의 목적을 말하면서 "너희가 서로 거짓말을 말라 옛사람과 그 행위를 벗어 버리고 새사람을 입었으니 이는 자기를 창조하신 자의 형상을 좇아 지식에까지 새롭게 하심을 받은 자니라"(골 3:9-10)고 했다. 여기서 하나님의 '형상'(ikon)을 닮는다는 말은 "하나님을 따라 의와 진리의 거룩함으로 지으심을 받은 새사람을 입으라"(엡 4:24)는 말이다. 바울은 "사랑을 입은 자녀같이 너희는 하나님을 본받는 자가 되고"(엡 5:1)라고 말함으로 다시 한번 이것을 강조한다. 인간이 하나님의 형상이라는 개념은 그리스도인들의 삶의 '체계적 원리'(organizing principle)이며 신약성경에 나타난 그리스도인의 삶을 요약한 것이다.[21]

---

21) Macaulay and Barrs, 『인간 하나님의 형상』, 15-18면.
  맥컬리(Ranald Macaulay)와 바즈(Jerram Barrs)는 국제 라브리 운동의 지도자들이다.

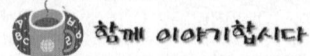

1. "여호와 하나님이 흙으로 사람을 지으시고 생기를 그 코에 불어 넣으시니 사람이 생령이 된지라"(창 2:7)는 말씀이 사람이 하나님의 형상대로 지음받았다는 사실과 어떤 관계가 있는가?
2. 인간이 하나님의 형상대로 지음받았다는 사실이 사형제도를 반대하는 근거가 될 수 있는가?
3. 하나님이 인간을 원숭이로부터 진화시켰다는 소위 '유신론적 진화론'의 문제점은 무엇인가?
4. 수정의 과정을 거치지 않고 체세포 치환을 통해 태어난 복제인간도 하나님의 형상을 따라 지음받은 존재라고 할 수 있는가?
5. 업(業, karma)에 따른 만물의 윤회와 환생을 믿는 불교나 힌두교인들에게 있어서 인간은 무엇인가? 기독교적 인간관과 비교해 보라.

6장 죽음

숨겨진 교만의 진실

"인생에게 임하는 일이 짐승에게도 임하나니 이 둘에게 임하는 일이 일반이라 다 동일한 호흡이 있어서 이의 죽음같이 저도 죽으니 사람이 짐승보다 뛰어남이 없음은 모든 것이 헛됨이로다 다 흙으로 말미암았으므로 다 흙으로 돌아가나니 다 한 곳으로 가거니와 인생의 혼은 위로 올라가고 짐승의 혼은 아래 곧 땅으로 내려가는 줄을 누가 알랴"(전 3:19-21).

이것은 3천여 년 전 지혜의 왕 솔로몬이 죽음에 대하여 한 말이다. 사람이나 짐승이나 그 몸이 죽어서 썩어 흙으로 돌아가는 것은 큰 차이가 없다는 말이다. 죽음이란 모든 사람들의 근본적인 문제이다. 그러므로 죽음에 대한 견해는 세계관의 가장 중요한 일부를 형성하며 죽음을 다루지 못하는 철학이나 종교는 우리에게 별 소용없다. 인간이 죽을 때 어떤 일이 일어나며 그 후에는 어떻게 되느냐에 대한 견해

는 아이러니컬하게도 살아 있는 인간의 행동에 가장 큰 영향을 미치기 때문이다. 죽음에 대한 질문은 신관과 더불어 인간관과 밀접하게 관련되어 있다. 이 장에서는 현대인들이 가진 죽음에 대한 보편적인 몇 가지 견해로부터 시작하여 성경적인 견해를 알아본다.

죽음은 끝이 아니다

유물론적, 혹은 무신론적 실존주의 세계관에서는 죽음을 소멸(消滅)이라고 본다. 이러한 견해는 마치 이 시대의 지배적인 정신이 되어 가고 있는 듯하다. 죽음을 소멸이라고 볼 때 인간 존재의 모든 것은 무덤이 종착역이 된다.

아무리 나쁜 일을 많이 해도, 혹은 아무리 선한 일을 많이 해도 죽음은 모든 사람을 평등하게 만든다는 무신론적 실존주의의 사망관과 오늘날의 수많은 자살, 극심한 도덕적 타락, 강력 범죄 등은 결코 무관하지 않다. 수많은 사람들이 문제가 해결되지 않을 때 최후의 수단으로 죽음을 선택하는데 이것은 죽음으로 모든 것이 종결된다고 보기 때문이다.

그러나 죽음이라는 것이 진실로 존재의 소멸이라면 인간에게는 자포자기하는 것 외에는 아무것도 남지 않게 된다. "죽은 자가 다시 살지 못할 것이면 내일 죽을 터이니 먹고 마시자"(고전 15:32)라고 할 것이 아닌가! 죽음을 소멸로 볼 때 인간이 직면하는 절망은 챈들러가 잘 지적하였다. 그는 자신의 괴기소설『깊은 잠』(The Big Sleep)에서 비그리스도인의 눈에 비친 죽음에 대한 절망을 다음과 같이 냉정하게 묘사한다.

"당신이 죽은 후 어디에 묻혔든 그것이 무슨 큰 문제거리가 될 수 있겠는가? 더러운 웅덩이에 빠져 있었든지, 높다란 언덕 꼭대기의 대리석 탑 속에 처박혀져 있었든지 아무 상관없지 않은가? 당신은 이미 죽었고, 당신은 '깊은 잠'(the big sleep)에 빠져 있기 때문에 그와 같은 환경으로 인해 괴로워하지 않았다. 바람과 공기가 당신에게 마찬가지로 느껴졌듯이 기름에 빠져 있든지, 물 속에 잠겨 있든지 역시 당신에겐 다를 바가 없었다. 당신은 어떻게 죽었든지, 어디에 묻혀 있든지 그곳이 아무리 지저분하고 불쾌한 곳일지라도 전혀 상관하지 않는 깊은 잠에 다만 빠져 있었다."[1]

죽음은 끝없는 윤회의 한 단계?

불교나 힌두교의 세계관에서는 사망을 끝없는 윤회의 한 단계로 본다. 좋은 일을 많이 한 사람은 다시 사람으로 태어난다. 그것도 귀한 집 자식으로 환생한다는 불교의 사망관은 살아 있는 사람들의 행동에 직접적인 영향을 끼친다. 사람들은 누구나 행복한 환생을 바라기 때문에 이생에서의 행동을 자제하고 때로는 이생에서 마땅히 누릴 수 있는 것조차 포기하고 선한 일에 힘쓰며 금욕적인 삶을 산다.

윤회적 사망관은 근본적으로 사람과 동물의 본질적 차이를 없앤다는 점에서 다분히 현대 진화론과 통하는 점이 있다. 다만 진화론에서는 동물이 사람으로 진화했다고 주장하지만 윤회 사상에서는 사람도 동물이 될 수 있다고 생각한다.

---

1) 챈들러(Raymond Chandler, 1888-1959) : 미국 소설가.
   Raymond Chandler, *The Big Sleep*(1939).

윤회적 사망관을 가진 사람들의 궁극적 목표는 해탈(解脫)이다. 그러면 해탈이란 무엇인가? 그것은 윤회의 바퀴에서 벗어나 무(無)의 세계로 들어가는 것이다. 그러면 무의 세계로 들어간다는 것은 무엇을 말하는가? 그것은 곧 소멸을 의미한다. 아마 생각을 복잡하게 하는 것을 즐기는 사람들은 여기서 말하는 '무'는 '소멸'과 다르다고 주장할지 모른다. 물론 뉘앙스나 글자가 다를 것이지만 근본에 있어서 두 단어 모두 '존재의 사라짐'을 의미한다는 점에서는 별로 다를 바가 없다.

그러면 무로 돌아가는 것이 죽음의 문제를 해결할 수 있는가? 아니 해결은 하지 못하더라도 죽음에 대한 인간의 근원적 공포를 없앨 수 있는가? 해탈을 궁극적 목표로 삼는 사람들은 인간의 근원적인 두려움이 바로 존재의 불확실성, 나아가 존재의 소멸에 대한 염려에서 생긴다는 사실을 간과하고 있다.

죽음 후의 세계는 아무도 모른다?

많은 현대인들은 죽음 후의 세계는 어느 누구도 확실하게 말할 수 없다는 불가지론적 태도를 갖고 있다. 이러한 태도 뒤에는 죽음에 대한 공포가 도사리고 있음은 말할 필요가 없다. 알렌은 죽음에 대한 현대인들의 두려움과 강박관념을 잘 지적하고 있다. 그는 자신의 연극 "죽음"(Death)에서 위트 감각을 살려 죽음을 이렇게 말한다. "나는 죽기를 두려워하는 것이 아니라 단지 그 일이 일어날 때 거기에 있고 싶지 않을 뿐이다."[2]

현실 문제에 대한 모든 종교적인 대답을 거절하는 샤프조차도 죽음의 문제에 관한 한 유보적이다. "어찌하였든 우리가 결국에 죽는다면 왜 살아남기 위해 그토록 전력을 다하여 살아가는가? 죽음(특히 피할 수 있었던 사고를 당한 죽음)은 허무한 것이라는 감정을 피하기가 어렵다. 물론 어떤 관점에서 허무하다는 것이냐고 우리는 질문을 제기할 수 있다. 자연의 진보라는 관점에서는 죽음은 철저히 의미가 있다. 그러나 특정 개인의 관점에서 죽음은 허무한 것이고 그가 행하는 모든 것이 회의적이다 … 이와 같은 시도를 조소하려는 시도는 아무런 도움이 되지 못한다."[3]

죽음에 대한 현대인들의 공포를 두고 패커 교수는 '새로운 외설'이라고 불렀다. 그는 죽음은 모든 사람에게 필연적으로 찾아오는 것임에도 불구하고 현대인들이 언급조차 하기 싫어한다고 지적했다. "죽음은 '새로운 외설'로 불려 왔고, 오늘날엔 점잖은 사람이라면 공개적으로 이야기하지 않는 불쾌한 것으로 인식되고 있다. 그러나 언급되지 않을 때조차도 죽음은 불가피한 것으로 남아 있다. 목숨에 있어 한 가지 확실한 사실은 경고가 있건 없건, 조용히 혹은 고통스럽게, 어느 날인가 그것은 끊어진다는 것이다. 그렇다면 내 차례가 오면 나는 어떻게 그 죽음을 맞이할 것인가?"[4]

---

2) 알렌(Woody Allen) : 미국의 영화감독이자 코미디언.
　Woody Allen, "Death", in *Without Feathers*(1972).
3) 샤프(Adam Schaff) : 폴란드의 맑스주의 철학자.
　Adam Schaff, *A Philosophy of Man*(London : Lawrence and Wishart, 1963), p. 34.
4) 패커(James Packer) : 밴쿠버에 있는 리전트 칼리지(Regent College)의 교수이자 성공회 신학자.
　James Packer, *I want to be a Christian*(Kingsway Publications, 1978), p. 47-48.

네 가지 죽음의 의미

성경에서는 죽음에 대하여 무엇을 말하고 있는가? 첫째, 기독교 세계관에서는 죽음이란 하나님에 대한 인간의 죄로 인하여 왔다고 본다. 죄는 인간과 인간 사이에서 발생한 문제가 아니라 근본적으로 하나님과 인간 사이의 문제에서 비롯된 것이다. 죄의 기원에 대하여 사도 바울은 매우 명쾌하게 말한다. "이러므로 한 사람으로 말미암아 죄가 세상에 들어오고 죄로 말미암아 사망이 왔나니 이와 같이 모든 사람이 죄를 지었으므로 사망이 모든 사람에게 이르렀느니라"(롬 5:12). "죄의 삯은 사망이요…"(롬 6:23). 사도 야고보도 "욕심이 잉태한즉 죄를 낳고 죄가 장성한즉 사망을 낳느니라"(약 1:15)고 했다. 죽음은 천지를 창조하신 하나님의 원래 계획이 아니며 인간의 죄로 인해 왔다.

둘째, 죽음은 소멸이 아니며 죽음 후의 세계가 있다. 흔히 말하는 죽음은 영과 육의 분리를 가리키지만 성경은 또 한 번의 죽음이 있음을 말하고 있다. "한 번 죽는 것은 사람에게 정하신 것이요 그 후에는 심판이 있으리니"(히 9:27). 즉 육체적으로 한 번 죽는 것은 하나님께서 모든 사람에게 정한 것이나 그 후에는 선악간에 하나님의 공의로운 심판이 있다. 만일 인간의 존재가 죽음으로 소멸되고 인간의 운명이 죽음으로 끝난다면 기독교적 신관은 심각한 도전에 직면하게 된다. 악인과 성자가 무덤에 의하여 평등하게 된다면 하나님은 존재하지 않거나 존재한다고 할지라도 공의로운 분이 아니기 때문이다. 성경은 명백하게 우리가 하나님 앞에서 선악간에 심판받을 것임을 말하고 있다.

셋째, 죽음은 절망이 아니며 죽음의 문제는 예수 그리스도 안에서 이미 해결되었다. 하나님은 죄로 죽은 인간을 사랑하여 자기의 독생자를 십자가에 죽게 함으로써 인간에게 영생의 길을 주셨다. "하나님이 세상을 이처럼 사랑하사 독생자를 주셨으니 이는 저를 믿는 자마다 멸망치 않고 영생을 얻게 하심이니라"(요 3:16). 예수님은 이 세상에 오셔서 죄와 사망의 종 노릇 하는 우리를 해방시키셨다. 예수님은 "또 죽기를 무서워하므로 일생에 매여 종 노릇 하는 모든 자들을 놓아 주려" 하신다(히 2:15). 예수님께서 사망의 권세를 이기시고 부활하셔서 모든 잠자는 자들의 첫 열매가 되셨기 때문에 이제 우리는 사도 바울과 같이 "사망아 너의 이기는 것이 어디 있느냐 사망아 너의 쏘는 것이 어디 있느냐"라고 사망을 조롱할 수 있게 된 것이다(고전 15:55).

넷째, 죽음 후의 세계는 독립적인 것이 아니며 이 땅 위에서의 삶과 밀접한 관계가 있다. 아무리 하나님께서 영생의 길을 예비하셨다고 해도 세상에 사는 동안 하나님의 사랑을 거부하는 사람들은 영원한 형벌에 처하게 된다. 하나님의 심판은 독생자 예수 그리스도를 믿는 믿음뿐 아니라 그 믿음이 살아 있는 믿음임을 보여 주는 행위(마 7:21, 약 2:14-17)에 따라 이루어진다. 심판은 창조주이며 동시에 심판주이신 하나님의 고유한 권한이다. 그리고 그분의 심판은 완전한 공의에 기초해 이루어지며 인간은 그 심판의 결과에 승복해야 할 따름이다.

그리스도인들에게는 이 땅 위에서의 삶이 전부는 아니지만 그렇다고 아무런 가치가 없는 것도 아니다. 하늘 나라에서의 삶은 이 땅에서의 삶과도 불가분의 관계를 가진다. 그리스도인은 하늘 나라의 시민권을 가진 자이지만 이 세상의 나라에서도 여전히 시민권을 가지고 있다. 하늘 나라에서의 영광스런 삶을 바라보고 살아가고 있지만 여전히 이 세상에 발을 붙이고 살아가고 있다. 나그네와 행인으로(벧 2:11), 혹은 외국인으로(히 11:13) 순례 길을 가고 있지만 순례자로서 이 땅에서 우리가 마땅히 해야 할 일들이 있다.

그러나 이제 이 세상에서의 삶이 끝나면 새로운 삶, 영원한 삶이 시작된다. 그리스도인에게 죽음이란 땅 위에서 순례 길의 마침과 동시에 예수께서 예비하신 하늘 나라 맨션에서 안식의 시작이다(요 14:2-3). 이러한 죽음에 대한 기독교적 견해를 패커 교수는 다음과 같이 잘 요약하고 있다.

세상의 모든 신앙들과 '주의들' (-isms) 중에서 오직 기독교만이 죽음을 정복된 것으로 본다. 왜냐하면 기독교 신앙은 예수님이 무덤에서 부활하시고 이제로부터 하늘에 영원히 살아 계시다는 사실에 의존하고 있는 산 소망이기 때문이다. 그 소망은 예수께서 다시 오실 때, 곧 역사가 중단되고 이 세상이 끝나는 날에 그분은 "우리의 낮은 몸을 자기 영광의 몸의 형체와 같이 변케"하실 것이다(빌 3:21, 참조-요일 3:2). 이 소망은 그분의 강림 때 살아 있는 그리스도인들뿐만 아니라 그리스도 안에서 죽은 모든 자들을 포함하고 있다. "무덤 속에 있는 자가 다 그의 음성을 들을 때가 오나니 선한 일을 행한 자는 생명의 부활로" 나올 것이다(요 5:28-29). 또한 몸의 부활은 나의 일부가 아니라 나의 전체로서의 '온전한 인격', 즉 하나님께서 지니고 계신 활동적이며 창조적인, 그리고 불멸의 생명을 소유한 온전한 인격체로서의 회복을 의미한다.[5]

---

5) Packer, *I Want to Be a Christian*, p. 71-72.

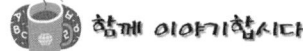 함께 이야기합시다

1. 당신 자신의 말로 죽음이란 무엇인지 말해 보라.
2. 사후의 세계에 대한 견해가 당신의 실제적인 삶에 영향을 끼친 적이 있다면 사례를 들어 말해 보라.
3. 천국과 지옥이 있다는 사실이 당신에게 어떤 의미가 있는가?
4. 성경에서 말하는 '나그네'와 '행인' 혹은 '외국인'과 '순례자'로서 그리스도인들이 이 세상에서 마땅히 살아야 할 태도를 말해 보라.

7장 윤리

내가 거룩하니 너희도 거룩하라

"나는 여호와 너희 하나님이라 내가 거룩하니 너희도 몸을 구별하여 거룩하게 하고 땅에 기는바 기어다니는 것으로 인하여 스스로 더럽히지 말라 나는 너희의 하나님이 되려고 너희를 애굽 땅에서 인도하여 낸 여호와라 내가 거룩하니 너희도 거룩할지어다"(레 11:44-45).

소설가 프루스트는 자신의 책 『지나간 일들에 대한 추억』에서 주인공 오리앙(Oriane)의 고민을 다음과 같이 묘사했다. "그녀는 생애 처음으로 갈등을 일으키는 상황에 처하게 되었다. 차를 타고 시내에 나가 식사를 할 것인지, 아니면 죽어 가고 있는 한 남자에게 동정심을 보일 것인지 전혀 다른 두 의무 사이에서의 갈등이었다. 그녀는 그 상황에서 어떠한 결정을 내리라고 가르쳐 주는 아무런 규칙도 갖고 있지 않았으며, 실제로 어느 것을 선택해야 할지도 몰랐다. 그래서 그녀는 두 번째 선택은 자기에게 주어지지 않았던 것으로 여기고, 덜 수고스런 첫 번째 길을 선택하기로 했다." 이것은 오리앙이 어떤 결정을 내려야 할 지에 대한 분명한 도덕적 기준을 갖지 못한 상태에서 고민하고 있는 것을 묘사한 것이다.[1]

어쩌면 이러한 오리앙의 고민은 모든 인간의 고민이라고도 할 수 있다. 인간은 삶의 순간순간마다 도덕적 삶을 살기를 요구하는 내적인 음성과 그 음성에 저항하는 또 하나의 음성 사이에서 고민한다. 그래서 도덕 또는 윤리의 의미에 관한 질문은 기독교적 세계관의 또 다른 적용 영역이다. 도덕이란 말은 라틴어의 모레스(mores)에서, 윤리(ethics)란 말은 희랍어의 에토스(ethos)에서 나온 말로서 원래는 둘 다 '습관'이나 '풍습'을 의미하는 말이었다. 몇몇 학자들은 엄밀한 의미에서 도덕과 윤리를 구별하지만 일반적으로 같은 의미로 사용하므로 편의상 여기서도 구별하지 않고 사용한다. 사전적 정의에 의하면 도덕이란 생활의 질서를 위해 인간들 사이에 계약적으로 발생한 사회적인 규범이며, 거기서 파생되는 질문들을 다루는 학문을 윤리학이라 한다.

윤리학의 세 가지 기본 질문

반틸은 『기독교 윤리』라는 저서에서 윤리학에서 기본이 되는 문제들을 다음 세 가지로 요약하고 있다.[2]

---

1) 프루스트(Marcel Proust, 1871-1922) : 프랑스의 소설가.
   Marcel Proust, in Michael Harrington(1928-), *The Accidental Century*(New York : Macmillan, 1965), p. 154.
   Marcel Proust, *Marcel Proust's Remembrance of things past* Edited and with an introduction by Harold Bloom(New York : Chelsea House, 1987).

첫째, 인간 행동의 동기는 무엇인가? 이것은 인간이란 어떤 존재인가라는 질문과 밀접한 관계가 있다. 예를 들면 인간으로 하여금 살인하도록 만드는 동기는 내적인 것인가, 외적인 강요에 의한 것인가? 내적인 것이라면 유전적인 것인가, 후천적으로 획득된 것인가? 만일 외적인 것이라면 어떻게 법적, 도덕적인 책임을 물을 수 있을 것인가? 도대체 성격이란 무엇인가? 등의 질문이 여기에 포함된다.

둘째, 인간 행동의 표준은 무엇인가? 이 질문은 도덕적인 판단의 기준에 관한 것이다. 도덕의 기준은 인간 외적인 것인가, 내적인 것인가? 만일 외적인 것이라면 우주의 비인격적 법칙인가, 아니면 인격적인 하나님의 계시인가? 만일 그 기준이 내적인 것이라면 그것은 단순히 개인적인 자각인가?

셋째, 인간 행동의 목표나 목적은 무엇인가? 이것은 최고선(summum bonum)이란 무엇인가라는 질문과 관계가 있다. 인간이 추구해야 하는 최고의 선은 무엇인가? 최고의 선은 인간 안에 내재하는 것인가, 아니면 하나님의 속성인가?

이러한 질문에 대하여 세계관이 다르게 되면 상이한 대답을 하게 된다. 다음에는 이 질문들을 중심으로 현대의 중요한 윤리관이라고 할 수 있는, 필요와 상황에 따라 윤리적 기준이 변한다는 상대주의적 윤리관, 선과 악이 한 직선 상에 위치하는 다른 점일 뿐이라는 동양사상의 윤리관을 소개하고 마지막으로 성경이 말하는 윤리를 소개한다.

---

2) 반틸(Cornelius Van Til, 1895-?) : 미국의 신학자.
 Cornelius Van Til, *Christian Theistic Ethics*(Philadelphia, PA: Den Dulk Christian Foundation, 1971).

윤리는 필요에 따라 변한다?

인간을 자연 발생된 존재로 보는 유물론적, 진화론적 견해에 의하면 도덕도 인간의 진화 과정 속에서 필요에 의해 자연 발생된 진화의 산물이라고 본다. 그러므로 시대, 지역, 민족, 상황 등에 따라 인간의 필요가 변하면 도덕의 기준도 변한다고 보는데, 이것을 '상황 윤리' (situation ethics)라고 한다.

상황 윤리주의자들에 의하면 윤리라는 것은 인간의 편의와 복지를 극대화시키기 위한 것이라는 매우 편의주의적이며 실용주의적인 윤리관을 제시한다. 이 윤리관에 따르면 어떤 사람이 무인도에 홀로 살게 된다면 그에게는 하등의 도덕 기준도 불필요하며 따라서 어떤 일을 하든지 아무런 문제가 되지 않는다. 그러나 그 섬에 두 사람이 살게 된다면 문제가 달라진다. 즉 큰소리를 지른다거나 옷을 벗고 마음대로 다닌다거나 하는 따위의 행동은 서로가 살아가는 데 방해가 되므로 비윤리적인 행위가 된다.

이와 같은 논리에 따라 많은 사람이 모여 사는 사회에서는 아무리 개인에게 편리하고 즐거운 일이라 할지라도 다른 사람에게 방해가 되는 행동은 비윤리적인 것이라고 평가된다. 도덕의 기원에 관한 이러한 주장에 따르면 개인의 행위는 어떤 것이든지 절대적으로 '윤리적이다' 혹은 '비윤리적이다'라고 판단할 수 없으며 단지 상대적인 편의성과 실용성만이 판단 기준이 될 뿐이다.

그러나 도덕이란 것이 가변적이고 인간의 편의에만 기초한 것이라고 한다면 우리는 도덕적 위기 상황이 도래할 것임을 쉽게 예측할 수 있다. 다른 사람에게 직접적인 피해를 주지 않는 개인적 타락을 잘못된 행위라고 판단할 아무런 근거가 없기 때문이다. 예를 들면 혼전 성관계나 동성 연애와 같은 성도덕의 문란을 나쁘다고 볼 아무런 이유가 없는 것이다. 유부남이나 유부녀인 경우에는 자기의 배우자에게 피해를 주기 때문에 간음을 해서는 안 된다는 주장을 할 수 있겠지만 결혼 전의 사람이나 결혼 후에 홀로 된 사람의 경우에는 자신의 만족을 위해 어떤 행동을 하든지 아무도 나쁘다고 말할 수 없을 것이다.

낙태는 도덕적 선?

심각한 사회 문제로 등장하고 있는 초음파 검사 등을 통한 태아의 성감별이나 낙태 문제도 상황 윤리관과 무관하지 않다. 미국에서는 1973년, 대법원에서 '로우 대 웨이드'(Roe vs. Wade)와 '오우 대 볼턴'(Doe vs. Bolton) 사건에 대한 판결로 31개 주가 낙태 제한 법률을 폐기했다. 이 판결로 인해 1969년에 22,670건이던 낙태 시술이 1974년에는 90만 건, 1985년에는 150만 건에 이르게 되었다.[3]

낙태는 미국의 문제만이 아니라 우리 나라에도 이미 발등에 떨어진 불이다. 언젠가 대구의 어느 일간 신문의 보도에 의하면 대구시가 집계한 인구 통계에서 0세 기준 남녀 비율이 126:100으로 나타났다고 한다. 더욱이 최근에 들어서서는 계명대 동산의료원의 경우 남녀 신생아 비율이 135:100에 이르는 등 대부분의 산부인과에서도 남아가 30-40퍼센트 더 높게 출생되고 있다고 한다. 자연적인 남녀 출산 비율이 102.5:100인 것을 생각하면, 나머지 여아들은 낙태 수술을 통해 무차별 살해되고 있음이 분명하다.

---

3) W. Andrew Hoffecker, editor, *Building a Christian World View*(Phillipsburs, NJ: Presbyterian & Reformed Publishing House, 1988) — 한국어판: 김원주 역, 『기독교 세계관』 2권(서울: 생명의 말씀사, 1992), 474-475면.

이처럼 심각한 낙태에 대하여 낙태 찬성자(pro-choice)들은 낙태 수술은 맹장 수술과 차이가 없으며 낙태를 반대하는 것은 수혈을 반대하는 것만큼이나 부적절하다고 주장한다. 심지어 어떤 여성 해방 운동가들은 태아와 모체의 관계를 기생적 관계라고 말하며, "낙태 행위는 때때로, 심지어 여성에게 긍정적이고 도덕적인 선이다"라고까지 말한다.[4] 1970년에 미국의학협회가 공포하고 1973년 미국 대법원이 '로우 대 웨이드' 판결을 통해 확증한 바에 의하면 낙태는 '모성 건강 유지'와 관련된 '하나의 의학 과정'에 불과하다고 했다.[5] 『상황 윤리』라는 저서로 유명한 플레처는 낙태란 생식(生殖)과 같은 자연적 과정을 통제하는 과학기술에 불과하다고 주장한다.[6]

남아율이 120퍼센트를 넘으면 사회적 파탄이 온다는 전문가들의 경고에도 불구하고 우리 나라에서도 연간 150여 만 건에 이르는 낙태 수술이 시행되고 있는 것은 절대적 윤리 기준을 상실한 이 사회의 단면을 보여 주는 한 예라고 할 수 있다. 상황 윤리적 논리에 의하면 일시적인 쾌락의 추구와 무절제한 행동을 통하여 무책임한 임신을 한 뒤 낙태를 하는 사람들이나 돈벌이에 눈이 어두워 마구잡이로 낙태 수술을 해주는 일부 산부인과 의사들의 비윤리적 행위를 잘못되었다고 할 엄격한 기준이 없다. 인간의 도덕 의식이 자율적인 것이며 그 기준을 인간 내적인, 혹은 우주의 비인격적인 존재로부터 찾는다면

---

4) Beverly Harrison, *Our Right to Choose : Toward a New Ethic of Abortion*(Boston: Beacon Press, 1983), p. 16.
   Hoffecker, 『기독교 세계관』 2권, 478면에서 재인용.
5) Hoffecker, 『기독교 세계관』 2권, 477-479면.
6) Joseph Francis Fletcher, *The Ethics of Genetic Control*(New York: Anchor Press, 1974), p. 119.
   Joseph Francis Fletcher(1905-), *Situation Ethics : The New Morality*(Philadelphia: Westminster Press, 1966).

도덕적 혼란이 야기됨을 알 수 있다.

인간이 만물의 척도?

이러한 윤리관의 기초에는 "인간이 만물의 척도"라는 인본주의적인 사고가 깔려 있다. 인본주의에는 성경적 인간관에 근거한 기독교적 인본주의와 자연주의와 진화론, 유토피아주의 등에 근거한 세속적 인본주의가 있다. 현대의 세속적 인본주의는 인간과 인간의 능력에 대한 숭배를 근간으로 하고 있다. 인본주의에 의하면 인간은 스스로 고난, 걱정, 고독, 소외, 불안 등 모든 것을 해결할 수 있으므로 '외부'로부터의 도움은 불필요하다. 일반적으로 인본주의라면 세속적 인본주의를 지칭한다.

오늘날 국제적으로 인본주의를 퍼뜨리는 대표적인 단체의 하나는 1933년에 창립된 미국인본주의협회(American Humanist Association)라고 할 수 있다. AHA는 우리에게 잘 알려진 석학들이 대거 참여하고 있다는 점에서 매우 충격적이라고 할 수 있다. AHA의 가장 중심적인 인물이라면 현대 교육철학의 거장 듀이를 비롯하여 행동주의 심리학의 창시자 스키너, 철학자 랜달, 아이어, 500여 권 이상의 저서를 내고 몇 년 전에 타계한 아시모프, DNA 구조를 밝혀 노벨상을 수상한 크릭, 구 소련 수소폭탄의 아버지이며 반체제 과학자인 사하로프 등을 들 수 있다.[7]

AHA는 1933년, 1973년 두 차례에 걸쳐 "인본주의자 선언 I, II" (Humanist Manifestoes I, II)를 발표하였다. "인본주의자 선언 I"은 당시 AHA의 회장이었던 듀이가 기초하고 서명한 것이며, "인본주의자 선언 II"는 1973년에 발표되었으며, 1976년에는 선언 I과 선언 II

를 합쳐 발표되었다. 이 선언문은 앞에서 언급한 신학, 교육, 철학 등 여러 분야의 유명한 학자들이 서명했는데 인본주의 정신의 가장 핵심적인 부분을 잘 요약하고 있다.

선언 I은 인본주의가 종교임을 나타내고 있으며 15개 종교적 신조로 되어 있다. 선언 I은 우주는 스스로 존재하고 창조되지 않았다고 선언한다. 이 주장은 "전능하사 천지를 만드신 하나님 아버지를 내가 믿사오며"라고 시작되는 사도신경을 정면으로 부정한다. 선언 II의 내용도 인본주의가 단순히 사회적, 정치적 신조가 아니라 종교적 서약임을 공언하고 있다. 그 내용은 정성구 박사가 잘 요약하고 있다.[8]

1. 휴머니즘은 인간의 권리와 진보에 대해서 진화론적 해석을 지닌다.
2. 휴머니즘은 과학적 방법만이 인간 관심의 모든 영역에 적용될 수 있고, 진리를 결정하는 유일한 방법이라고 믿는다.
3. 휴머니즘은 그 가치들이 오직 주어진 문화에만 근거를 갖고, 모든 문화에 공통되는 규범을 갖지 않는다는 신념인 문화적 상대주의를 고수한다.
4. 휴머니즘은 인간 중심적이고 자연주의적인 견해를 확고히 한다.
5. 휴머니즘은 개인주의 윤리를 확고히 한다. 개인적 가치를 공동체 행동 기준보다 우선한다.

---

7) 듀이(John Dewey, 1859-1952) : 미국의 교육철학자.
스키너(B.F. Skinner) : 미국의 행동주의 심리학자.
랜달(John Herman Randall, Jr.) : 미국의 철학자.
아이어(Sir Alfred Ayer).
아시모프(Isaac Asimov) : 미국의 '만물박사'.
크릭(Francis Crick) : 영국의 생물학자.
사하로프(Andrei Sakharov) : 구 소련의 반체제 물리학자.
8) 정성구, 『칼빈주의 사상대계』(서울: 총신대학 출판부, 1995), 234-237면.

6. 휴머니즘은 주어진 사회에서의 가치는 대체로 주어진 환경에 의해서 결정된다는 문화적 결정론을 확고히 한다.
7. 휴머니즘은 인간의 타고난 선과 완전성을 믿는다.

인본주의의 신조를 요약한 위의 내용을 주의 깊게 보면 인본주의는 인간의 타락한 본성을 그대로 표출하고 있는 일종의 종교이다. 1957년, 케네디 대통령 때 미국의 '인본주의회'(Fellowship of Humanity)는 종교 단체로 인정받게 되었으며,[9] 1961년에는 미국 연방 대법원에서 인본주의는 하나의 종교라는 판결을 받았다. 이슬람교가 유신론 종교이듯이, 공산주의가 하나의 무신론 종교이듯이 인본주의도 바로 종교라는 판결을 내린 것이다.

인본주의의 종교적 특성을 보여 주는 핵심적인 부분을 좀더 살펴보자.[10]

계시, 하나님, 의식, 신조 따위를 인간의 필요나 경험보다 위에 두는 전통적인 독단적이고 권위주의적인 종교는 인간에게 해악만을 끼쳐 왔다 … 우리는 인간에 대한 어떤 신적인 목적이나 섭리도 발견할 수 없다. 아직 우리가 모르는 것이 많지만 인간이 무엇이며 무엇이 될 것인가에 대해 인간은 스스로 책임을 진다. 어떤 신도 우리를 구원할 수 없다. 우리는 스스로를 구원할 것이다.
우리는 도덕적 가치란 인간의 경험에서 유래한 것임을 확신한다. 윤리란 자율적이며 상황에 따라 달라질 뿐 어떤 신학적, 이데올로기적 제재(制裁)도 필요로 하지 않는다. 섹스와 관련하여 우리는 정통 종교나 청

---

9) 케네디(John Fitzgerald Kennedy, 1917-1963) : 미국의 제35대 대통령.
10) "Humanist Manifestoes I and II" (Buffalo, NY : Prometheus Books, 1973), p. 7-11.

교도적 문화에 의해 배양된 금욕적 태도는 부당하게 성행위를 억눌렀다고 믿는다. 산아 제한, 낙태, 이혼은 허용되어야 한다.[11]

위의 글 외에도 AHA의 정신, 나아가 세속적 인본주의자들의 정신은 AHA에서 발행하고 있는 잡지, The Humanist의 편집인 쿠르츠(Paul Kurtz)의 글에 잘 나타나 있다. "휴머니즘이란 어떤 의미에서든 아직까지 우주의 원천과 창조자로서 하나님을 믿는 사람들에게는 적용될 수 없는 말이다. 기독교적 휴머니즘이란 기꺼이 자신이 무신론적 휴머니스트임을 고백하는 사람들에게만 가능하다."[12] 그는 계속하여 "인본주의란 정통 신앙과 도덕을 요구하는 운동들과는 정면으로 배치된다"라고 말한다.[13]

---

11) 참고로 원문을 소개하면 다음과 같다. "…traditional dogmatic or authoritarian religion that place revelation, God, ritual, or creed above human need or experience do a disservice to the human species. … we can discover no divine purpose or providence for the human species. While there is much that we do not know, humans are responsible for what we are or will become. No deity will save us; we must save ourselves.

We affirm that moral values derive their source from human experience. Ethics is autonomous and situational, needing no theological or ideological sanction. In the area of sexuality, we believe that intolerant attitudes, often cultivated by orthodox religions and puritanical cultures, unduly repress sexual conduct. The right to birth control, abortion, and divorce should be recognized."

12) 원문을 소개하면 다음과 같다. "Humanism cannot in any fair sense of the word apply to one who still believes in God as the source and creator of the universe. Christian Humanism would be possible only for those who are willing to admit that they are atheistic Humanists. It surely does not apply to God-intoxicated believers."

13) Humanism is "squarely in opposition" to movements which seek "to impose an orthodoxy of belief or morality." — Paul Kurtz, editor, The Humanist Alternative (Buffalo, NY: Prometheus Books, 1975), p. 177에서 인용.

뿌리 깊이 남아 있는 무속적 윤리

　다음에는 무속적 윤리를 살펴보자. 어느 시대이든 외부에서 새롭게 도입되는 사상이나 종교는 기존의 사상이나 종교의 강한 영향을 받게 된다. 때로는 갈등을 빚기도 하고 조화를 이루기도 하지만 어느 경우든 이것은 서로 강한 상호 작용을 한다. 무속 신앙은 기독교 신앙이 전래되기 전에 우리들의 의식 구조에 가장 큰 영향을 미친 사상이다. 그러므로 서구 그리스도인들이 그리스 사상의 강한 영향을 받고 있는 것같이 한국 기독교인들은 의식적이든 무의식적이든 무속 신앙의 영향을 강하게 받고 있다. 무속 신앙은 모든 인간에게 공통적으로 나타나는 종교성의 발현이라고도 볼 수 있지만 특히 이것은 기독교적 전통이 오래되지 않은 동양인들에게 강하게 나타난다.

　무속 신앙의 가장 큰 특징은 현세적이며 삶을 구속(拘束)한다는 점이다. 현세에서의 모든 삶은 사소한 것들까지도 신앙과 연결된다. 결혼이나 이사는 물론 부엌이나 담장을 고치는 날도 '신앙적' 이유 때문에 마음대로 잡을 수 없다. 태어난 아이의 이름을 짓는 것은 물론 뜰에 있는 나무를 베는 것도 마음대로 할 수 없다. 이처럼 시시콜콜 사람들의 삶을 지배하는 무속 신앙이지만 내세관은 뚜렷하지 않다. 무속 신앙에도 내세에 대한 사상은 있지만 그것이 사람들의 현세적 삶을 조절할 수 있을 만큼 분명하거나 지시적이지 않다.

　그러면 무속 신앙에서는 무엇이 사람들의 삶을 조절하는가? 그것은 현세적 복이다. 무속 신앙의 두 번째 특징으로 기복성(祈福性)을 드는 이유가 바로 여기에 있다. 무속 신앙의 기복성은 타락한 인간의 본성과 결합하여 이원론적 사고를 만들어 냈으며 윤리 의식을 압도한다. 무속의 신들에게도 윤리적 요소가 없는 것은 아니지만 그것은 보편적이지 않으며 이기적인 경우가 많다. 무속 신앙에서는 윤리적 청빈(淸貧)보다 현세적 축복이 훨씬 더 큰 매력이다. 그러므로 그러한 신들을 섬기는 사람들에게 보편적 윤리 의식이 생기는 것은 기대할 수가 없다. 무속 신앙에서의 궁극적 목표는 현세에서 복을 받는 것이므로 그 과정의 윤리성은 큰 문제가 되지 않는다. 삶은 윤리와 무관하게 되었고 이 세상에서의 축복은 성경의 내세적 축복과 초월적 윤리들을 압도하게 되었다.

이러한 무속적 윤리는 한국 기독교에도 많은 영향을 미쳤다. 일반적으로 윤리적인 것을 무시하는 교회들을 보면 대개 무속의 영향을 많이 받은 교회들이다. 거꾸로 말하면 무속적 요소가 많은 교회일수록 그리고 병 고침이나 방언, 이적 같은 것을 강조하는 교회일수록 윤리적인 삶에 대해서 관심이 적다. 비단 이것은 기독교에서만 나타나는 현상이 아니다. 하급 종교로 갈수록 윤리적인 요소가 점점 줄어드는 현상은 모든 종교에 공통이다.[14]

이러한 무속적 신앙의 바탕 위에 초월적이며 보편적 윤리관을 바탕으로 한 기독교 신앙이 담겨지게 되었다. 동양에서 시작되었으면서도 2천여 년 간 서구에서 만개한 기독교 신앙이 서구인들에 의해 우리들에게 전해졌다. 개신교는 1백여 년 전에, 가톨릭은 2백여 년 전에 우리 나라에 전파되었다. 그 역사는 길다면 길다고 볼 수도 있지만 수천 년의 무속적 전통에 비해서는 여전히 '신생 신앙'이다. 우리는 워낙 종교성이 강한 민족이어서 때로는 수천 년의 기독교 전통을 가진 민족들보다 더 뜨거운 듯이 보이지만 곳곳에 무속의 그림자들이 어른거린다. 특히 무속적 윤리관이 우리의 삶을 지배하는 경우가 많다.

---

14) 손봉호 외, "한국 사회와 기독교 윤리", 『행하는 자라야』(서울: IVP, 1992), 11면.

선과 악은 하나?

몇몇 동양적 사고에는 선과 악의 궁극적인 차이가 없고 그것들은 순전히 상대적이다. 인도 철학자 라다크리쉬난은 힌두교에 대해 이렇게 말한다. "악, 오류 및 추함은 궁극적이지 않다. 악은 선이 가로질러 가야 할 거리에 자리잡고 있다. 추함은 아름다움으로 가는 길 중간에 있다. 오류는 진리로 가는 한 계단이다 … 어떤 견해도 철저한 오류가 될 수가 없고, 어떤 사람도 완전한 처벌을 받아야 할 만큼 절대적으로 악할 수가 없다 … 끊임없이 돌고 도는 우주에서 악과 오류는 점진적으로 사라지고 있음에도 불구하고 그것들은 불가피하게 존재한다"[15]

험프리스가 말하는 바도 이와 비슷하다. 그는 "불교인에게 선악은 상대적이며 절대적인 용어가 아니다. 악의 원인은 자기를 위한 인간의 과도한 욕망이다. 자기 개인을 위해 의도된 모든 이기적인 행동이 악이고, 통일을 지향하는 모든 것이 선이다"라고 말했다. 이처럼 불분명한 불교의 도덕관은, 인간은 자기의 지성으로는 실재(實在)를 알 수 없다는 이들의 불가지론적 인식론을 보면 어느 정도 짐작이 간다.[16]

불교의 불가지론에 대하여 험프리스는 이렇게 말한다. "궁극적 실재로서의 신에 대한 불교의 가르침은 흔히 말하듯이 불가지론적이거나 모호하지 않고 도리어 명확하고 논리적이다. 실재가 무엇이든지

---

15) 라다크리쉬난(Sir Sarvepalli Radhakrishnan, 1888-1975) : 인도 철학자이자 정치가로서 옥스포드 대학의 동방 종교 교수를 역임.
Sir Sarvepalli Radhakrishnan, *The Hindu view of life : Upton lectures delivered at Manchester College, Oxford, 1926*(New York: Macmillan, 1927, 1968), p. 88.
16) 험프리스(Christmas Humphreys, 1901-) : 영국의 불교학자.
Christmas Humphreys, *Buddhism*(Middlesex, England: Penguin Books, 1967), p. 123.

그것은 유한한 (인간의) 지성의 개념을 초월하기 때문에 그것을 설명하려는 시도는 어리석고 무익하며 시간 낭비일 뿐이다. 이러한 이유로 인해 붇타(佛陀)는 실재에 관해 '숭고한 침묵'을 지켰다 … 따라서 우리의 유한한 의식의 이해를 초월하여 '그것'(THAT)의 본질을 우리가 정의하고 묘사하고 유익하게 논의할 수 없다. 부정어들로 지칭하고 유추와 상징들을 사용하여 간접적으로 묘사할 수 있을지 모르지만 우리의 현 상태에서는 우리에게 알려지지 않은 상태 그대로 존재함으로써, 진정한 의미로는 알려지지 않고 표현되지 않은 채 남아 있어야 한다"[17]

험프리스는 실재는 인간의 지성을 초월해 있기 때문에 설명할 수 없다고 하면서 다른 한편에서는 불교의 가르침이 '명확하고 논리적'이라고 주장하는데 이것은 앞뒤가 맞지 않는 얘기다. 이처럼 모호한 실재에 대한 개념은 곧 모호한 윤리적 기준으로 이어진다. 라다크리쉬난이 말하는 것도 이와 같은 맥락이다. "원인과 결과, 본질과 속성, 선과 악, 진리와 반정립(反定立)들은 관련 용어들을 구분하려는 인간의 성향 때문이다. 피이테의 자아(自我)와 비아(非我)의 수수께끼, 칸트의 이율배반, 흄의 사실과 법칙의 반대 등은 우리가 만일 반대 요소들이 동일성에 근거하고 있는 상호 보완적인 원소들임을 인식한다면 다 극복될 수 있다." 라다크리쉬난이 말하는 것처럼 선과 악이 실재의 양면이라고 한다면 결국 무엇이 선이고 무엇이 악인지를 구분할 아무런 확실한 방법도 없다.[18]

선과 악에 대한 확실한 기준이 없으니 붇타 역시 침묵을 지킬 수밖에 없었을 것이다. 험프리스는 그러한 붇타의 침묵을 '숭고한 침묵

---

17) Humphreys, *Buddhism*, p. 79-80.
18) Radhakrishnan, in Christmas Humphreys, *Buddhism*(Penguin, 1967), p. 122.

이라고 했지만 필자가 보기에는 알 수가 없으니 침묵할 수밖에 없었던 것으로 보인다.

기독교적 윤리

기독교적 세계관에서는 윤리에 대하여 일관되게 유신론적 기초를 제공한다. 첫째, 하나님은 초월적이고 주권적이며 인격적이고 도덕적이다. 성경은 분명히 삼위일체 하나님이 자율적이며 자충족적인 도덕 의식을 갖고 있음을 보여 주며 만일 이것을 부정한다면 인간의 도덕 의식은 허공 속에서 방황하게 된다고 말해 준다. 기독교적 세계관에서 도덕은 불변하는 하나님의 속성에 근거하고 있으므로 도덕의 표준을 하나님께 둔다. 그리고 윤리는 초월적 기원을 가지며 시대나 지역, 민족에 따라 변치 않는다고 보기 때문에 근본적으로 상황 윤리를 부정한다. 이 세상에 대해서 기독교인은 악이 지배하고 있는 듯이 보이지만 그 악은 결국 하나님의 심판 아래 있으며 궁극적으로는 하나님께서 완전히 파괴하시리라는 희망적인 견해를 또한 가지고 있다. 심판주 되시는 하나님께서 도덕적인 분이기 때문이다.

둘째, 인간은 하나님의 형상대로 지음받았기 때문에 다른 동물들과 달리 도덕적인 가치와 선택을 수용한다. 인간은 자신의 선택에 의해 도덕적인 존재가 된 것이 아니라 아예 처음부터 도덕적인 책임을 지는 존재로 지음받았다. 창세기 초반에 나오는 에덴 동산의 '선악을 알게 하는 나무'라는 명칭 자체가 인간은 근본적으로 도덕적이라는 것을 나타낸다. 성경이 보여 주는 윤리적 이상은 절대적인 것이며 인간이 절대적인 윤리성의 그림자를 갖고 있다는 것은 하나님의 은혜이다. 그리고 인간이 하나님의 계시를 따라, 인간 자신의 본래의 목표를 지향해 나갈 수 있도록 인도하시는 분은 바로 삼위일체 하나님이시다. 인간은 이 세상에서 본능에만 매여 사는 소극적 거주자도 아니며 자기 마음대로 살아가도록 허용받은 자율적인 존재도 아니다.[19]

셋째, 인간이 거룩해야 하는 이유는 인간을 지으신 하나님이 거룩하라고 명령하시기 때문이다. 구약성경에서 십계명과 언약궤는 하나님의 계시에 기초한 도덕의 객관적 성격을 상징적으로 나타낸다. 한 예로 레위기 19장에는 하나님의 도덕적 속성에 기초한 구체적인 행동 규범의 예들을 제시하고 있다. 부모를 공경하고 안식일을 지키라는 것에서 시작하여(3절), 추수할 때 밭 모퉁이까지 다 거두지 말라고 하는 것(9절), 귀먹은 자를 저주하지 말고 소경 앞에 장애물을 놓지 말라는 것(14절), 고용한 사람의 임금을 즉시 주라는 것(13절), 재판관은 공의를 따라 재판할 것(15절), 자기 딸을 기생이 되지 말게 할 것(29절), 원수를 갚지 말고 이웃 사랑하기를 자기 몸과 같이 할 것(18절) 등이다. 이런 도덕적 법들에 대한 기초는 바로 19장 첫머리에 나오는 "너희는 거룩하라 나 여호와 너희 하나님이 거룩함이니라"(2절)라는 말씀이다. 그러므로 그리스도인들의 윤리적 삶의 근거는 "내가 거룩하니 너희도 몸을 구별하여 거룩하게 하고"(레 11:44), 또는 "오직 너희를 부르신 거룩한 자처럼 너희도 모든 행실에 거룩한 자가 되라"(벧전 1:15)고 말씀하신 하나님이다.

---

19) Hoffecker, 『기독교적 세계관』 2권, 410-412면.

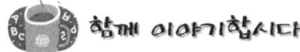 함께 이야기합시다

1. 당신 자신의 말로 윤리란 무엇인지 정의를 내려 보라.
2. 당신의 삶에서 무속적 윤리라고 생각되는 점이 있다면 말해 보라.
3. 안락사(mercy killing)에는 자발적, 능동적 안락사에서 비자발적, 수동적 안락사까지 다양한 상황이 있다. 위의 논의를 근거로 안락사에 대한 윤리적 견해를 말해 보라.
4. 미국의 '게이 해방 운동'(Gay Liberation Movement) 등의 단체에서는 동성 연애 기질은 선천적인 것임을 증명하기 위하여 온갖 노력을 기울이고 있다. 동성 연애 기질이 선천적이라면 동성 연애가 합리화될 수 있다는 주장에 대하여 당신은 어떻게 생각하는가?

8장 역사

구속을 향해 가는 달력

"너희는 옛적 일을 기억하라 … 내가 종말을 처음부터 고하여 아직 이루지 아니한 일을 옛적부터 보이고 이르기를 나의 모략이 설 것이니 내가 나의 모든 기뻐하는 것을 이루리라 하였노라"(사 46:9-10).

역사(歷史)란 무엇인가? 영어에서 역사를 의미하는 히스토리(history)는 그리스어 히스토리아(historia)에서 온 말로서 '탐구'라는 뜻이며, 역사를 의미하는 독일어 게쉬히테(Geschichte)는 원래 '발생'이란 의미가 있다. 이 두 단어의 원래 의미는 다르지만 둘 다 역사라는 동일한 의미를 갖는다.

이 역사는 크게 두 가지 의미로 나누어 생각할 수 있다. 하나는 과거에 대한 기록, 즉 기록된 역사이고 다른 하나는 실제로 발생한 일을 역사라고 할 수도 있다. 전자를 역사 서술이라고 한다면 후자는 역사 과정이라고 말할 수 있을 것이다. 이러한 역사는 역사학과는 구분된다. "역사학은 사회인으로서 활동하는 인간의 공간적, 시간적 발전의 사실에 대한 인과관계를 연구하는 학문이다."[1]

역사학을 역사적 사실의 인과관계를 연구하는 학문으로 본다면, 그리고 역사학의 결과가 역사적 서술로 나타난다면 과거에 일어난 수많은 사실들 가운데서 역사적 인과관계를 구성하는데 별 도움이 되지 않는 사실들은 역사가들의 관심을 끌지 못한다. "역사는 모든 종류의 사실의 집합은 아니다."[2] 역사라는 것이 과거 사실의 단순한 집합, 혹은 이 사실들의 기계적 인과관계만을 다룬다면 역사적 인식이란 자연과학적 인식과 크게 다르지 않다. 그러나 역사는 과거에 일어난 사실들을 소재로 하기 때문에 기계적 인과관계를 구성할 만큼 정확하고 빠짐없이 사료가 남아 있을 수 없다. 그리고 설사 충분한 사료가 남아 있다고 할지라도 역사를 기술하는 사람의 세계관에 따라 전혀 다른 인과관계가 구성될 수도 있다. 다시 말해 역사에 대한 개인의 세계관에 따라 역사적 사실들의 인과관계를 해석하는 입장은 매우 달라진다.

이런 점에서 "역사란 무엇인가?" 하는 질문은 세계관의 핵심적인 질문의 하나이다. 그러므로 서로 다른 역사관을 가진 사람들이 만나면 첨예하게 대립된다. 그러면 세계관에 따른 역사에 대한 조망은 어떻게 다른가? 우선 몇몇 세속적 역사관을 알아본 뒤에 성경적 역사관을 살펴보자.

---

1) 베른하임(Ernst Bernheim, 1850-1942) : 독일의 역사학자.
   Ernst Bernheim, *Einleitung in die Geschichtswissenschaft*(역사학 입문), (1920).
2) 꾸울랑제(Fustel de Numa Denis Coulanges, 1830-1889) : 프랑스의 역사의 문헌학적 방법론을 개척하였다.

역사는 반복된다?

우선 고대인들의 순환적 사관을 살펴보자. 고대 그리스인들은 역사란 평면적으로 무한히 반복되는 주기적인 것으로 보았다. 헤시오도스는 역사를 금의 시대, 은의 시대, 청동 시대, 철의 시대로 나누면서 역사는 퇴보하면서 반복되는 것으로 보았다.[3] 그는 세계를 의미 있는 것으로 보려고 하지 않았으며 또 역사 안에서 궁극적인 의미와 가치를 찾으려고도 하지 않았다. 그리스인들은 천체의 주기적 운동과 우주 질서의 불변성이라는 대전제 아래에서 역사란 시간 내적이며, 역사적인 현상은 이차적인 것으로 생각하였다. 그리하여 역사의 의미를 찾으려고 하는 시도 자체를 헛된 것으로 간주하였다.

알렉산더 대왕이 그러했으며 플라톤 역시 변화하는 역사의 의미를 찾으려고 하지 않았다. 그들은 역사를 천편일률적(千篇一律的)으로 영원히 순환하는 것으로 보았다. 그들은 역사란 꽃과 같이 피고 지는 흥망성쇠의 기록으로 볼 뿐 역사 속에 어떤 목표나 완성도 없으며 종말도 없다고 생각하였다. 그러므로 그들은 역사의 흐름이라는 무의미한 궤도, 즉 이 세상으로부터 벗어나는 것을 구원이라고 보았다.

이러한 순환적 사관은 동양에서도 크게 다르지 않았다. 중국인들은 왕조가 등장하여 몰락하는 것이 거듭되는 것으로부터 왕조 순환론에 대한 확고한 신념을 갖고 있었다. 역사는 반복되는 것이기 때문에 중국인들은 과거에 대한 역사로부터 현실을 살아 나가는 처세술을 끌어내는 데 매우 익숙했다. 그래서 이들에게 있어서 역사서는 판례(判例)와 격언으로 가득 차 있었다. 역사는 반복되는 것이기 때문에 과거

---

3) 헤시오도스(Hesiodos) : 주전 8세기경에 살았으며 호메로스와 어깨를 나란히 하는 그리스의 대표적 서사 시인. 대표작으로는 『일과 날』(Erga kai Hemerai), 『신통기』(神統記, Theogonia) 등이 있다.

의 시행 착오를 피하는 가장 좋은 방법은 역사서를 참고하는 것이었다.

중국인들은 우주의 역사도 순환한다고 보았다. 이들은 우주나 인간 사회의 모든 형상 및 만물의 생성 소멸을 음양(陰陽)과 오행(五行)의 소장(消長), 변전(變轉)으로 설명하였다. 중국인들에 의하면 역사란 이원 대립적인 음양의 우주 법칙 아래에서 흥망성쇠를 되풀이하는 순환적인 것이라고 보았다. 또한 우주를 지배하는 자연 세력으로서 오행 중 하나가 성해지거나 쇠해지면 역사가 영향을 받는다고 보았다.

인도인들도 역시 순환적 사관에 깊이 젖어 있었지만 그 모습은 중국인들과는 다소 달랐다. 브라만(Brahmans)이 편찬한 역사서『푸라나스』(Puranas)에 의하면 우주는 4개의 세대(Yugas)로 이루어진 순환을 하고 있다. 첫째 세대는 4천 년, 둘째 세대는 3천 년, 셋째 세대는 2천 년, 넷째 세대는 1천 년이었다. 이 주기는 끝없이 반복되는 것이며 인간은 여기에 순응하고 따라갈 뿐이다. 모든 일들은 이전에 발생한 것과 똑같이 이루어지므로 인간의 활동은 별로 중요하지 않았다. 그러므로 이 세상의 일을 자세히 다루는 것이나 역사를 기술하는데 별 관심이 없었다.

이러한 인도인들의 역사관은 불교의 역사관에 상당한 영향을 끼쳤다. 불교에서는 역사를 삼생(三生)의 끝없는 윤회의 과정으로 보고 윤회에서 벗어나는 해탈을 역사의 목표로 보았다.[4] 석가모니는 해탈하기 위해서는 8정도[5]에 의하여 4제[6]를 바르게 실천해야 한다고 하였다.[7] 불교의 요지라고 할 수 있는 4제, 12인연(十二因緣), 8정도 중 역사관과 관계 깊은 것은 12인연이라 할 수 있다. 12인연이란 만물의 인연의 도리를 구체적으로 논한 것으로 이 인연에 의하여 우주 만물

---

4) 3生 : 前生, 現生, 來生
5) 8正道 : 正見, 正思, 正語, 正業, 正命, 正精進, 正念, 正定.

은 생성 발전한다고 본다. 불교 사상의 모체이면서 동시에 불교 사상으로부터 가장 많은 영향을 받은 인도 사상에서는 현실계를 염세적으로 보고 종교적 실천을 통하여 괴로운 윤회의 세계를 벗어나 해탈의 경지에 도달하고자 하는 것이 공통적 이상이다.

역사는 무한히 진보한다?

중세 이후 서구에서는 과학의 발달과 더불어 세속화된 진보주의적 사관이 등장하게 되었다. 16, 17세기 역학과 천문학을 중심으로 일어난 과학혁명에서는 단순히 자연에 대한 인간의 지식만을 증가시키는 데 머물지 않고 자연을 연구하는 새로운 방법을 도입하였다. 중세의 목적론적 자연관에서 벗어나 귀납적, 수리적, 실험적 방법을 자연 연구에 도입하면서 과학은 가히 '혁명적'이라고 할 만큼 도약적으로 발전하였다. 이러한 과학혁명은 자연스럽게 18세기의 기술혁명 혹은 산업혁명으로 이어지게 되었다.

과학과 기술이 급속도로 발달하면서 자연에 대한 인간의 통제 능력은 급격히 증가하여 인간에게 위협적이던 자연 재해가 현저히 줄어들게 되었다. 또한 제조업의 발달로 인간의 물질적인 부도 크게 증가하였으며 보건, 의료 분야의 발달로 사람들의 평균 수명도 꾸준히 길어

---

6) 4제란 (1) 苦제 : 현실 세계가 고난의 세계라는 것.
    (2) 集제 : 고난의 원인은 인간이 아집에 빠져 있기 때문이라는 것.
    (3) 滅제 : 아집을 끊으면 괴로운 세상을 벗어나 이상 세계에 도달한다는 것.
    (4) 道제 : 8정도를 닦아야 한다는 것 등이다.
7) 석가모니(釋迦牟尼, Sakyamuni, BC 623-544) : 본명은 고타마 싯다르타(Gotama Siddartha). 북인도 카빌라(Kapila) 왕국(지금의 네팔)의 왕 수도다나(Suddhadana, 飯王)와 부인 마야(Maya, 摩耶) 사이에서 태어난 불교의 교조.

지게 되었다. 이처럼 과학과 기술이 발달하면서 인간은 자신의 이성에 대한 무한한 신뢰감을 갖게 되었다. 쇼펜하우어와 같은 일부 염세주의 철학자는 역사를 비관적으로 보면서 인류의 진보를 부정하기도 하였지만 진보에 대한 인류의 확신은 조금도 변하지 않았다.[8] 역사에서 이성에 대한 신격화로 특징 지어지는 18세기 계몽시대를 지나 19세기 진보주의 사관의 만개를 가져온 것은 자연스런 결과였다.

현대적 진보주의 사관의 체계화는 볼테르에 의해 시작되었다고 할 수 있다. 역사철학이란 말을 처음으로 사용한 볼테르는 그의 저서『국민 도덕과 정신』에서 역사를 해석할 때 하나님의 섭리 대신에 진보 사상을 도입했다.[9] 볼테르에 의해 도입된 역사철학적 고찰은 헤겔의 사상에 많은 영향을 끼쳤다. 헤겔의 변증법은 '절대정신'(Absoluter Geist)의 발전과 진보 과정을 합리적으로 설명함으로써 진보주의 사관의 기초를 놓았다고 할 수 있다.

헤겔은 자기 자신 속에 반대자를 내포하고 있는 절대자, 즉 절대정신의 자기 활동이 역사라고 보았다. 그는 하나의 개념이 세워지면(定立, These) 그것은 내재적인 반대자로 인하여 반드시 부정되며(反定立, Antithese), 그리고 이들은 모두 새로운 형태로 통합(綜合, Synthese)되어 보존된다고 하였다. 그는 이와 같은 정(正), 반(反), 합(合)의 과정이 반복되는 것이 역사라고 하였다. 헤겔의 사상은 언뜻 보기에 순환적 사관인 듯이 보일 수도 있지만 정, 반, 합의 과정을 통해 역사가 계속 진보한다고 보기 때문에 체계화된 진보주의 사관이라고 할 수 있다.

그 후 진보주의 사관은 마르크스를 비롯한 사회과학자들에게 영향

---

8) 쇼펜하우어(Arthur Schopenhauer, 1788-1860) : 독일 염세주의 철학자.
 "쇼펜하우어",『철학대사전』(서울: 학원사, 1974), 584면.
9) 볼테르(Francois M. A. de Voltaire, 1694-1778) : 프랑스의 무신론 철학자.

을 미쳤다.[10] 마르크스는 헤겔의 영향을 받아 내적인 변증법적 필연성에 의한 역사의 추진력에 주목하였다. 헤겔은 정반합이라는 논리적 변증법을 통해 역사 속에서 자신을 실현시켜 나가는 절대정신을 보았으나 마르크스는 절대정신을 제거해 버리고 역사는 계급간의 투쟁, 갈등, 긴장을 통하여 계급 없는 사회라는 궁극적 목표를 향해 나아간다고 생각했다.

19세기 중엽에 와서 진보주의는 과학적 실증주의자들에 의해 사회 현상과 과학 연구의 지침으로 채택되었다. 당시의 실증주의자들은 역사를 자연의 발전과 동일한 방법으로 다루려고 하였다. 특히 1859년 다윈의 『종의 기원』이 발표된 이후 이들은 역사의 진행을 마치 자연의 진화와 같이 진보하는 것으로 이해하였다.[11]

진보주의자들은 역사란 과학을 통한 지상의 낙원, 세계 정부를 통한 지상의 천국을 이루어 나가는 과정이라고 본다. 근래에 들어와 우리 주변에서 흔히 볼 수 있는 테크노피아, 컴퓨토피아 등 소위 '-토피아'의 범람은 진보주의적 사고가 대중화되어 있음을 보여 주는 증거라고 할 수 있다.

기독교는 구속의 역사

전술한 사관들에 비하여 기독교나 유대교에서는 처음부터 역사는 분명한 의미와 목적을 가진 것으로 생각한다. 물론 역사적 요소만으

---

10) 마르크스(Karl Heinrich Marx, 1818-1883) : 독일의 사회주의자.
11) 다윈(Charles Robert Darwin, 1809-1882) : 영국의 박물학자. 1859년 『종의 기원』 (*Origin of Species by Means of Natural Selection*)을 출간하여 현대 생물 진화론의 창시자가 되었다.

로 기독교의 모든 것을 설명할 수는 없다. 그러나 기독교는 역사 속에서 태어났고 역사 속에서 자라 왔기 때문에 역사적 차원을 고려하지 않고는 기독교를 이해할 수 없다.

역사는 하나님의 성품과 섭리를 보여 주는 실험실과 같다. 갈릴레오는 하나님께서 자신의 성품과 섭리를 인간에게 알리기 위해 두 권의 책, 즉 '성경이라는 책'과 '자연이라는 책'을 주셨다고 했지만 필자는 여기에 더하여 '역사라는 책'을 한 권 더 주셨다고 생각한다. 갈릴레오에 의하면 성경을 이해하기 위해서는 라틴어를 알아야 하고(갈릴레오 당시에는 라틴어 성경만이 공식적으로 인정받고 있었으므로) 자연을 이해하기 위해서는 수학이라는 언어를 알아야 한다고 했다. 필자는 여기에 더하여 역사를 이해하기 위해서는 기독교적 세계관에 근거한 바른 사관이 필요하다고 믿는다.

성경적 사관에 의하면 역사는 시작이 있고, 또한 종말을 향한 진보가 있다. 역사는 무의미한 사건들의 단순한 나열이 아니라 분명한 의미와 목적이 있다. 역사의 의미를 찾으려는 시도는 히브리인들의 사관에서 출발하여 사도 바울과 어거스틴을 거쳐 근대 초기의 여러 종교 개혁자들과 현대의 많은 기독사가들에 의하여 열정적으로 이루어졌다.

특히 어거스틴은 불후의 명저 『신국론』을 통하여 기독교 사관을 체계화시켰다. 그는 고대 희랍인들의 시간관과 결정론, 숙명론을 극복하고 역사에 통일적 의미와 궁극적 목적을 부여했으며 인간의 역사를 하나님의 섭리적 측면에서 해석하였다. 이러한 기독교적 역사관은 베빙톤에 의하여 잘 정리되었다. 그는 구속사적 역사관의 구체적인 특징으로 신적 간섭(divine intervention), 선형성(linearity), 종말 사상(escatology)을 들고 있다. 즉 역사란 시작도 끝도 없이 맹목적으로 반복되는 것이 아니라 하나님의 뜻을 이루어 나가는 선형적 과정으로써 분명한 시작(창조)이 있었던 것처럼 분명한 종말이 있다. 역사의 종말에는 진보주의에서 말하는 것처럼 인간의 능력으로 건설한 이상향이 도래하는 것이 아니라 역사의 주관자이신 하나님께서 모든 악을 제거하시고 새 하늘과 새 땅을 창조(회복)하실 것이다.[12]

기독교적 역사관을 요약한다면 결국 역사는 타락한 인간을 구원하는 하나님의 구속사이다. 외형적으로 인간의 구속과 무관한 듯이 보이는 사건들이나 인물들조차도 하나님의 큰 구속사의 틀 속에서 직접, 혹은 간접적으로 나름대로의 몫을 감당하고 있다고 본다. 이러한 관점에서 보면 그리스도인에게 있어서 구원이란 역사의 흐름으로부터 탈출하는 것이 아니라 역사 속에서 하나님의 구원 계획을 따라 죄와 옛 자아로부터 벗어나는 것이다.

하나님께서는 천지만물을 만드시고(창 1:1) 능력의 말씀으로 만물을 붙드실 뿐 아니라(히 1:3) 친히 인간 역사를 주관하시고 개입하심으로써 인간을 향한 자기의 사랑을 확증하신다(롬 5:8). 비록 인간의 죄성으로 인해 일시적으로 교회나 그리스도인이 악의 문제에 직면해 어려움을 당하며 그리스도의 능력이 제한받는 것처럼 보일지라도 하나님께서 끊임없이 역사에 간섭하심으로 최후의 승리는 우리들의 것임을 믿는다.

또한 인간의 죄와 한계성에도 불구하고 세계는 여전히 하나님의 피조물로 남아 있으며 인간의 모든 활동은 하나님의 섭리와 관련하여 나름대로 의미가 있다. 즉 인간이 만든 문화와 문명, 과학과 기술, 예

---

12) David Bebbington, *Patterns in History : A Christian Perspective on Historical Thought*(Downers Grove, IL: IVP, 1990) – 한국어판: 김진홍, 조호연 역, 『역사관의 유형들』(서울: IVP, 1997). 베빙톤은 Stirling 대학 역사학 교수이다. 본서는 1979년에 초판이 출판되었으며 한국에서는 두란노서원(천진석, 김진영 역, 1986)에서 번역, 출간한 적이 있으며 이번에 IVP에서 낸 번역본은 1990년에 개정된 것이다.

술이나 문학 등도 하나님의 뜻을 나타내거나 이루는 데 사용될 수 있다.

만일 하나님께서 간섭하시지 않는다면 자연계도 운행될 수 없을 뿐 아니라 인간의 역사도 전개될 수 없다. 이러한 하나님의 간섭은 끝없이 반복되지 않고 정해진 한 목표를 향하여 진행하고 있기 때문에 이 목표에 도달하면 인간의 역사는 더 이상 진행되지 않는다. 다시 말해서 창조-타락-구속의 역사 구조는 예수께서 재림하시고 성도들이 영화롭게 되는 것으로 끝을 맺는다. 그날이 오면 하나님께 속한 모든 것들이 모아져서 완전하게 되며 만물은 새 시대 속에서 자신의 바른 위치를 부여받게 될 것이다. 또한 더럽고 죄악 되며 이기적인 모든 것들은 사단과 함께 영원한 멸망의 무저갱에 던져질 것이다.

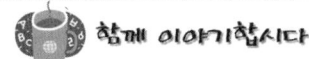

1. 역사의 주인이 하나님이라는 사실이 자신의 삶에 구체적으로 끼친 영향이 있다면 예를 들어 말해 보라.
2. 성경적 관점에서 역사 의식이란 무엇이며 그것은 신앙과 어떤 관계가 있는가?
3. 기독교가 역사적이라고 말하는 것은 무엇을 의미하는지 말해 보라.
4. 다른 종교들이 갖는 역사성을 기독교의 역사성과 비교해 보라. 무엇이 다르며 무엇이 같은가?
5. 세 번에 걸친 모세의 설교로 이루어진 신명기, 여호수아(23-24장)에 나타난 여호수아의 설교, 사도행전에 나타난 스데반의 설교(7장)와 베드로의 설교(3:11 이하)에 나타난 역사성을 비교하면서 기독교의 역사성을 말해 보라.

9장 결혼

하나 됨의 미학

"아담이 돕는 배필이 없으므로 여호와 하나님이 아담을 깊이 잠들게 하시니 잠들매 그가 그 갈빗대 하나를 취하고 살로 대신 채우시고 여호와 하나님이 아담에게서 취하신 그 갈빗대로 여자를 만드시고 그를 아담에게로 이끌어 오시니 아담이 가로되 이는 내 뼈 중의 뼈요 살 중의 살이라 이것을 남자에게서 취하였은즉 여자라 칭하리라 하니라 이러므로 남자가 부모를 떠나 그 아내와 연합하여 둘이 한 몸을 이룰지로다"(창 2:20-24).

사랑과 결혼, 가정 생활로 이어지는 일련의 일들은 동서고금을 막론하고 인간의 삶에서 가장 중심적인 위치를 차지하고 있다. 그러므로 한 개인과 가정, 그리고 사회의 지배적인 세계관은 이러한 일들을 통해 원색적으로 표출된다고 할 수 있다. 오늘 이 시대는 진화론, 물질주의, 쾌락주의, 한탕주의 등 각종 사상들이 시대 정신을 형성하면서 남녀간의 사랑이나 결혼, 가정 생활에까지 영향을 끼치고 있다. 이 장에서는 결혼과 가정을 중심으로 남녀 관계와 애정관 등을 살펴보고자 한다.

종족 번식은 본능의 발로?

먼저 이 시대를 지배하고 있는 결혼관의 하나로 진화론적 결혼관을 들 수 있다. 인간을 진화의 산물이라고 보는 사람들은 남녀간의 사랑이나 결혼하고 싶은 마음을 인간의 종족 번식 본능이 채색되어 나타난 감정이라고 본다. 또 성을 진화의 결과로 보는 학자들은 사람의 성의 육체적, 동물적 측면만을 고려한다. 그들은 왜 사람에게는 발정기가 없어졌는가를 설명하기 위하여 유인원들의 연구 결과를 토대로 수십 가지의 진화론적 가설들을 제시한다.

세계는 "가능한 세계 가운데 최악의 것이다"라는, 소위 '최악세계설'(最惡世界設)을 주장하면서 진화론적 결혼관을 가졌던 쇼펜하우어는 여자들에게 특히 잔인했다. 그는 그의 『인생론』에서 "여자는 오직 종족 보존을 위해서만 존재한다"는 악담을 했다. 그는 생(生)의 의지들 중에서 가장 강한 세 가지 욕구는 개체 보존의 욕구, 종족 보존의 욕구, 이기심이라고 했다. 이러한 그의 여성관은 문인으로서 예술가적 재치와 호사함, 그러면서도 다분히 창부적(娼婦的) 기질을 가졌던 어머니 요안나(Johanna)의 영향 때문인 것으로 보인다.[1]

그러나 과연 인간의 사랑을 종족 번식의 발로만으로 설명할 수 있

---

1) 쇼펜하우어(Arthur Schopenhauer, 1788-1860) : 독일의 염세주의 철학자.
   "쇼펜하우어", 『철학대사전』(서울: 학원사, 1974), 582-584면.

을까? 그렇다면 번식과 관련되지 않은 종류의 사랑은 어떻게 설명할 것인가?

단지 사랑은 전기, 화학적 작용?

인간을 기계론적 입장에서 보는 사람들은 사랑이란 단지 화학물질(혹은 호르몬)의 작용 때문에 생긴 현상이라고 본다. 사랑함으로써 호르몬이 분비되는 게 아니라 호르몬이 분비됨으로써 사랑한다고 보는 것이다. 인간 기계론을 주장하던 라 메트리가 "간이 담즙을 분비하듯 뇌는 생각을 분비한다"고 한 것도 이와 같은 맥락에서 이해될 수 있다. 이러한 유물론적 견해 때문에 일평생 쫓겨 다녔던 그는 영혼은 육체가 성장한 결과라고 주장하면서 발이 '걷는 근육'을 갖고 있는 것처럼 뇌수(腦髓)는 '생각하는 근육'을 갖고 있다는 이상한 주장을 했다.[2]

물론 인간의 사랑에는 호르몬이 관여하고 있음이 분명하다. 사랑에만 관여하고 있는 것이 아니라 수많은 신체의 작용들이 직접, 혹은 간접적으로 호르몬의 분비와 관련이 있다. 그러나 인간의 사랑을 전기, 화학적인 작용으로만 설명할 수 있을까? 그렇다면 사랑과 관련된 도덕은 무엇이며 사랑으로 인한 환희나 좌절은 어떻게 된 것인가?

---

2) 라 메트리(Julien Offray de La Mettrie, 1709-51) : 프랑스의 유물론적 과학자.
"라 메트리", 『철학대사전』, 248면. 라 메트리의 기계론적 견해는 이미 *L' homme-machine*(1747), *L' homme plante*(1748) 등의 책 제목에서도 잘 나타난다.

딩크족, 현대판 쾌락주의자들

오늘날의 결혼관, 가정관에 영향을 미치고 있는 또 하나의 사상으로서는 쾌락주의를 들 수 있다. 결혼과 관련한 쾌락주의적 태도는 동서양을 막론하고 오래 전부터 있었다. 흔히 쾌락주의자라고 하면 에피쿠로스를 연상한다. 그는 정신적으로 안정한 상태, 즉 아타락시아(Ataraxia)를 가장 좋은 것이라 하며 이기주의적 쾌락과 명철보신(明哲保身)을 생활의 이상으로 하고 쾌락의 획득을 종극(終極)의 목적으로 하였다. 그러나 그 쾌락은 오늘날 생각하는 무절제한 방종을 의미하는 것이 아니었으며 도리어 도덕이나 교양 따위로 규제된 쾌락을 선이라고 하였다.[3]

이러한 에피쿠로스의 절제된 쾌락은 현대에 와서 변질되었다. 요즘 미국에서는 소위 '딩크족'이란 신조어가 유행하고 있다. 이들은 결혼의 유일한 목적은 인생을 즐기는 것이라고 생각하는 현대판 쾌락주의자들이다. DINK(Double Income, No Kid)족이란 글자 그대로 아이를 낳지 않고 부부가 맞벌이하는 사람들을 말한다. 이들은 신체적으로 아이를 못 낳는 불임도 아니요, 부득이한 사정으로 출산을 연기하고 있는 것도 아니다. 단지 인생을 즐기기 위해 출산을 하지 않는 것이다. 부부가 모두 돈을 벌기 때문에 수입이 두 배가 되고, 거추장스러운 아이들이 없으니 풍족하게 살 수 있을 뿐만 아니라 여름, 겨울에는 부담 없이 바캉스를 즐길 수 있다. 게다가 살다가 싫증이 나면 아이들 때문에 골치를 썩이지 않고 간단하게 이혼할 수 있다는 기막힌 이점(?)이 있다는 것이다. 역사상 가장 지독한 쾌락주의자들이라고

---

3) 에피쿠로스(Epicurus, BC c. 341-c. 270) : 고대 희랍의 쾌락주의 철학자.
"에피쿠로스 학파", 『학원세계백과대사전』(서울: 학원출판공사, 1983), 439면.
"쾌락주의", 『철학대사전』, 1110면.

할 수 있다. 수년 전에 우리 나라에서도 마광수 씨가 결혼의 중심적인 의미가 성적 쾌락이라는 논지의 주장을 하여 사람들의 구설수가 된 적이 있었다.

이와 같이 부패한 생활은 성경에도 여러 번 언급되고 있다. 구약의 소돔과 고모라, 신약의 고린도에서는 특히 성도덕이 부패했음을 보여 주고 있다. 소돔사람들의 음란이 얼마나 심했던지 오늘날까지 남색자(男色者)들을 소돔사람(Sodomite)이라고 부른다. 이러한 소돔의 퇴폐 풍조는 하나님을 믿는 롯의 가족들에게도 많은 영향을 주었다. 창세기 19장에는 이러한 소돔의 타락한 모습을 잘 보여 주고 있다. 이것은 롯이 자기 집을 찾아온 천사를 끌어내라는 폭도들에게 대신 자기 딸을 내어 주겠다고 흥정한 것이나 소돔에서 탈출한 후 굴속에서 아버지를 통해 자식을 낳은 그의 딸들 등으로 미루어 볼 때 어렵지 않게 짐작할 수 있다.

신데렐라 신드롬과 온달 신드롬

결혼관에 영향을 미치는 또 하나의 잘못된 사상은 한탕주의와 물질주의를 들 수 있다. 우리 나라에서는 부동산 투기나 증권 투자 등을 통해 떼돈을 번 사람들이 많은 탓인지 결혼에 있어서조차 한탕하려는 사람들이 많다. 어떻게 하든지 부잣집, 지체 높은 사람과 결혼하여 하루아침에 팔자를 고쳐 보자는 것이다. 마담뚜 이야기가 심심찮게 사람들의 입에 오르내리고 공공연히 자신의 유리한 조건을 내세워 상대방에게 돈을 요구한다. 한때 우리 사회에는 남자가 의사면 여자가 열쇠를 3개 가져와야 한다는 얘기도 있었고, 박사 사위를 보려면 몇 억이 필요하다는 말도 있었다. 다행인지는 모르겠으나 최근에 와서는 파산하는 의사도 늘고 실업자 박사들이 많은 통에 이런 얘기가 좀 시들해지는 것 같다.

결혼을 통해 경제적, 사회적 신분의 급작스런 상승을 기대하는 심리를 여자인 경우는 신데렐라 신드롬(Cinderella syndrome), 남자인 경우는 온달 신드롬(Ondal syndrome)이라고 부를 수 있을 것이다. 길게 설명할 필요도 없이 신데렐라처럼, 온달처럼 낮은 신분의 사람이 우연히 왕자나 공주와 기연(奇緣)을 맺어 입신 출세하려는 심리를 말한다. 동서고금을 막론하고 대부분의 처녀들에게 신데렐라 신드롬이 있음은 잘 알려져 있으나 요즘은 온달 신드롬을 가진 총각들도 늘고 있다.

여권 운동과 결혼

결혼 그 자체는 아니지만 결혼과 밀접하게 관련된 것으로 여권 운동(女權運動)이 있다. 여권 운동에 관해 생각할 때도 성경은 남녀간에 기본적인 인권이나 본질적인 인격에 차이가 있다고 보지 않는다. 남녀간의 차이는 기능적인 차이요 역할의 차이일 뿐이다. 하나님께서는 처음부터 남자는 남자로서의 기능을, 여자는 여자로서의 기능을 잘할 수 있도록 신체적, 생리적, 정서적, 영적 특성을 주셨다. 남자가 가장이 되고 가정을 다스리는 것은 하나님께로부터 받은 책임이지 특권이 아니다. 남편은 아내를 생명보다 더 사랑하고(엡 5:25) 아내는 남편에게 기꺼이 순종해야 한다(엡 5:22,24)는 성경의 가르침은 바울의 시대에만 적용되는 원리가 아니다.

최근에 남녀간의 기능적 차이(functional difference)를 성적인 차별(sexual discrimination)로 보고 이를 해소하는 것을 여권 신장이라고 하는 주장은 성경적이지 못하다. 한때 대학가에서 유행하고 있는 "남성다움과 여성다움의 신비를 폭로한다", "자주여성 민주남성, 대동 한마당" 등 제하의 각종 여권 단체의 행사는 제목부터 다분히 비성경적이다.

성경적 관점에서 진정한 여권 운동이란 곧 주제 파악이라고 할 수 있다. 남자는 남자로서의 주제 파악을 해야 하고 여자는 여자로서의 주제 파악을 해야 한다. 남자는 여자와 다르고 또 달라야 하며, 여자 또한 남자와 다르고 또 달라야 한다. 일반적으로 남자는 자율적, 활동적, 창의적, 야심적, 포괄적, 이성적, 객관적, 사회적, 추리적이며 추진력과 용기와 주장과 지도력 등 소위 '도구적'(instrumental) 측면이 발달하여 '과업 지향적'이고 '목표 지향적'이다. 이에 비해 여자는 부드럽고 따뜻하며 수용적, 양육적, 구체적, 감정적, 주관적, 개인적, 직관적이고 잘 공감하며 말과 몸짓을 통해 감정을 표현하는 '표현적'(expressive) 측면이 발달하여 '관계 지향적'이다. 이처럼 남자와 여자는 서로 다르기 때문에 기능과 역할에 있어서 상호 보완적일 수 있다. 남자와 여자는 서로 다른 역할과 기능을 통하여 서로 사랑하고 복종하면서 그리스도 안에서 새로운 동반자 관계를 형성하도록 부르심을 받았다.[4]

그러나 요즘은 서구 문화의 영향 때문인지 남자 같은 여자들도 많지만 여자 같은 남자들도 많다. 남녀유별, 부부유별을 유별나게 강조한 동양적 전통이 대체로 남자의 편의를 위해 해석, 적용된 점이 문제이긴 하지만 그렇다고 서구식 여권 운동을 성경적이라고 할 수는 없다.

여성 해방의 궁극적인 목표는 창조주 하나님의 말씀에서 보여 주는

---

4) 추부길, 김정희, 『가정 사역 워크북』(서울: 크리스천 치유목회연구원, 1997), 152-153면.

남녀관, 부부관으로 돌아가는 것이어야 한다. 남자와 여자는 창조 때에는 평등하게 창조되었으나 타락에 의해 그 평등한 관계가 왜곡되었으며 남녀의 불평등은 그리스도 안에서의 구속으로 말미암아 회복되었다. 남자와 여자는 둘 다 믿음을 통해 은혜로 말미암아 의롭다 함을 받는다(갈 3:28).

자녀는 부모의 소유가 아니다

사랑과 결혼, 그리고 이어지는 가정에는 반드시 자녀가 등장하게 된다. 자녀에 관해서는 성경적 견해와 오늘날의 지배적인 견해는 상당히 다르다. 첫째로 생각해 볼 수 있는 세상적 자녀관은 저주로서의 자녀관이다. 요즘은 자녀란 인구 밀도를 높이고, 좁은 취업문을 더 좁게 만들며, 국토를 나누어 쓰게 하고, 1인당 GNP를 끌어내리는 존재로 인식되고 있다. 인구 폭탄이니, 인구 폭발이니 하는 말들은 성경에 나타난 축복으로서의 자녀관이 얼마나 변했는지를 보여 준다. 로마클럽이 '성장의 한계'에서 지적하고 있는 인구 문제는 인구 증가에 대한 현대인들의 공포를 대변해 주는 것이라고 할 수 있다. 그러므로 일단 어머니 뱃속에서 나온 아이를 죽일 수는 없으므로 아직 나오지 않은 아기는 낙태시켜 못 나오게 하고 온갖 방법으로 피임하여 아기를 갖지 못하도록 노력하고 있다.

두 번째 세상적 자녀관은 우상으로서의 자녀관이다. 이것은 앞에서의 자녀관과 정반대인 것처럼 보이지만 그렇지 않다. 남의 자녀들을 재앙으로 보는 사람들 중에 자기 자녀를 우상으로 섬기는 사람들이 많다. 우상으로서의 자녀관은 소자녀 시대를 사는 많은 부모들이 갖고 있는 자녀관이다. 자녀가 인생의 소망이요 의미가 되는 사람에게 자녀는 더 이상 축복이 아니라 우상이다. 엄마의 과도한 보호를 받으며 자란 소위 마마보이는 우상화된 자녀관의 결과라고 할 수 있다. 삐뚤어진 '위대한 모성'이 마마보이를 만든다.

그러나 성경의 자녀관은 현대의 세상적 자녀관과는 사뭇 다르다. 자녀를 생산하는 것(procreation)은 하나님의 형상대로 지음받은 인간이 하나님의 창조 행위(creation)와 가장 흡사한 행위다. 인간이 타락하기 이전에 주어진 문화명령의 일부로서 "생육하고 번성하여 땅에 충만하라"(창 1:28)는 말씀은 자녀를 낳으라는 하나님의 구체적인 명령이라고 할 수 있다. 성경에서 말하는 자녀는 축복과 강대함의 표시다. "자식은 여호와의 주신 기업이요 태의 열매는 그의 상급"이요(시 127:3), "손자는 노인의 면류관이요 아비는 자식의 영화"이며(잠 17:6), "하나님이 주의 종에게 은혜로 주신" 존재가 바로 자녀인 것이다(창 33:5).

자녀는 부모의 몸을 통해 태어나지만 잉태되는 순간부터 부모와는 독립된 존재이다. 시편 기자는 "내 형질이 이루기 전에 주의 눈이 보셨으며"라고 말한다(시 139:16). 또한 예레미야 선지자는 "내가 너를 복중에 짓기 전에 너를 알았고 네가 태에서 나오기 전에 너를 구별하였고"라고 말한다(렘 1:5). 수정된 지 몇 달 이내의 태아는 생명이 아니다, 혹은 태어나기 전의 태아는 부모 마음대로 할 수 있다라고 말하는 사람들의 주장을 정면으로 부정하는 말씀이라고 할 수 있다.

자녀는 부모의 소유가 아니며 하나님이 잠시 세상에 있는 동안 잘 관리하라고 맡겨 주신 존재이다. 그러므로 재물에 대한 선한 청지기가 그렇듯이 자녀들에게 선한 청지기가 된 사람도 결국 자녀의 주인이 되는 주님께 착하고 충성된 종이라는 칭찬과 더불어 자녀들을 돌려주어야 한다. 범죄와 가난으로 찌든 인도의 빈민가를 배경으로 제작된 영화 "기쁨의 도시"(The City of Joy)에서 가난한 아버지가 딸을 시집보낼 때 "너는 나의 소유가 아니다. 하나님께서 잠시 내게 빌려 주셨을 뿐이지"라고 말한 것처럼….

오염된 사랑과 결혼

그렇다면 성경은 결혼과 가정에 대하여 어떻게 가르치는가? 원래 하나님은 자기와 교제할 수 있는 존재를 창조하시고 이들에게 자녀를 생산하게 하여 후손까지 하나님과 교제하게 되기를 원하셨다. 남자가 부모를 떠나 아내와 연합하여 한 몸을 이루어야 한다(창 2:24)는 하나님의 주례사는 결혼이 하나님의 뜻임을 분명히 말하고 있다. 나아가 성경은 창조 구조 속에서 결혼과 이를 통해 하나님의 형상을 닮은 자손을 얻는 일이 축복임을 말해 주고 있다.

결혼으로 이루어진 가정도 인간이 타락하기 전에 하나님께서 인간에게 주신 축복의 제도이다. 이 가정은 지상에 있는 하늘 나라의 모형이라고 할 수 있다. 성경은 종종 가정 내에서 여러 관계를 삼위일체 하나님이나 교회, 하나님 나라 등에서의 관계를 상징하는 것으로 언급하고 있다.

그러나 이처럼 축복의 사랑과 결혼, 가정이었지만 인간의 타락은 이 모든 것들에 깊은 악영향을 끼쳐 온갖 오염된 모습들이 드러나기 시작했다. 창세기 4장에 등장하는 가인의 5대손 라멕의 축첩(蓄妾)은 인간의 타락이 결혼에 영향 미침을 보여 주는 최초의 기록이다.

오늘날에는 왜곡된 사랑, 오염된 결혼, 파괴된 가정의 모습이 도처에서 나타나고 있다. 매음, 동성 연애, 혼외 정사, 변태 성욕, 이를 부추기는 음란 매체들, 우후죽순처럼 생기는 향락 퇴폐 업소, 인신 매매, 가정 파괴의 범죄, 비뚤어진 여권 운동, 이혼, 계약 결혼 등등. 게

다가 성인 영화, 성인 비디오, 성인 잡지는 어떠한가?

결혼과 가정의 신성함에 대한 도전은 어제오늘의 일이 아니다. 히브리서 기자는 "모든 사람은 혼인을 귀히 여기고 침소를 더럽히지 않게 하라 음행하는 자들과 간음하는 자들을 하나님이 심판하시리라"(히 13:4)고 말한다.

범죄한 이후 가정 생활은 항상 인간의 죄성으로 인해 훼손의 위협에 직면해 오고 있다. 구원받은 그리스도인일지라도 끊임없는 도전과 유혹 속에 살고 있다. 그래서 우리들이 사랑과 결혼, 가정 생활을 생각할 때 이와 관련된 축복은 항상 조건부 축복이라고 할 수 있다. 즉 축복으로서의 가정 생활이나 부부 관계도 창조 질서 속에서 이루어질 때 진정한 축복이 될 수 있다.

옆으로 서서 사랑하는 법

남녀간의 교제나 결혼에서는 인간의 가장 강력한 정서가 수반되며 주관적인 가치가 원색적으로 반영된다. "사랑은 맹목적이다"(Love is blind)라는 말은 이를 잘 나타내 준다. 젊은 그리스도인의 믿음의 상태는 결혼 배우자를 선택하거나 결혼과 관련된 태도를 통하여 가장 적나라하게 드러난다. 중요한 일일수록 개인의 가치관, 인생관 등이 강하게 반영된다. 그러므로 사람이 배우자를 구할 때 이러한 모습들이 잘 드러난다.

예외는 있겠지만 배우자를 구함에 있어서 사람들은 대개 자기와 비슷한 믿음의 정도를 가진 사람을 만난다는 말은 가히 틀리지 않다고 할 수 있다. 결혼이 개인의 삶에서 가장 중요한 부분이라고 한다면 자신에게 있어서 가장 중요한 일을 처리하는데 얼마나 하나님을 의뢰하며 하나님의 뜻을 잘 분별하는가 하는 것은 다른 모든 일에 대한 자세를 보여 준다고 할 수 있다. 아마 이것을 뒤집어 말하면 집과 재물은 조상에게서 상속하지만 슬기로운 아내는 여호와께로서 말미암는다 (잠 19:14)고 할 수 있을 것이다.

그러므로 다른 많은 일들 가운데서도 이성과 결혼 문제에 있어서 하나님을 온전히 의뢰하고 하나님의 뜻에 순종하는 청년이라면 그는 분명히 영적으로 성숙한 사람이라고 볼 수 있다. 그래서 아래에서는 성경적 결혼과 관련된 몇 가지 실제적 제안을 해보고자 한다.

첫째, 거룩한 삼각 관계가 이루어져야 한다. 오늘날 잘못된 결혼관 중의 하나는 결혼을 단지 당사자 둘만의 일로 축소시키는 것이다. "둘이 좋으면 됐지 뭐가 더 필요한가!"라고 말한다. 이것은 인간을 지으신 하나님을 생각지 않는 행동이요, 부모님과 주위에 사는 이웃과 사회를 생각지 않는 처사라고 할 수 있다. 뿐만 아니라 그리스도인이라고 한다면 무엇보다도 결혼과 가정의 중심이 그리스도이심을 알아야 한다. 그리스도께서 앞서가시고 부부와 가정은 그분의 뒤를 따라가야 할 것이다. 이것은 거룩한 삼각 관계라고 부를 수 있다.

인간은 죄성으로 인해 한때 생명을 걸고 뜨겁게 사랑하던 사람이라도 어느 순간에는 죽이고 싶을 정도로 미워질 때가 있다. 치정 살인이란 너무나 사랑했던 사람들 사이가 아니면 일어나지 않는 일이다. 그러므로 부부간에 더욱더 깊이 사랑하고 이 사랑이 지속되기 위해서는 끊임없는 예수님의 중재가 필요하다. 세상의 삼각 관계는 살인을 부르지만 거룩한 삼각 관계는 평화를 가져온다.

둘째, 그리스도인은 옆으로 서서 사랑하는 법을 배워야 한다. 로미오와 줄리엣처럼 두 손을 잡고 서로 마주보고 사랑을 한다면 어떤 손으로 하나님을 찬양하며 이웃을 섬길 것인가? 그리스도인은 마주보고 사랑하는 게 아니라 한 손을 잡고 옆으로 서서 앞에 계신 예수님을 바라보며 사랑해야 한다. 옆으로 서야 상대의 앞면(장점)과 뒷면(단점)을 골고루 살펴볼 수 있으며 결혼 후에라도 실망하지 않는다. 두 손을 꼭 잡고 영원히 변치 말자고 하는 사람들은 상대의 뒷면을 못 보고 결혼하기 때문에 결혼 후에 보게 되는 뒷면으로 인해 실망하는 경우가 많다. 옆으로 서야 예수님을 따라가는 데 가재걸음이 아니라 정면으로 따라갈 수 있고 남은 한 손으로는 하나님 나라를 위해, 그리고 이웃을 위해 일할 수 있다.

셋째, 레디 메이드(ready-made)를 위해 기도해야 한다. 많은 젊은 이들은 결혼을 통해 사람이 변화될 수 있다는 환상을 갖고 있다. 물론 그런 경우가 없는 것은 아니지만 결혼은 사람을 근본적으로 변화시키는 데 썩 좋은 기회는 아니다. 사랑에 눈먼 많은 젊은이들이 결혼하면 불신자도 예수를 믿고, 믿음이 약한 사람이라도 강해질 줄 믿고 결혼하는데 이것은 상당히 큰 모험이다. 근본적으로 인간을 변화시키는 것은 성령의 역사이지 결혼이라는 제도가 아니다. 그러므로 결혼을 위해 기도하는 사람들은 '레디 메이드', 즉 이미 믿음 위에 분명하게 서 있는 성숙한 사람을 만날 수 있도록 기도해야 한다.

넷째, 결혼은 사람과 하는 것임을 기억해야 한다. 너무나 당연한 말이지만 불행하게도 오늘 우리 사회에서는 사람보다도 그 사람의 주변에 있는 액세서리들과 결혼하는 사람들이 많다. 복덕방에서 부동산 소개하듯이 중매쟁이는 사람의 액세서리를 소개하고 멍청한 사람들은 액세서리들간의 맞선을 본다. 상대의 재산이나 지위를 보고 결혼하는 사람이 있는가 하면 인물이나 학벌과 결혼하는 사람들도 있다. 요셉은 마리아와, 이삭은 리브가와 결혼했으나 요즘 사람들 중에는 고급 아파트나 승용차, 박사학위 등과 결혼하는 사람들이 있다. 확실히 세월이 흐른다고 사람들이 똑똑해지는 것은 아닌 것 같다.

그날이 오면…

오늘날 우리는 힘이 정의를 만들고 목소리 큰 사람이 세력을 잡으며 진리가 다수결로 결정되는 것처럼 보이는 시대에 살고 있다. 사탄은 혼전 관계 몇 퍼센트, 남편 외도 몇 퍼센트 등 결혼이나 성 윤리에 관한 각종 통계 수치들을 통해 사람들을 유혹하고 있다. 그러나 성경은 이러한 세상적 풍조에 대하여 매우 단호하다. "결혼은 마치 한 쌍의 가위의 날과 같다. 그래서 한 번 합쳐지게 되면 아무도 분리할 수 없다. 때로 서로 반대 방향으로 가는 듯이 보일 때도 있지만 그 날들 사이에 누군가가 오게 되면 항상 베어 버린다."[5]

어떤 사람들은 나이가 들었다는 것만을 밑천으로, 말씀을 따라 결혼을 준비하는 젊은이들을 주눅 들게 하는 교훈을 한다. 그러나 세상 풍조를 따라 세월이 만든 선배는 불량품이다. 우리는 '선생 과잉시대'에 살면서 수많은 훈계를 받지만 최후의 스승은 성령이요 양보할 수 없는 기준은 성경임을 기억해야 한다. 음란하고 패역한 시대에 살고 있지만 그리스도인은 절대적 윤리 기준을 가지고 살고 있다. "내가 거룩한 것처럼 너희도 거룩하라"(레 19:2)는 하나님의 명령은 3500년 전 모세 시대에만 유효했던 명령이 아니다. 2000년대를 살아가는 우리들도 하나님의 명령에 순종해야 하며 그리스도의 장성한 분량까지 자라기 위해 끊임없이 자신을 쳐서 복종시켜야 한다(엡 4:15).

성경은 유혹의 욕심을 따라 썩어져 가는 구습을 좇는 옛사람을 벗어 버리고 오직 심령으로 새롭게 되어 하나님을 따라 의와 진리의 거

---

5) "Marriage resembles a pair of shears, so joined that they cannot be separated; often moving in opposite directions, yet always punishing anyone who comes between them", quoted from Sydney Smith, *Lady Holland's Memoir*, Vol. I(London: Longman, Brown, Green & Longman, 1855).

룩함으로 지으심을 받은 새사람을 입으라고(엡 4:22-24) 가르친다. 음행과 온갖 더러운 것과 탐욕은 그 이름이라도 부르지 말며(엡 5:3), 혼인을 귀히 여기고 침소를 더럽히지 않는(히 13:4) 정결한 삶을 요구하고 있다. 음행하는 자나 더러운 자나 탐하는 자는 심판을 받으며 하나님의 나라에서 기업을 얻지 못함(히 13:4, 엡 5:5)을 경고하고 있다. 여자는 젊어서 결혼한 남편을 버리지 말고(잠 2:17), 남자는 하나님 앞에서 맹약(盟約)한 아내에게 궤사(詭詐)를 행하지 말 것(말 2:14)을 명령하고 있다.

우리는 결혼 후에도 끊임없는 유혹 가운데 살지만 이런 가운데서도 유혹을 이미 이기신 예수님을 바라보며 날마다 하나님을 의뢰해야 할 것이다. 유혹과 시험은 영원한 것이 아니다. 지금은 우리들이 땅 위의 오염된 사랑으로 인해 고통받고 있으나 그날이 오면 우리의 사랑에도 커다란 변화가 일어날 것이다. 지옥에서는 사망이 피해 다니지만 그 날에는 육신의 정욕과 안목의 정욕과 이생의 자랑이 우리를 피할 것이다.

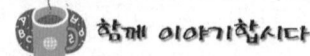 함께 이야기합시다

1. 성경이 말하는 결혼의 기원을 말하고 결혼의 기원에 대한 견해가 왜 중요하다고 생각하는가?
2. 결혼의 목적은 무엇인가?(창 1:28, 2:18, 엡 5:22-32 참고) "부모를 떠나 한 몸"이 된다는 것은 무엇을 의미하는가?
3. 행복한 결혼을 위해 중요한 요소라고 생각하는 것들을 열거해 보라.
4. 독신에 대한 성경적 견해를 말해 보자. 독신으로 살기 위한 은사는 어떤 것인가?
5. 오늘날 서구 사회의 기초를 무너뜨리고 있는 가정 해체의 원인이 무엇이라고 생각하는가? 이것을 방지하기 위한 방책이 있다면 말해 보라.

10장 노동

땀 흘리는 수고의 기쁨

"게으른 자여 개미에게로 가서 그 하는 것을 보고 지혜를 얻으라 개미는 두령도 없고 간역자도 없고 주권자도 없으되 먹을 것을 여름 동안에 예비하며 추수 때에 양식을 모으느니라 게으른 자여 네가 어느 때까지 눕겠느냐 네가 어느 때에 잠이 깨어 일어나겠느냐 좀더 자자, 좀더 졸자, 손을 모으고 좀더 눕자 하면 네 빈궁이 강도같이 오며 네 곤핍이 군사같이 이르리라"(잠 6:6-11).

"또 너희에게 명한 것같이 종용하여 자기 일을 하고 너희 손으로 일하기를 힘쓰라 이는 외인을 대하여 단정히 행하고 또한 아무 궁핍함이 없게 하려 함이라"(살전 4:11-12).

언젠가 기독교방송(CBS)에서 들은 어떤 목사님의 간증 중에 다음과 같은 말씀이 있었다. 본인은 원래 사범대학을 가서 교사가 되기를 원했으나 아무리 생각해도 주의 일을 해야 될 것 같아 결국 신학을 하게 되었다는 것이다. 이와 비슷한 얘기는 우리 주변에서도 흔히 들을 수 있는 것이지만 곰곰이 생각해 보면 그냥 지나칠 수 없는 몇 가지 의문이 있다.

우선 이 말의 이면에는 교사가 되는 것은 주의 일이 아니든지 아니면 목회만이 주의 일이라는 전제가 깔려 있다. 과연 교직은 주의 일이 아니고 목회만이 주의 일인가? 헌신의 가장 큰 표현은 신학교에 가는 것인가? 하나님께서 기뻐하시는 직업은 어떤 것이며 그리스도인의 직장 생활과 직장에서의 노동은 어떤 의미가 있는가? 이것은 특히 고등학교나 대학교 졸업반에 있는, 소위 믿음 좋은 학생들의 고민이다.

직업과 노동에 대한 관심은 그리스도인들에게만 국한된 것이 아니다. 고도의 경제 성장과 더불어 이제 한국에서도 노동자들의 제 몫 찾기, 이에 따른 노동 운동의 본격화와 임금의 급격한 상승이 이루어졌다. 이와 더불어 소위 3D 업종이라는 직업군이 생기며 정작 인력이 필요한 곳에는 사람이 없고 향락 산업이 발전하여 먹고 즐기는 문화가 온 나라를 뒤덮고 있다. 비록 IMF 구제금융 치하의 경제 위기로 이러한 풍조가 다소 주춤해지기도 했으나 사람들은 노동의 가치보다는 불로소득에 더 관심을 갖게 되었다. 이 현상을 보면서 노동의 가치에 대한 사람들의 시각도 각양각색으로 나타난다.

노동이란?

노동과 비슷한 말로는 일이라는 말이 있다. 영어, 독일어, 프랑스어로 '일하다' 는 말은 work, werken, ouvrier이며 '노동하다' 는 말은 labour, arbeiten, travailler이다. 이러한 단어들로부터 일은 노동에 비해 더 넓은 의미가 있으며 좀더 긍정적, 적극적 뉘앙스를 갖고 있다고 할 수 있다. 그러므로 직장에서 이루어지는 일은 노동이란 말로 표현하는 것이 더 적합하다고 볼 수 있다. 한자 뜻을 살펴보면 '노동'(勞動)이란 자연적이고 본능적인 움직임이나 즐기기 위한 오락이 아니라 수고하여(勞) 움직이는 것(動)을 말한다. 노동이란 일정한 목적을 두고 생산성 있게 일하는 행위이다. 물론 여기에는 육체적인 노동만이 아니라 정신적인 노동도 포함한다고 할 수 있다.

사실 노동이나 오락이나 둘 다 몸을 움직인다는 점(물론 정신 노동도 있지만)에서는 비슷하다. 그러나 노동은 어떤 가치의 생산을 목적으로 하는 움직임이고 오락은 움직임 그 자체가 목적이다. 노동이나 오락은 몸을 움직이며 소모되는 칼로리는 비슷하지만 오락은 즐거운 움직임이고 노동은 힘이 드는 움직임이다. 회사나 군대에서 고된 노동이나 훈련을 하는 중에서도 잠시 동안 쉬는 시간에 즐겁게 족구를 하는 청년들을 보면 노동과 오락이 한편으로는 비슷하면서도 다른 한편으로는 전혀 다르다는 사실을 알 수 있다.[1]

이러한 노동이 이루어지는 직장에서 하나님의 뜻대로 살기를 원하는 그리스도인들의 바른 자세는 무엇인가? 다음은 노동에 대한 비기독교적 견해를 살펴본 뒤 기독교적 노동관에 대하여 논의해 보자.

이원론의 노동은 저주

먼저 생각해 볼 수 있는 견해는 '저주설'이다. 이것은 고대 그리스에서 보편적인 사상이었다. 그리스 신화에서 노동은 프로메테우스가

---

[1] 손봉호 외, "기독교적 노동관", 『행하는 자라야』(서울: IVP, 1992), 131-132면.

인간에게 불(기술, 지식)을 준 것에 대한 제우스의 보복의 일환이었다. 제우스의 보복으로 인해 인간은 농사 짓고 노동을 해서 대지로부터 먹을 것을 생산하지 않으면 안 되게 되었다. 플라톤의『국가론』(The Republic)이나 아리스토텔레스의『정치학』(Politics) 등에도 노동의 필요성과 그 역할을 설명하는 일은 있어도 그것을 귀중한 것이라고 적극적인 의미를 부여한 적은 없다.

플라톤의 이원론적 영향을 받아 그리스인들은 장사하는 상인, 배의 선원 등 육체 노동자들은 이상적 시민이 될 수 없다고 생각했다. 이유는 육체적인 노동은 정신과 마음을 비천하게 전락시켜 고도의 이상을 추구할 수 없기 때문이라는 것이다. 이들에게 노동이란 노예나 피지배인들이 하는 괴로운 것이었다.[2] 플라톤의 수제자 아리스토텔레스는『정치학』에서 "가장 탁월한 통치가 이루어지는 도시에서 시민들은 장인(匠人) 혹은 상인의 삶을 영위하지 않을 수 있다. 왜냐하면 그와 같은 삶에는 고상함이 결여되어 있기 때문이며, 또한 그 삶은 완전한 인격에 결코 이르지 못하게 하기 때문이다"고 했다.[3]

그리스인들은 모든 육체 노동을 쓸모 없는 인간이 하는 것이라고 경멸했다. 그들이 생각하는 완전한 인간이란 귀족이었다. 노동하지 않고, 여가를 가지며, 정치에 관계하고, 격투기에 몰두하고, 전쟁에 참가하며, 정신적 작품을 만들어 내는 인간이었다. 이것은 사도행전에서도 나타난다. 사도행전의 기록에 의하면 아테네인들은 가장 새로

---

2) 淸水正德,『働きことの 意味』(岩波書店, 1982) - 한국어판:『노동의 의미』(서울: 한마당, 1983), 26-27면.
3) Robert L. Heilbroner, The Economic Problem(Englewood Cliffs, NJ: Prentice-Hall, 1968), p. 32.
Paul Marshall in Paul Marshall, Edward Vanderkloet, Peter Nijkamp, Sander Griffioen and Harry Antonides Labour of Love : Essays on Works - 한국어판: 황성일 역,『바른 직업 윤리』(서울: 나침반사, 1993), 44면에서 재인용.

운 것을 말하고 듣는 것 외에 달리는 시간을 쓰지 않았다(행 17:21).[4]

개인의 소유권(所有權)과 이에 근거한 자본주의를 전면적으로 부정한 마르크스주의도 노동에 대한 부정적 입장을 견지하고 있다. 마르크스는 노동은 본래 인간이 자기 실현을 통해 자연을 인간화하는 과정이라고 보았다. 그는 인간은 노동을 통해 진정한 인간이 되어가며 역사는 노동에 의해 발전한다고 보았다. 그러면서도 노동 그 자체에 대해서는 매우 비관적이었다. 그는 "노동 그 자체는 그 의도에 관한 한 현재의 조건뿐 아니라 보편적으로도 단지 부의 증진일 뿐이며 유해하고 유독한 것이다"라고 하였다.[5]

불교나 힌두교, 유교와 노장 사상 등 동양 사상에서도 노동을 천시했다. 이들에게 있어서 노동은 저주는 아니더라도 결코 고상한 사람들이 하는 것은 아니었다. 중요한 것은 마음이며 육체는 아무것도 아니라고 보고 육체 노동을 경시했다. 현실로부터 도피적이었던 불교와는 달리 유교는 인간 사회에 하늘의 도리를 구현하려고 했으나 육체 노동은 사람을 다스리며 하늘의 도리를 연구하는 정신적인 일들보다는 저급한 것으로 보았다.

이러한 노동의 비하(卑下)는 과거 우리 나라의 신분제에서도 잘 드러난다. 사농공상(士農工商)의 차별도 어느 정도 정신을 육체보다 우월하게 생각하는 것과 관련이 있다. 조선시대에 백정을 천직(賤職)으로 본 것이나 양반들이 당장 내일 아침 먹을 것이 없어도 육체 노동을 기피한 것 등도 이 맥락에서 이해할 수 있다. 이러한 사상들은 모두 영혼은 깨끗하고 육체는 더럽다는 이원론적 사상에 기인한 것이다.

---

4) 清水正德, 『노동의 의미』 28면에서 재인용. 그리스인들의 노동관을 좀더 자세히 알려면 Josef Pieper, *Leisure the Basis of Culture*(London: Faber and Faber, 1952)를 보라. 야스퍼스(Karl Jaspers, 1883-1969) : 독일의 실존주의 철학자.
5) Paul Marshall, "소명, 노동 그리고 쉼", 『Paul Marshall 글모음』(서울: IVP), 28면.

이들에게 있어서 육체란 단지 영혼을 가두어 두는 감옥에 불과한 것이었다.[6]

노동은 삶의 방편?

다음에는 노동의 '방편설'이다. 이것은 노동이란 그 자체로서 어떤 가치가 있는 것이 아니라 다른 것을 위한 방편일 뿐이라는 견해이다. 이것은 산업혁명 이후 공장 공업을 통한 대량 생산과 산업이 고도로 분업화됨으로 말미암아 사람들이 자기가 현재 종사하고 있는 일에 대하여 어떤 의미가 있는지 찾을 수 없게 되자 노동 그 자체보다는 노동으로 얻은 수입을 개인적 성취감과 보람을 찾을 수 있는 일에 사용함으로 노동의 의미를 찾으려고 했기 때문이다.

노동 방편설 중에서 흔히 사람들에게 퍼져 있는 것으로는 노동이란 생존의 방편일 뿐이라는 주장이다. 여기에서는 말 그대로 생존을 노동의 지상 목표로 삼는다. 먹기 위해 살고 살기 위해 노동하는, 다시 말해서 본능적 욕구 충족을 노동의 가치로 보는 유물론적 견해이다.

그러나 만일 노동이 의식주의 해결만을 위해 가치 있고 필요한 것이라면 인간의 삶은 너무도 동물적이 될 것임을 쉽게 짐작할 수 있다 (마 6:25-34). 살기 위해 이루어지는 모든 일들이 정당화될 것이다. 예를 들면 생존의 방편으로 매춘 행위를 나쁘다고 할 이유가 없어진다.

노동 방편설에 대한 두 번째 예는 노동을 자아 실현과 성취의 수단

---

6) 류해신, "기독교적 노동관과 노동운동", 『제6회 기독교학문학회 공동 주제 발표문』(기독교학문연구회-기독교학술교육동역회 공동 주최), 1990.2.16.

으로만 보는 것이다. 타락한 인간의 자아 실현 욕구는 쉽게 끝없는 이기적 욕망으로 변질된다. 직위가 올라갈수록 직장은 주말도, 주일도, 휴일도, 아침 시간도, 저녁 시간도 없는 무한정의 헌신을 요구하며 이것이 개인의 욕망과 결탁하여 하나님도, 가정도, 심지어 자기 자신까지도 잊어버리는 헌신을 만들어 낸다.

대기업 사원들간에 유행하고 있는 "회사에 다녀오겠습니다"가 아니라 "집에 다녀오겠습니다"란 웃지 못할 농담은 일을 우상화하는 현대인들의 모습을 나타내는 말이다. 이쯤 되면 직장은 본래의 기능을 상실하고 우상과 올무가 된다. 이런 인간의 본성을 잘 아시는 하나님께서는 십계명 중 4계명으로 안식일을 기억하여 거룩하게 지키라고 명령하셨다(출 20:8-11). 하나님께서는 권면이 아니라 명령으로, 인간에게는 의무이기 전에 권리로서 안식의 법이 제정된 것이다.

노동 방편설에 대한 세 번째 예로, 특히 그리스도인과 관련된 것은 노동을 헌금의 방편으로만 보는 것이다. 즉 노동은 돈을 벌어 헌금하기 위한 수단에 불과하다는 것이다. 이 견해는 은연중에 노동이 이루어지는 직장은 본질적으로 선하지 않은데 반해 노동으로 얻은 수입을 헌금하는 교회는 선하다고 가정한다.

이러한 직업관은 직장은 거룩한 하나님의 사업이 이루어지는 데 필요한 물질을 벌 수 있는 곳으로서의 가치밖에 없다는 생각에 근거하고 있다. 즉 (직장에서) 짐승처럼 돈을 벌어 (교회를 위해) 정승처럼 쓰라는 논리가 성립되는 것이다. 이 견해가 극단화되면 돈은 어떻게 벌든지 헌금만 많이 하면 된다는 식의 결론에 이르게 된다. 그러나 돈의 액수로만 노동의 가치가 산정(算定)되는 노동관은 잘못된 것이다.[7]

---

7) 손봉호, 『행하는 자라야』, 124면.

오늘날 한국 교회에서 부동산 투기, 탈세, 부정한 이권 개입, 뇌물, 특혜 금융 등 잘못된 방법으로 번 돈이 교회에서 축복기도를 받고 예배당 건축 등에 사용되고 있기 때문에 성도들의 물질관이 비뚤어지며 예배당만 짓고 그리스도의 몸인 교회는 허물어 버리는 일이 일어난다. 액수에 무관하게 정당한 노동의 대가를 존중하고 인정해 주는 사회가 되려면 교회가 솔선수범하여 부정하게 번 헌금은 거부할 수 있는 용기를 보여 주어야 한다. 적어도 건축헌금 등과 같이 거액의 헌금일 때는 세무서에서 하듯이 자금 출처를 조사할 수는 없더라도 어느 정도 돈의 출처를 알고 난 뒤 받는 자세가 필요하다. 그래야 교회에서도 돈만 있으면 인정받고 장로도 권사도 될 수 있다는 오해를 불식시킬 수 있다.

어거스틴과 아퀴나스

그러면 기독교에서는 노동에 대하여 무엇을 말해 주고 있는가? 어거스틴과 아퀴나스의 견해를 중심으로 교회사에 나타난 노동에 대한 견해를 살펴보자.[8]

어거스틴은 하늘의 도성과 지상의 도성 사이의 관계를 이해하기 위하여 노동을 비롯한 주변 세계의 여러 가지 일들, 그중 노동에 대해서도 깊이 이해하려고 노력하였다. 그는 암울한 로마 제국의 미래를 보

---

8) 어거스틴(Saint Aurelius Augustinus, 354-430) : 초대 교회 최대의 신학자이자 마지막 교부.
아퀴나스(Saint Thomas Aquinas, 1225-1274) : 이탈리아의 스콜라 철학자이자 중세 최대의 신학자.
Marshall, 『바른 직업 윤리』, 21-25면.

면서 세상의 일들에 대해 적극적이지 않았다. 이러한 그의 견해는 노동에 대해서도 마찬가지였다. 그는 농부, 장인, 상인 등의 일들을 찬양했지만 이 세상에서의 노동에 대한 영적인 의미를 깊이 이해하지는 못했다. 그는 그리스도인들이 현세의 일시적인 삶의 고행을 거절하지 말아야 한다고 생각하면서 현세의 삶을 단지 영원한 삶을 준비하는 '학교'에 불과하다고 했다.

세상에서의 삶의 자세에 대한 어거스틴의 견해를 잘 보여 주는 비유는 '길 옆의 여관' 비유이다. 그는 "당신은 떠나고 도착하고 다시 떠나며 결코 머무르지 않는 여행을 하고 있다. 현세의 삶은 단지 길 옆의 여관에 지나지 않는다. 머무르려는 목적이 아니라 그것을 뒤로 하고 떠나려는 목적으로 … (여관을) 이용하라"고 말했다.[9]

어거스틴은 인간의 삶을 '활동적인 삶'(vita activa)과 '관조적인 삶'(vita contemplativa)으로 구분하면서 두 종류의 삶 모두가 선하지만 그래도 관조적 삶이 더 고상하다고 생각했다. 그는 관조적 삶과 활동적 삶을 두고 "한편은 사랑의 대상이며, 다른 한편은 인내의 대상이다"라고 보았다. 또한 그는 노동을 짐이라고 보면서 "만일 우리에게 이 짐을 부과하는 사람이 전혀 없다면, 우리는 진리를 사색하고 깨닫기 위해 여가(otium)에 열중해야 한다"고 했다.[10]

아퀴나스 역시 어거스틴처럼 활동적인 삶과 관조적인 삶을 구분하면서 전자는 현재의 육체적 삶의 필요를 위해 존재하는 반면 후자는 영원을 향한 것이라고 보았다. 두 종류의 삶이 각각 고유한 가치를 갖지만 활동적인 삶은 필요에 예속되어 있는 반면 관조적 삶만이 참으로 자유로웠다. 아퀴나스의 사상을 요약하면 관조적인 삶이 활동적인

---

9) Marshall, 『바른 직업 윤리』, 22면.
10) Marshall, 『바른 직업 윤리』, 22-23면.

삶보다 더 좋은 것이었다.[11]

이러한 생각은 중세 기독교 사상의 골격을 형성했으며 여기에서 인간의 가장 고상한 소명은 사제나 수도사 등 성직자가 되는 것이라는 사상이 나왔다. 소명이나 천직이라는 개념도 이 직무를 가리키는 것으로만 이해되었다. 신학자들 중에서 천직에 관하여 가장 많은 논의를 했다는 바르트는 이렇게 지적하였다. "중세의 절정기에 보편화되었던 견해에 따르면, (세속적인 일은) 단지 모든 개인의 구원을 위해 전적으로 헌신하는 사람들을 물질적으로 지원하기 위해 존재할 뿐이었다. 다른 직업에 종사하는 그리스도인들에 대해서는 '소명'이란 있을 수 없었다." 그들에게 있어서 노동은 신앙과는 아무런 상관이 없는 세속적 의무에 불과하였다.[12]

그러나 이러한 노동관은 종교개혁자들에 의해 뒤집어졌다. 기독교 세계관적인 노동관은 종교개혁자들에 의해 밝히 드러난 것이다. 성경에서 노동의 거룩한 의미를 발견한 것은 종교개혁의 가장 핵심적인 업적이었다. 그러면 종교개혁자들은 노동을 어떻게 보았는가?

정복하고 다스려라

첫째, 성경은 노동이란 신성한 하나님의 창조 법칙이요 명령이라고 가르친다. 하나님은 천지만물을 창조하시고 마지막으로 인간을 창조

---

11) Marshall, 『바른 직업 윤리』, 24면.
12) 바르트(Karl Barth, 1886-1968) : 독일의 신정통 신학자.
   Karl Barth, "Vocation" in *Church Dogmatics* edited by G.W. Bromiley & T.F. Torrance(Edinburgh: T.&T. Clark, 1956-1969), 제3권 4부, p. 600 이하.
   Marshall, 『바른 직업 윤리』, 24-25면에서 재인용.

하신 후 인간에게 땅을 정복하고 다스리라는 소위 '문화명령'(Cultural Mandate)를 주셨다. 미터는 "문화는 에덴 동산에서 창조주가 피조물계의 왕인 사람에게 맡긴 사명을 성취함이다"라고 말했고,[13] 메스터는 "노동은 바로 하나님에 대한 인간의 봉사"라고 규정하였다.[14] 이것은 아담은 범죄 이전에도 노동의 사명을 받았음을 의미한다(창 1:28). 창세기 1장에 나타나는 생육, 번성, 충만, 정복, 다스림 등은 아담이 실제로 일을 했음을 증거한다. 에덴 동산에서는 낮잠이나 자면서 놀고 먹은 것이 아니라 에덴을 관리, 경작, 개척하는 일(노동)을 하면서 삶을 영위했다. 이것은 곧 하나님의 일이었으므로 노동은 하나님의 일에 순종하면서 동역하는 것이었다. 밀턴의 말처럼 하나님이야말로 위대한 고용주였다. 그러므로 노동을 인간의 타락으로 인해 주어진 벌로만 바라보는 것은 기독교적 노동관이 아니다.[15]

그러면 창세기 3장 17-19절은 어떻게 해석할 것인가? 그리스도인들 중에도 이 구절을 근거로 아담이 범죄한 후 그것에 대한 저주로서 인간에게 노동이 시작되었다고 보는 사람들이 있다. 그러나 이미 타락 이전에도 노동이 있었던 것을 생각한다면 노동이 인간의 타락으로 시작되었다고 보기보다는 타락이 노동의 의미를 변질시켰다고 보는 것이 자연스럽다. 하나님의 명령으로 주어진 노동이었지만 인간의 타

---

13) 미터(H. Henry Meeter, 1886-1963).
  H. Henry Meeter, *The Basic Ideas of Calvinism*(Grand Rapids, MI: Grand Rapids International Publications, 1956). 본서는 1990년에 Baker(Grand Rapids, MI)에서 다시 출판하였다. 본문의 인용은 1990년판 p.58에서 인용.
14) Jan Meester, *Arbeid en Ruest*(Buiten & Schippergein, 1974), Ch. 1.
  정성구, 『칼빈주의 사상대계』, 340면에서 재인용.
15) 밀턴(John Milton, 1608-1674) : 브리지 출신의 영국 시인.
  류해신, "기독교적 노동관과 노동운동", 11면.
  정성구, 『칼빈주의 사상대계』(서울: 총신대학 출판부, 1995), 339면.

락으로 인해 노동의 신성한 의미는 변질되었고 노동은 즐거운 일이 아니라 고역이 되었다. 타락한 인간의 노동은 하나님과 무관하게 되었다. 땀 흘려 얻은 노동의 대가는 죄를 짓는데 사용되고 그 노동에 근거해 이루어진 문화는 소돔과 고모라 같은 타락한 탕자 문화를 만들었다. 문화가 인간을 타락시킨 것이 아니라 타락한 인간이 문화를 타락시켰으며 사회가 인간을 타락시킨 것이 아니라 타락한 인간이 타락한 사회를 만든 것이다.[16] 타락이 인간의 노동관에 너무나 깊은 상처를 남겨 놓았지만 성경은 어디에서도 일하는 것 자체를 저주라고 말하지 않는다.[17]

하나님께서는 천지를 창조하실 때 엿새 동안 일하시고 이레째 되는 날 쉬셨다(창 2:1-3). 그에 따라 십계명에서 엿새 동안은 힘써 네 모든 일을 행하라고 함으로써 노동은 신성한 하나님의 명령임을 밝히고 있다(출 20:9). 여기서 엿새 동안 힘써, 네게 주어진, 모든 일을 행하는 것은 노동의 범위, 본질, 당위성 등을 다양하게 함축한 좋은 표현이다. 성경에 나타난 이 '엿새와 이레의 법칙'은 곧 엿새 동안에 우리의 모든 직무를 하고, 이레 되는 날은 그 모든 것을 멈추고 하나님께 예배하는 것이다. 그래서 종교개혁자 칼빈은 "주님이 인간에게 칠일에 한 번씩 쉬도록 하신 것은 인간이 게으름 속에서 지내게 하기 위함이 아니었다. 하나님이 인간들에게 주일을 허락하신 이유는 그날에 다른 일에서 해방되어 우리의 마음을 창조주를 향하여 예배하고 안식하는 일에 좀더 자유롭게 바치도록 하기 위함이었다"고 했다.[18]

하나님의 신성한 명령으로서의 노동에 대해서 루터는 이렇게 말한다. "우리는 이 세상에 있지만(in the world) 이 세상에 속한 자가 아

---

16) 정성구, 『칼빈주의 사상대계』, 342-343면.
17) Alfred P. Klausler, *Christ and Your Job*(Saint Louis, MO: Concordia, 1956), p. 46. 손봉호, 『행하는 자라야』, 132면.

니기 때문에(not of the world) 일해야 한다. 하나님은 우리를 여기에 두셨다. 하나님은 더 이상 이 지구 위에 걸어 다니지 않으신다. 그분은 여기에 둔 자신의 피조물들을 통해 역사하신다. 우리의 일은 하나님의 마스크이며 하나님은 그 마스크 뒤에서 모든 일을 하신다." 즉 하나님께서는 우리의 일을 통해 일하시므로 우리가 어떤 분야에서 일을 하든 그 일은 신성하며 하나님을 기쁘시게 하는 것이다. 창세기 1장 1절부터 시작하여 성경이 온통 일에 대한 얘기로 가득 차 있는 것도 이 때문이다.[19]

그러나 모든 일이 하나님을 기쁘시게 하는 것은 아니다. 성경적인 노동은 동물처럼 먹이를 찾아 움직이는 본능적 행위가 아니라 윤리, 도덕에 따른 이성적 행위이다. 이웃을 속이고 하나님 앞에 망령된 노동은 참된 노동이 아니다(신 24:14-15). 정당한 노동은 '엿새 동안'이란 대원칙 아래 '각자에게 주어진' 달란트대로 '힘써 일하는' 것이다(출 20:9-10). 그리고 근면하고 정당한 노동에 대하여 정당한 임금을 받는 것은 노동의 기본 요소가 된다.

칼빈은 축재와 사치로 타락한 가톨릭 수도사들의 무위도식을 보고 "잘 장식된 돼지우리에 들어가 아무 일도 하지 않고 다른 사람의 돈으로 자신을 돼지처럼 살찌우는 이들은 그리스도의 명령을 뒤엎어 버리는 자들이다"라고 공격하였다. 이런 사람들을 가리켜 솔로몬은 개미

---

18) 칼빈(John Calvin, 1509-64) : 프랑스의 종교개혁자
  Andre Bieler, *The Social Humanism of Calvin*(Richmond, VA: John Knox Press, 1964), Translated from *Humanisme social de Calvin* by Paul T. Fuhrmann.
  정성구, 『칼빈주의 사상대계』, 339-340면에서 재인용.
19) 루터(Martin Luther, 1483-1546) : 독일의 종교개혁자.
  Marin Luther, *Day by Day We Magnify Thee*(Muhlenberg) translated by Steiner and Scott, p. 299.
  Klausler, *Christ and Your Job*, p. 39에서 재인용.

에게 가서 그 사는 모습을 보고 지혜를 배우라고 말했다(잠 6:6). 인간은 노동의 권리가 있고 동시에 노동의 의무가 있다(고전 9:9, 마 20:1-6, 창 1:28).

노동은 기도, 기도는 노동

둘째, 기독교적 세계관에서는 노동을 예배의 한 부분이라고 본다. 랍비 잘만(Zalman)이 "나는 나의 목수 연장을 가지고 기도한다"고 했듯이 노동 자체는 영적인 것과 불가분의 관계가 있다. "노동은 기도요 기도는 노동이다"라는 예수원의 표어도 비슷한 의미라고 할 수 있다. 노동은 곧 하나님과의 동역이며(요 15:1) 하나님께 드리는 예배의 한 부분이다. 엿새 동안 힘써 일해 본 자만이 이레째 되는 날의 안식과 예배의 참 의미를 깨달을 수 있다. 하나님께 영광을 돌리는 것은 기도뿐 아니라 노동도 마찬가지이다. 홉킨스(G. N. Hopkins)는 "나무를 베거나, 대들보를 다듬거나 그 모든 것이 하나님의 은혜 안에서 나의 책임이라고 느껴 행하는 것이면 그것이 하나님께 영광 돌리는 일이다"라고 했다.[20]

노동에 대한 신성한 가치는 말할 필요도 없이 임금의 사용과도 밀접한 관계가 있다. 노동의 대가로 얻은 돈은 하나님 섬기는 신앙의 표현으로 사용해야 한다(잠 3:9-10, 말 3:10). 하나님의 명령이므로 일하고, 일해서 번 돈으로 하나님 나라를 위해서 살겠다고 하는 소박한

---

20) 예배와 노동의 관계에 대해서는 Alan Richardson and J.H. Oldham, *The Biblical Doctrine of Work and Work in Modern Society*(World Council of Churches, 1952) - 한국어판: 강근환, 조만 역, 『성서의 노동관』(서울: 대한기독교출판사, 1981), 75-78면을 보라.

신앙은 노동을 아주 즐겁고 아름다운 것으로 승화시킬 것이다. 그럴 때 노동은 예배의 한 부분이 된다. 예배가 하나님의 영광을 위해서 이루어져야 하는 것처럼 노동도 그러해야 한다면 어떤 노동이라도 노동의 목적에는 차이가 없다. 다만 노동의 기능 면에서 차이가 있을 따름이므로 직업에는 귀천이 없다.

노동을 예배의 한 부분으로 보는 것은 삶 전체를 예배로 보는 견해와 일맥 상통한다. 올투이스와 하트 등의 칼빈주의 학자들은 제도로서의 예배보다 삶 전체로서의 예배를 강조하고 있다. 노동은 우리의 삶의 한 부분이므로 이것은 노동을 예배의 일부라고 보는 것보다 더 확대된 견해라고 할 수 있다. 이것은 우리가 "무슨 일을 하든지 마음을 다하여 주께 하듯 하고 사람에게 하듯 하지" 않을 때 하나님께 영광을 돌릴 수 있다는 뜻이다(골 3:23).[21]

일이 없다면 인생은 무의미하다

셋째, 기독교적 세계관에서 노동은 인생의 의미와 가치에 연결된다. 모든 인간은 저마다 하나님께로부터 부여받은 달란트가 있다. 그 달란트는 바로 자기 삶의 의미와 연결된다. 즉 인간은 그 달란트를 통하여 하나님을 만나게 된다. 물론 묻어 둔 달란트가 아니라 활용하여 늘린 달란트이다(마 25:16).[22]

그리고 그 달란트는 소명으로 이어진다. 소명(召命)은 사명(使命)

---

21) 올투이스(James H. Olthuis)와 하트(Hendrik Hart) : 토론토 기독교학연구소 (Institute for Christian Studies)에 재직하고 있는 칼빈주의 학자.
Arnold De Graaf etc., *Will All the King's Men*(Toronto: Wedge, 1972)를 참고.
22) 류해신, "기독교적 노동관과 노동운동", 12면.

에서 가치를 찾고, 사명(使命)은 사명(事命)에서 가치가 발생한다. 노동을 삶의 방편으로 삼지 않고 의미 있는 삶의 한 부분으로 받아들일 때 노동에서도 가치와 즐거움을 찾을 수 있고 그것이 직업 윤리의 원천이 되는 것이다. 까뮈는 "일이 없으면 모든 인생은 부패하게 되고 일에 영혼이 없다면(soulless) 인생은 질식하고 죽어 버린다"고 했는데 이는 노동이 인생의 의미와 가치에 연결되어 있기 때문이다.[23]

노동은 빈부귀천을 막론하고 모든 사람들에게 인생의 근본적인 요소이기 때문에 성경의 많은 인물들도 성실하게 노동하는 사람들이었다.

아담이 그렇게 일했고(창 2:15), 족장들도 그런 마음으로 일했다. 모세는 미디안 목자였고, 다윗도 목자였으며, 엘리사는 농부, 아모스는 뽕나무 재배자, 신약의 예수님은 목수, 베드로는 어부, 마태는 세리, 누가는 의사, 루디아는 옷감 장수, 바울은 제 손으로 장막을 제조해 이웃을 구제하고 전도했던 모범적인 노동자였다(고전 4:12, 9:6).

바울은 어떤가? 바울은 수고하고 애써 주야로 일함으로 아무에게도 누를 끼치지 않으며 복음을 전하는 자신의 본을 받으라고 권면하며 일하기 싫어하거든 먹지도 말게 하라고 명령했다(살후 3:7-12). 그리고 그 자신이 선교사로 다니면서도 자기의 쓸 것을 스스로 일해 벌어서 충당하였다. 칼빈은 일곱 가지 이상의 큰 병을 앓으며 '움직이는 종합병원', '걸어가는 시체'라는 별명을 갖고서도 저술가, 목회자, 교육자, 행정가, 전도사 등으로 죽기까지 힘을 다해 일했다.

---

23) 까뮈(Albert Camus, 1913-60) : 프랑스의 소설가.

이웃 사랑의 표현인 노동

넷째, 노동은 이웃 사랑의 표현이다. 노동은 빈궁한 자를 구제하기 위하여 주어진 거룩한 사랑의 행위이다. 바울은 "도적질하는 자는 다시 도적질하지 말고 돌이켜 빈궁한 자에게 구제할 것이 있기 위하여 제 손으로 수고하여 선한 일을 하라"(엡 4:28)고 했다. 남의 주머니 돈을 자기 것이라고 생각하는 자는 도둑이요, 남의 주머니 돈을 모두의 것이라고 생각하는 자는 공산주의자이지만, 자기 주머니의 돈을 모두 자기 것이라고 생각하는 자 역시 하나님의 나라에는 합당치 않은 사람이다. 비록 내가 수고하여 번 돈이지만 이것은 하나님께서 당신의 나라와 이웃을 위해 잘 사용하라고 내게 맡겨 주신 것이라고 생각하고 청지기적 자세를 가져야 할 것이다. 돈(재물)은 이웃 선행의 도구로 사용해야 한다는 뜻이다.[24]

노동은 이웃을 섬기라는 하나님의 명령에 순종하는 것이다. 루터는 이웃들을 섬김으로 그리스도인들은 자신의 소명(Beruf)을 이룬다고 했다. "나는 이웃을 위해서 이 재산을 하나님으로부터 받았다"는 말은 제네바 시민에게 귀가 아프도록 들려준 칼빈의 모토였다. 경제 행위의 목적은 첫째 하나님을 위해서이고, 둘째는 이웃 사랑을 위해서라는 것이다. 흩어 가난한 자에게 구제함이 영원한 의라고 외친 바울의 말은 바로 십계명의 사상이요, 십자가 사랑의 뜨거운 표현이다.[25] "귀를 막아 가난한 자의 부르짖는 소리를 듣지 아니하면 자기의 부르짖을 때에도 들을 자가 없으리라"(잠 21:13)는 말씀은 가난한 자의 구제가 하나님과 우리와의 관계에 중요한 영향을 미침을 의미한다.[26]

---

24) 마 6:2-4, 고후 9장.
  류해신, "기독교적 노동관과 노동운동", 11면을 보라.
25) 고후 9:8-9.

노동을 소명이라고 생각한 루터도 놀고 먹는 수도원 생활을 신랄하게 공격하면서 노동은 이웃 사랑의 표현임을 지적하였다. 루터의 노동관에 대하여 베버는 "루터는 하나님 앞에서 의로워지기 위한 수도원 생활이란 참으로 무가치할 뿐만 아니라, 이는 이기심의 냉혹한 산물이며 세속적인 의무로부터의 도피라고 생각하고, 이에 대하여 거꾸로 세속적인 직업 노동이야말로 이웃에 대한 사랑의 구체적인 표현이라고 생각했다"라고 말했다.[27] 참으로 교회는 육체적인 노동의 중요성을 강조한 최초의 기관이었다.[28]

또한 노동의 대가로 얻은 돈은 일반적인 악(사회악)을 제거하고 선을 도모하는 도구로 사용해야 한다. 이 세상에는 악을 제거하기 위해 학교, 병원, 군대, 경찰, 국가와 같은 공공기관이 있다. 이러한 기관들이 유지되며 자기의 기능을 잘 발휘할 수 있도록 필요한 경비를 세금 등으로 내는 것은 당연하다. 그러나 사회적인 악을 제거하기 위해 공공기관이 할 수 있는 일은 제한되어 있다. 전쟁에서 최후의 승리는 보병에 의해 확정되듯이 사회의 각 개인이 가진 돈을 직접 선을 생산하는 도구로 사용할 때 사회악은 효과적으로 제어될 수 있는 것이다.

월요병에 시달리는 현대인들은…

많은 현대인들은 실존주의적 직업 윤리에 빠져서 운명에 눈물을 머금고 따르는 기계적, 혹은 무신론적 직업 의식을 갖고 있다. 여기에서

---

26) 잠 19:17, 21:13, 22:9, 28:27, 마 25:40, 약 2:15-17.
  손봉호, 『행하는 자라야』, 137-138면을 보라.
27) 베버(Max Weber, 1864-1920) : 독일 사회학자.
28) 清水正德, 『노동의 의미』, 38면.

노동 저주설이 생겨나고 반항적 혹은 역설적 직업관이 형성되는 것이다. 노동을 운명적으로 천시하거나 저주라고 볼 때 반항 의식이 싹트고 직업의 귀천과 계급이 생기고 이른바 한탕주의가 성행한다.

사회적으로는 적극적 사고방식, 마인드 콘트롤, 초월 명상, 자기 최면술 등이 범람하고 아주 의욕적으로 보이는 사람들도 실은 그렇게 보이는 것뿐인 사람들도 많다. 말세에 이를수록 출근하는 직업인들의 얼굴에 수심이 가득하다. 서구 사회에서 유행하는 '먼데이 블루스' (Monday blues)라는 월요병은 토요일, 주일 이틀 간의 긴 주말을 보낸 뒤 출근하는 현대인들의 우울한 마음을 나타내는 말이다.

무언가에 쫓기고 눌리는 듯한 어두움의 그림자는 무엇을 말해 주고 있는가? 도대체 노동은 누구를, 무엇을 위한 것인가? 비극적 실존주의자들은 노동 자체를 부조리적 형벌, 혹은 운명이라고 생각한다. 자기 자신과 가족, 이웃만을 위한 노동이었다면 배신당했을 때 그것은 실로 허무한 것일 수밖에 없다. 사회와 국가가 전혀 도덕적이지도 못하고 부패해 갈 때, 그리고 땀 흘린 노동의 대가가 어느 비계살 회전의자 속으로 사라져 버릴 때 그 분노와 허탈감은 떨쳐 버릴 수 없다. 이럴 때 인생이란 강박관념에 눌려 살아야 하는 고역의 연속일 뿐이다.

그러나 성경은 "하나님의 영광을 위하여 일하라"고 가르친다(고전 10:31, 골 3:17, 벧전 4:11). 일을 통해서만이 아니라 일 그 자체에서 하나님께 영광을 돌려야 한다. 우리의 노동이 하나님의 거룩한 창조 법칙이요, 명령이요, 구속에 대한 감격 행동이요, 예배의 한 부분이요, 이웃 사랑의 표현일 때, 즉 노동의 목적이 하나님의 영광과 천국의 상급과 관련될 때 그것은 지상적인 것을 넘어 천상적인 의미와 가치를 가진다. 노동이 신성하고 천국 상급의 근원이 됨을 아는 사람은 천직(天職)에 대한 직업적 긍지와 하나님 은혜에 감사할 줄 안다. 이

전에는 먹고살기 위하여 마지못해 하던 일이었고, 자기 표현과 성취의 수단이었던 노동이었지만 이제는 주를 위한 노동이 된다. 비록 종으로서 일한다고 할지라도 사람에게 하듯 하지 않고 주께 하듯 일을 한다. 허버트(George Herbert)의 말처럼 "이렇게 살아가는 종은 고된 일도 신성한 일로 만든다."[29] 이럴 때 타락으로 인해 왜곡된 노동은 비로소 타락 이전 에덴 동산에서의 노동으로 회복되는 것이며 노동을 구속하는 것이다. 칼빈이 말한 바와 같이 노동은 하나님의 은혜를 상기시키는 좋은 약이다.

---

29) Richardson and Oldham, 『성서의 노동관』, 57면.

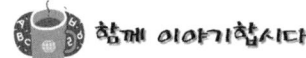

1. 당신은 노동을 거룩한 명령이자 축복이라고 생각하는가?
2. 당신이 현재 직장을 갖고 있다면(학생이라면 학업이나 이와 관련된 일들) 직장 생활에서 가장 힘든 요소와 가장 축복된 요소는 무엇인가?
3. 현재의 직장 생활이 어떻게 당신의 신앙 생활과 연관되는지 말해 보라.
4. 현재 당신이 일반 직장에서 일하고 있다면 그것이 목회를 하는 것과 어떤 점이 다르다고 생각하는가? 당신의 직업이 정말 목회나 전임 사역에 비해 동등하다고 생각하는가?
5. 타락으로 인해 왜곡된 노동을 구속한다는 것은 무엇을 의미하는가?

질서의 회복

3부

11장 국가 : 하나님의 권위 아래 있는 제도
12장 지식 : 앎과 행함은 동전의 양면
13장 학문 : 다양한 창조 질서의 연구
14장 이데올로기 : 얼굴 없는 우상
15장 과학 : 물질계에 대한 청지기적 과업
16장 기술 : 다스리며 지키기 위하여

11장 국가

하나님의 권위 아래 있는 제도

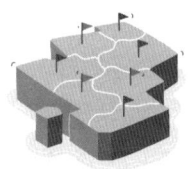
"각 사람은 위에 있는 권세들에게 굴복하라 권세는 하나님께로 나지 않음이 없나니 모든 권세는 다 하나님의 정하신 바라"(롬 13:1).

지난 10여 년 간 우리 사회에는 오랜 군사정권 시대가 끝나고 문민정부와 국민의 정부로 이어지면서 민주화가 급속도로 진행되고 있다. 정부의 주요 정책이 인터넷을 통해 실시간 투표에 붙여지는가 하면 국정원(옛 안기부)의 예산이 공개되는 등 과거 군사정부 시대에는 상상도 하지 못할 일들이 일어나고 있다. 그러나 민주화의 명분하에 많은 각종 탈법과 무질서도 곳곳에서 일어나고 있다. 민주화의 바람에 편승된 각종 범법 행위도 공공연히 드러나고 있다. 권위주의 청산이란 명분하에 국가와 사회가 바르게 운영되는데 필수적인 건전한 권위마저 뿌리째 뽑히려는 위기에 처해 있다. 불과 얼마 전까지만 해도 노동자와 학생들을 지지하는 몇 마디 말만 하면 곧장 용공 좌익으로 몰리기 일쑤였고 조금만 정부를 지지하는 발언을 하면 어용 우익으로 몰려 언론의 자유가 양극의 이데올로기 추종자들에 의해 극도로 제한 받기도 했었다.

이러한 현실 속에서 세속 국가의 시민권과 더불어 하늘 나라의 시민권을 갖고 살아가는 그리스도인들은 도대체 정부는 무엇이고 정부의 명령에 어느 정도까지 복종해야 하며 반정부 활동 단체들과 그들의 주장에 대해서 어떤 자세를 취해야 하는가? 또한 국가의 권력은 다른 권력들과 어떻게 다르며 국가와 국가의 권력을 어떻게 생각해야 하는가?

국가는 "공공의 법으로 조직된 정부와 국민의 연합체"라고 규정하여 정부를 포함하는 개념이지만 여기서는 편의상 정부와 국가라는 말을 동일한 것으로 사용하면서 국가와 교회, 정부의 법과 하나님의 법의 관계를 살펴보고자 한다.[1]

국가와 교회, 불구대천의 원수?

국가의 권력이 다른 권력들과 뚜렷하게 구별되는 점이 있다면 국가는 필요하다면 무력을 사용할 수 있다는 점이며, 또 이 권력은 원칙적으로 무제한이라는 점이다. 다른 모든 조직의 권력은 무력을 사용할 수 없으며, 국가의 권력 내에서의 제한된 권위를 가질 뿐이다. 국가의 권력이 무기를 동원할 수 있고, 또한 무제한이라는 사실은 이미 5백여 년 전에 마키아벨리가 그의 『군주론』(The Prince)에서 잘 지적하

---

1) L. Kalsbeek, *Contours of a Christian Philosophy : An Introduction to Herman Dooeyweerd's Thought*(1974) – 한국어판: 황영철 역, 『기독교인의 세계관』(서울: 평화사, 1981), 250면.

였다.[2] 그러면 이처럼 거의 무제한의 권력을 가진 국가는 전능하신 하나님을 섬기는, 그리고 엄연히 국가 내에 존재하고 있는 교회의 권위와 어떤 관계를 가지는가?

먼저 교회와 국가는, 곧 그리스도인과 국가는 적대적이라는 견해부터 살펴보자. 샌더스는 "지금까지 교회와 국가는 서구인들이 몸담고 살아온 가장 중대한 양 제도이다. 그러나 양측은 서로 절대성을 주장하였기에 그 사이의 갈등은 그칠 날이 없었다"라고 하면서 기독교와 국가의 관계를 본질적으로 갈등, 대립의 관계로 보았다. 실제로 장미전쟁이나 백년전쟁, 크롬웰이 주도한 영국의 청교도혁명 등은 표면상의 이유와는 달리 종교와 국가간의 갈등에서 비롯된 점이 많다고 볼 때 샌더스의 주장은 어느 정도 설득력을 갖는 것으로 보인다.[3][4]

그러나 국가라는 제도는 누가 만든 것이며, 이 제도의 궁극적인 주관자는 누구인가? 이 물음에 대하여 우리는 분명히 하나님께서 이 제

---

2) 마키아벨리(Niccolo di Bernardo Machiavelli, 1469-1527) : 이탈리아의 정치가.
   Niccolo di Bernardo Machiavelli, *The Prince*(Harvard Classics, 1910) - 한국어판: 이상두 역, 『군주론』(서울: 범우사, 1975).
3) 샌더스(Thomas Griffin Sanders, 1932-) : 교회사가.
   Thomas G. Sanders, *Protestant Concepts of Church and State : Historical Backgrounds and Approaches for the Future*(New York: Holt, Rinehart and Winston, 1964), p. 1.
   원종홍, "국가와 교회의 영역주권에 관한 연구", 『통합연구』 8(2)(1995.6.), 145면.
4) 장미전쟁(Wars of the Roses, 1455-85) : 표면상으로는 영국 Lancaster 왕조(王朝)를 연 헨리 4세(Henry IV)가 리처드 2세(Richard II)로부터 왕위를 찬탈했기 때문에 일어난 전쟁.
   백년전쟁(1337-1453) : 표면상으로는 프랑스의 카페(Capet) 왕가의 직계 남통(男統)이 단절된 후 발르와가(家)의 필립 6세와 영국왕 에드워드 3세와의 왕위 계승 분쟁.
   청교도혁명(1640-1660) : 영국의 시민혁명으로써 1640년 장기 의회(Long Parliament) 소집에서 1660년 왕정 복고까지를 말함.
   크롬웰(Oliver Cromwell, 1599-1658) : 쳄브리지 대학 출신의 영국의 정치가이자 청교도 지도자.

도를 만드셨고 이 제도의 궁극적인 주관자라는 사실을 인정할 수밖에 없다. 물론 성경에서 보면 하나님께서 국가, 즉 왕을 세웠다는 것에 대해서는 이의를 제기할 수도 있다. 사무엘상 8장에 보면 백성들은 사무엘에게 "우리도 열왕과 같이 되어 우리 왕이 우리를 다스리며 우리 앞에 나가서 우리의 싸움을 싸워야 할 것이니이다"(삼상 8:20)라고 하면서 왕을 요구했고, 이에 대하여 하나님은 왕이 세워지게 되면 그가 도리어 백성들을 착취할 것이라는 부정적 경고의 말씀을 주셨다(삼상 8:10-18). 그럼에도 불구하고 백성들은 끈질기게 왕을 요구했고 결국 하나님은 사무엘에게 왕을 세워 줄 것을 허락하셨다. 하나님이 왕을 기쁜 마음으로 세운 것이 아니라 백성들의 요구에 의해, 어떻게 보면 마지못해 왕을 허락한 것이다. 그러나 하나님께서 마지못해 허락하신 권력은 하나님이 세운 권력이 아닌가? 어떻게 세워졌든지 여전히 왕의 권력은 하나님이 세우신 권력이며 하나님의 권위 아래 있음은 부인할 수 없다. 그러므로 하나님이 허락하신(만든) 국가라는 제도가 교회, 나아가 그리스도인들과 원천적으로 적대 관계에 있다는 주장은 옳지 않다.

국가는 교회의 일부?

다음에는 국가는 교회의 일부라는 견해를 살펴보자. 이 입장의 대표적인 지지자는 가톨릭이다. 가톨릭에서는 국가는 교회의 한 부분에 불과하다고 말한다. 그러므로 교황은 세속 국가의 여러 가지 문제에 대해서도 판단을 내릴 권리가 있으며, 필요하다면 십자군을 동원하여 전쟁을 할 수도 있다는 논리이다. 교황 피우스(Pope Pius)는 "교황은 유리한 조건하에서 그가 적의(適宜)하게 행사할 권리가 있고 제 국가의 행위에 관하여 국가의 제반 사항까지 판단을 내릴 권리를 소유했다"고 선언했다. 신앙과 도덕의 문제는 말할 것도 없고 국가의 법과 제도에 관한 문제에 있어서도 교회는 최고의 권위를 갖는다고 한다. 이는 베드로의 신앙고백 위에 설립된 교회는 영원하지만 세상에 있는 국가는 잠정적이며 영원하지 못하기 때문이라고 했다.[5]

이러한 생각은 비단 가톨릭의 주장만은 아니다. 개신교인 중에서도 이와 비슷한 생각을 가진 사람들이 있다. 장로교 신학자 핫지는 "전 국가가 그 국민에 있어서 보편교회(Catholic)의 일부에 불과하기 때문에 국가 조직은 특수한 종속적인 목적을 위하여 교회 내에 포함되어야 할 것이며, 국가가 조직에 위임된 모든 권위를 행사함에 있어서 교회에 대하여 책임을 지는 것이다"고 했다.[6]

그러나 이러한 견해는 교회가 국가를 압도하던 중세에는 맞아들어가는 듯했지만 오늘날에는 단지 선언적 의미 외에는 없다. 이 견해의 근본적인 문제는 예수님께서 정면으로 이를 부인하셨다는 점이다. 예수님은 빌라도 앞에서 재판을 받으시면서 "내 나라는 이 세상에 속한 것이 아니라 만일 내 나라가 이 세상에 속한 것이었다면 내 종들이 싸워 나로 유대인들에게 넘기우지 않게 하였으리라 이제 내 나라는 여기에 속한 것이 아니니라"(요 18:36)고 분명하게 말씀하셨다. 이것을 비유적으로, 은유적으로, 혹은 상징적으로 다르게 해석할 수 있을까?[7]

---

5) 원종홍, "국가와 교회의 영역 주권에 관한 연구", 『통합연구』 8(2), 147면.
6) 핫지(Archibold Alexander Hodge, 1823-86) : 미국의 장로교 신학자. 19세기 미국 최고의 장로교 신학자인 Charles Hodge(1797-1878)의 맏아들이다.
    Archibold Alexander Hodge, *Outline of Theology*(1860). 이 책은 Hodge가 주일 저녁 예배에서 오랫동안 교리를 가르친 것을 요약한 것으로 치밀하고 명쾌하여 전세계적으로 신학교 교재로 많이 사용되고 있다.
    Rewritten and enlarged edition(Grand Rapids, MI: Eerdmans, 1949), p. 432-438.

모든 권세는 하나님께로부터 나왔다

세 번째는 종교개혁자들의 주장이며 가장 널리 지지를 받는 개신교의 국가관이라고 할 수 있다. 이 견해에 대한 대표적인 인물로는 칼빈을 들 수 있다.[8] 그는 『기독교강요』 마지막 장인 제20장 "세상 정부"(Civil Government)에서 세상 정치와 영적 정치의 관련성, 세상 정치의 필요성과 하나님의 재가, 관헌의 의무, 세상 정부에 대한 그리스도인의 의무 등을 자세하게 논의하였다. 칼빈이 국가와 교회의 관계에 대하여 "두 정부는 대립되지(antithetical) 않는다"라는 제하에 말한 것은 좀 길지만 인용할 필요가 있다.[9]

이제 우리가 지적한 것과 같이 이런 (세상의) 정부는 영적이고 내면적인 그리스도의 왕국과는 다르며, 우리는 그들(세상 정부와 그리스도의 왕국)이 서로 갈등 관계에 있는 것이 아님을 알아야 한다. 사실 영적 정부에 대해 말할 때 하늘 나라는 이미 지상에 있는 우리들 가운데서 시작되고 있으며 유한하고 덧없는 인생 속에서 무한하고 썩지 않는 축복

---

7) 세상 정치에 대한 예수 그리스도의 견해에 대한 연구로는 《통합연구》에 실린 몇 편의 글들이 도움이 될 것이다.
  이문식, "예수의 정치", 《통합연구》 6(2), (1993.10.), 13-34면.
  양승훈, "예수님은 혁명가였는가?", 《통합연구》 5(2), (1992.7.), 115-141면.
  허문영, "기독교 정치관 소고", 《통합연구》 4(1), (1991.2.), 107-124면.
8) 칼빈의 정치 사상에 대해서는 정성구 교수가 잘 요약하였다.
  정성구, 『칼빈주의 사상대계』(서울: 총신대학 출판부, 1995), 제7장 "칼빈주의와 정치".
9) 칼빈(John Calvin, 1509-1564) : 프랑스의 종교개혁자.
  John Calvin, *Calvin : Institutes of the Christian Religion*(Philadelphia: Westminster Press, 1960), p. 1487에서 번역하였다.
  Cf. 한국어판: 김문제 역, 『기독교강요』(서울: 세종문화사, 1977), 766면.
  원종홍, "국가와 교회의 영역 주권에 관한 연구", 《통합연구》 8(2), 148면.

을 어느 정도 예견할 수 있게 한다. 그러나 세상(civil) 정부는 그것의 정해진 목적대로 우리가 사람들 가운데서 사는 동안 하나님께 대한 외적인 예배를 귀히 여기고 보호하며, 경건에 필요한 건전한 교리와 교회의 입장을 변호하며, 우리의 삶을 사람들의 사회에 적응시키며, 우리로 하여금 공공의 정의에 대한 사회적 행동을 형성하게 하며, 우리들 서로 서로를 화해시키며, 일반적인 평화와 고요함을 진작시킨다.

칼빈은 교회가 국가에 우선한다는 가톨릭의 주장을 거부하면서 그리스도인들은 하늘 나라의 시민으로서 영적인 세계에 살면서 동시에 이 세상에 살기 때문에 국가의 권위에 순종하며 협조해야 한다고 했다. 그는 그리스도인들은 집권자들을 거부하거나 배척해서는 안 되며, 동시에 집권자들은 하나님의 대리자로서 자신의 직무에 충실해야 한다고 말한다. 그는 집권자는 단순한 공직자가 아니라 하나님의 의를 실현하는 것을 돕는 자가 되어야 한다고 했다.[10]

칼빈은 정부 관리의 권위는 하나님이 결정한다는 바울 사도의 견해를 그대로 받아들였다. 이 견해를 위하여 흔히 인용되는 성경은 로마서 13장이다. 사도 바울은 "각 사람은 위에 있는 권세들에게 굴복하라 권세는 하나님께로 나지 않음이 없나니 모든 권세는 다 하나님의 정하신 바라 그러므로 권세를 거스리는 자는 하나님의 명을 거스림이니 거스리는 자들은 심판을 자초하리라"(롬 13:1-2)고 했다. 여기서 우리는 이러한 모든 권세는 분명히 하나님께로부터 났음을 인정해야 한다. 김정일의 권세도, 모택동의 권세도, 히틀러의 권세도, 스탈린의 권세도 하나님께로부터 났다. 하나님은 모든 정사와 권세의 머리이시므로(골 2:10) 모든 권세를 세우기도 하시며 폐하기도 하신다. 바울

---

10) 원종홍, "국가와 교회의 영역주권에 관한 연구", 《통합연구》 8(2), 148면.

은 디도서에서도 정사와 권세 잡은 자들에게 복종하며 순종하라고 가르치며(딛 3:1), 디모데전서에서는 그리스도인들이 모든 경건과 단정한 중에 고요하고 평안한 생활을 할 수 있도록 임금들과 높은 지위에 있는 모든 사람을 위하여 기도하라고 말한다(딤전 2:1-2). 베드로도 인간이 세운 모든 제도에 대해서는 주를 위하여 순복해야 한다고 가르친다(벧전 2:13-17).

이상의 말씀들로부터 알 수 있는 것같이 성경은 권세자들에게 순종하라고 일관되게 가르치고 있다. 국가의 권력 자체가 항상 선한 것은 아니지만 국가의 권력은 질서를 유지하기 위하여 필요하다. 브루너가 말한 것처럼 "비록 권력을 사용하는 것 자체는 사랑에 위배되지만, 사랑을 위하여 국가가 권력을 소유하는 것이 필요하다." 그는 사회의 부정과 정부의 폭정을 보고서 교회가 침묵해서는 안 된다는 일종의 사회복음을 주장하면서도 동시에 공의의 실현을 위하여 정부의 권력이 필요함을 인정하였다. 비록 국가는 본래의 창조 질서 속에서 세워진 것이 아니라 '죄로 인하여 제정된' 제도이기는 하지만 사회를 유지하기 위한 하나님의 일반 은총의 중요한 일부라고 할 수 있다.[11]

물론 이 주장에 대하여 이의를 제기하는 사람들도 있다. 그러나 성경이 시대에 따라 변하지 않고, 그 당시의 권세들이 오늘날의 권세들과 본질적으로 다르지 않는 한 원칙적으로 그리스도인들이 위에 있는 국가의 권력에 순복해야 한다는 성경의 가르침은 매우 확고하다.[12]

---

11) 브루너(Heinrich Emil Brunner, 1889-1966) : 스위스의 개혁주의 신학자.
    Kalsbeek, 『기독교인의 세계관』, 262-263면.
    브루너의 견해에 대한 좀더 자세한 논의를 위해서는 원종홍, "국가와 교회의 영역 주권에 관한 연구", 《통합연구》 8(2), 149-150면을 보라.
12) Emil Brunner, *The Divine Imperative*(London, 1937), p. 469.

주 안에서 순종해야 하듯이

그러면 그리스도인들은 권세자들에게 어느 정도까지 순종해야 하며, 순종의 기준은 무엇인가? 우선 그리스도인들은 하나님께서 제정하신 국가 권력의 한계를 인식해야 한다. 그리고 국가가 공의를 시행하며 문화의 개현(開顯)과 발전을 조화롭게 시행하도록 노력해야 한다. 여기서 우리가 매우 조심해야 하는 것은 모든 권세가 하나님께로부터 났다고 해서 그들의 명령까지 곧 하나님의 명령이라고 생각해서는 안 된다는 점이다. 하나님께서 세우신 제도로서의 국가와 그 권력을 행사하는 타락한 인간을 구별하는 것은 기독교적인 국가관의 기초가 된다.

성경은 로마서 13장 1-2절에 이어 하나님의 명령을 준행하는 관원의 모습을 열거하고 있다. 곧 선한 일을 장려하고 악한 일을 처벌하는 관원, 선을 행함으로 칭찬을 받을 수 있는 관원, 하나님의 사자가 되어 백성들에게 선을 이루는 관원, 하나님의 사자가 되어 악을 행하는 자에게 진노하심을 위하여 보응하는 관원, 하나님의 일꾼이 되어 바로 이 일에 항상 힘쓰는 관원을 말한다. 성경은 이런 자에게 국세를 바치고 두려워하며 존경하라고 말한다(롬 13:3-7).

1561년 드브레에 의해 작성된 "벨기에 신앙고백서"(Belgic Confession) 36항에서는 '하나님이 주신 시민 정부의 특성'(The God-given character of civil government)에 대하여 다음과 같이 말했다.[13] 즉 국가는 시민의 안녕을 지켜 주고, '거룩한 사역'(sacred ministry)을 보호하며, 그렇게 함으로써 우상을 섬기는 행위를 막고, 또한 적그리스도의 왕국이 파괴되며, 그리스도의 왕국이 확장되어 가도록 해야 한다고 하였다. 그러면 하나님의 명령을 준행하지 않는 국가에 대하여 그리스도인들은 어떻게 할 것인가?[14]

성경은 여기에 대한 좋은 예를 제공하고 있다. 사도행전 4장에서 예수님의 부활과 구주 되심을 증거하던 사도 베드로와 요한이 이를 증거하지 못하게 하던 관원들 앞에서 "하나님 앞에서 너희 말 듣는 것이 하나님 말씀 듣는 것보다 옳은가 판단하라 우리는 보고 들은 것을 말하지 아니할 수 없다"(행 4:19-20)고 했다. 이것은 모든 권세는 위로부터 온 것일지라도 그들의 명령까지 모두 하나님께로부터 온 것은 아님을 말한다.

어떠한 명령이라도 하나님의 명령을 선행(先行)할 수 없다는 것이 기독교 신앙의 기본 명제라고 한다면 하나님의 명령과 상반되는 권세자의 명령에는 당연히 복종해서는 안 될 것이다. 부모님에게 절대적으로 순종해야 하나 주 안에서 순종해야 하듯이, 정부나 권세자의 명령에도 순종해야 하나 이것 역시 주 안에서 순종해야 한다는 것이 성경의 일관된 가르침이다. 그러면 우리가 하나님의 말씀과 상반되는 정부나 권세자의 명령에 어떤 자세를 취해야 하는지 성경에 나타난 몇 가지 예를 중심으로 살펴보도록 하자.

불복종 또는 도피

만일 권세자의 명령이 하나님의 명령과 상반될 때는 일차적으로 그

---

13) 드브레(Guido de Bres, 1522-67) : 프랑스의 칼빈주의 신학자.
J. Van Engen, "Belgic Confession" in *Evangelical Dictionary of Theology* edited by Walter A. Elwell(Grand Rapids, MI : Baker, 1984), p. 132.
"벨기에 신앙고백서"는 원명은 "The Confession de Foi des Eglises Reformees Wallonnes et Flamandes"이며 "The Galican Confession"(1559)에 근거하여 드브레가 만들었다.
14) Kalsbeek, 『기독교인의 세계관』, 254면.

명령에 불복종 또는 도피할 수 있다. 모세의 어머니 요게벳의 태도는 여기에 대한 예를 제공한다. 당시 애굽왕 바로는 급격히 불어나는 이스라엘 자손을 두려워하여 "모든 신민(臣民)에게 명하여 가로되 남자가 나거든 너희는 그를 하수(河水)에 던지고 여자여든 살리라"(출 1:22)고 하였다.

그러나 요게벳은 아들 모세를 몰래 키워 그를 갈대 상자에 담아 나일강 갈대 사이에 두었는데 결국 바로의 딸에게 발견되어 궁중에서 자라게 되었다.

이 이야기는 모든 히브리 남자아이들을 죽이라는 바로의 명령은 분명히 하나님의 명령이 아니었기 때문에 그것에 순종할 필요가 없음을 분명히 하고 있다.

아합의 궁내 대신 오바댜는 이세벨이 여호와의 선지자들을 멸할 때에 선지자 일백 인을 굴에 숨기고 떡과 물을 먹임으로써(왕상 18:3-4) 악한 권세에게 불복종하였다. 사드락과 메삭과 아벳느고는 느부갓네살이 세운 금신상에 절하라는 명령을 거역하였고 다니엘은 왕 외에 아무에게라도 기도하면 사자굴에 던져 넣기로 한 조서에 어인(御印)이 찍힌 것을 알고도 창문을 열어 놓고 예루살렘을 향하여 하루에 세 번씩 기도하였다.

아합왕 시대의 엘리야도 왕의 명령을 어기고 도망 다닌 대표적인 인물이라고 할 수 있다. 그는 도망만 다닌 것이 아니라 이스라엘인들에게 여호와만이 하나님임을 확신시키고 여호와를 버리고 바알과 아스다롯을 섬기는 아합왕과 왕비 이세벨을 끊임없이 책망하였다. 신약에서 권세자의 불의를 지적함으로 고난을 자초한 사람으로는 세례 요한을 들 수 있다. 그는 복음과는 직접적인 관계가 없는 듯이 보이는 헤롯의 프라이버시에 간섭하다가 죽임을 당했다.

네 검을 도로 집에 꽂으라"

　그러면 구체적으로 정부나 권세자의 불의를 어떻게 지적할 수 있을 것인가? 여기에 대해 먼저 생각해야 할 것은 성경은 하나님의 뜻을 이루기 위해 폭력 사용을 허용치 않는다는 사실이다. 인간적인 눈으로는 얼마든지 폭력을 사용함으로써 하나님의 일이 쉽게 이루어질 듯한 경우에도 폭력의 사용을 금하고 있다. 어떤 사람들은 언어 폭력, 문자 폭력, 정신적 폭력, 제도적 폭력 등 폭력의 종류를 다양하게 구분하여 논의를 복잡하게 만들기도 하지만 적어도 성경에서 의미하는 폭력은 대개 물리적인 폭력이다.

　하나님께서는 하나님의 뜻이 이루어지는 것을 기뻐하시나 이것은 어디까지나 하나님의 방법과 하나님의 시간이라는 엄연한 단서가 붙는다. 만일 수단과 방법을 가리지 않고 하나님의 뜻을 이루려는 사람이 있다면 그것은 하나님을 비인격적인 세력으로 격하시키는 행위요 기독교를 인본주의적인 이데올로기와 혼돈한 것이라 할 수 있다. 자기 마음대로 하나님의 뜻을 이루려는 사람은 자기의 뜻을 이루려는 것이지 결코 하나님의 뜻을 이루는 사람이라고 할 수 없다.

　여기에 대해 예수님은 우리들에게 좋은 본을 보여 주신다. 예수께서 유대인들에게 잡히실 때 칼로 이를 제지하려던 한 제자에게 예수님은 "네 검을 도로 집에 꽂으라 검을 가지는 자는 다 검으로 망하느니라"(마 26:52)고 말씀하시고 이어 "너는 내가 내 아버지께 구하여 지금 열두 영(營) 더 되는 천사를 보내시게 할 수 없는 줄로 아느냐 내가 만일 그렇게 하면 이런 일이 있으리라 한 성경이 어떻게 이루어지리요"(마 26:53-54)라고 하였다.

　또한 우리는 자기를 죽이려던 사울왕을 향해 다윗이 취한 태도를 배워야 한다. 다윗은 그의 장수 아비새가 자고 있는 사울을 단창에 처치하자고 했을 때 "여호와께서 사시거니와 여호와께서 그를 치시리니 혹 죽을 날이 이르거나 혹 전장에 들어가서 망하리라"(삼상 26:10)고 말하면서 만류하였다.

왜 폭력이 난무하는가?

불복종, 도피의 길이 모두 막혔을 때 마지막 수단으로 나오는 자위적 항거는 용납될 수 있을지도 모른다. 그러나 성경이 보여 주는 전체적인 문맥은 어디까지나 폭력을 거부하고 있다. 어떤 사람은 예수께서 성전을 깨끗하게 하신 행위가 폭력적이었다고도 하지만 앞뒤의 문맥이나 예수님의 행동을 조심스럽게 살펴보면 결코 오늘날 난무하고 있는 폭력이 아님을 쉽게 발견할 수 있다. 그런데 왜 오늘날 일부 그리스도인들은 사회 문제 해결을 폭력적 방법에 호소하고 있는가?

여기에 대해서는 여러 가지 이유를 들 수 있겠으나 한 가지 명백한 사실은 이 시대의 그리스도인들이 하나님의 말씀이 가르치고 있는 바를 잘 모르고 있다는 점이다. 하나님의 말씀에 대한 지식이 없을 뿐만 아니라 있다고 해도 자기의 편견 때문에 하나님께서 원하시는 바를 먼저 생각지 않기 때문이다.

매우 고지식한 주장이라고 할지 모르나 많은 그리스도인들이 정의감은 강하나 말씀에 약하다. 혹자는 그 정의감이 곧 하나님이 주신 것이 아니냐고 할지 모른다. 그러나 여기서 말하는 정의감은 하나님께로부터 왔다기보다 인본주의에서 온 것을 가리킨다. 바벨 문화에 사는 많은 그리스도인들은 자기도 모르게 배도적(背道的)인 시대 정신의 영향을 받아 하나님의 공의를 인간적인 분노로 대치하고 있다.

하나님께로부터 나온 정의감은 사분(私憤)이 아니라 공분(公憤)의 형태를 가지며 정의를 실현하기 위한 방법도 하나님의 방법을 사용한다. 또한 때때로 일이 자기의 기대처럼 되지 않을 때조차도 역사의 주관자는 하나님이며, 궁극적으로 의를 이루시는 분은 하나님이심을 알기 때문에 하나님의 때에 그분께서 역사하실 것을 믿으며 조용히 기다리는 겸손한 자세를 갖는다.

학생들이나 시위자들이 데모할 때 돌과 화염병을 사용하는 것은 결코 잘하는 일이 아니며 오히려 또 하나의 불의이자, 폭력이다. 물론 이들은 돌과 화염병을 계속 던지는 것은 이것과는 비교도 되지 않는 엄청난 구조적인 불의와 폭력에 대항하기 위해서 불가피한 것이라고 주장한다. 과연 큰 불의와 폭력에 대항하기 위해 그보다 작은 불의와 폭력의 사용이 정당화될 수 있는가?

세속 인본주의자들이 어떻게 주장하든지 적어도 성경은 여기에 대하여 단호하게 반대하고 있음을 볼 수 있다. 악을 악한 방법으로, 불의를 불의한 방법으로, 폭력을 폭력의 방법으로 대적하는 것은 결코 성경적인 자세가 아니라고 말한다. "악에게 지지 말고 선으로 악을 이기라"(롬 12:21)는 사도 바울의 권면과 같이 선으로 악을 이기는 것이 진정한 승리라고 할 수 있다.

두 가지 용기

좌우 극단 세력들이 첨예하게 대립하고 있거나 불의가 판치는 현실 속에서는 진정한 용기를 부득불 두 가지로 나누어 생각지 않을 수 없다. 하나는 적극적으로 의를 행하는 용기요, 다른 하나는 불의에 참여하지 않는 용기이다. 의를 행하는 용기는 개인의 행동과 집단적인 운동으로 나타날 수 있을 것이다. 경제 정의를 실현하기 위한 시민 운동이나 기독교윤리실천운동, 국회에서 정의로운 입법을 만들어 행정부가 옳게 집행하도록 끊임없이 로비 활동을 하고 압력을 가하는 것 등은 불의를 책망하고 정의를 실현하려는 노력들이라고 볼 수 있다.

이와 더불어 불의에 참여하지 않는 용기도 있다. 사실 지난 몇 년 전까지만 해도 대학에 있는 사람들은 정부의 불의한 명령에 순종치 않기 위해서는 상당한 용기가 필요했다. 그러나 좌익 극단주의자들이 대학의 헤게모니를 잡은 뒤에는 대학의 언론들은 이들에 의해 철저히 통제받았으며, 그리스도인들은 또 다른 구조악의 압력을 경험하였다. 불그스레한 말을 해야 인기 있는 교수요 반정부적 강도가 높을수록 더 지성적이라는 착각이 캠퍼스를 휩쓸고 있는 가운데 일부는 무관심으로, 일부는 냉소로 이 위기 상황이 지나가도록 깊은 동면을 하고 있었던 것이 우리 대학의 현실이었다.

우리는 지난 수십 년 간의 헌정사 가운데 불의한 사회 구조 속에서 개인의 양심이 얼마나 나약한가를 뼈저리게 목도해 왔다. 그러므로 불의한 구조 속에서도 불의하게 살지 않는 것이 얼마나 큰 용기인지 기억해야 한다. 우리는 정의를 행하는 용기 못지않게 불의를 행하지 않는 용기, 불의에 참여하지 않는 용기가 필요한 시대에 살고 있다.

선한 청지기로 부름받은 그리스도인들…

지금까지의 논의들을 창조와 타락과 구속이라는 기독교 세계관의 구조 속에서 정리해 본다면 다음 몇 가지를 지적할 수 있을 것이다.

먼저 정부나 기타 모든 제도들은 하나님이 허락하시고 주신 것이라는 사실이다. 만물이 하나님으로 말미암아 존재하게 되었으므로 그분 없이 된 것은 하나도 없다고 할 수 있다. 정부가 하나님으로 말미암아 존재하게 되었다는 사실은 정부도 자율적인 존재가 아니라 다른 모든 피조 세계와 같이 하나님의 법 아래 있는 의존적인 제도임을 의미한다. 그러므로 국가의 권위는 창조주 하나님의 권위 아래 있으며 국가의 법도 하나님의 법의 권위 아래 있어야 한다. 그리스도인들이 하나님의 권위 아래 있는 정부의 권위에 대하여 순종하는 것은 하나님이 세우신 하부 권위에 대한 순종이므로 곧 하나님께 대한 순종이라고 할 수 있다.

둘째, 정부는 하나님이 세우신 것이라고 본다면 그리스도인들은 이에 대한 선한 청지기가 되어야 할 책임이 있다. 가정이나 학교나 직장이나 자신의 전공 영역에서 선한 청지기로 부름받은 것같이 하나님의 피조물의 하나인 정부에 대해서도 선한 청지기가 되어야 한다. 자신이 정부의 관리가 되든지 아니면 단순한 국민의 한 사람이든지 자신의 주어진 위치에서 하나님의 공의가 정부와 국가를 통하여 실현될 수 있도록 최선을 다해야 한다.[15]

셋째, 국가가 하나님께서 세우신 권세와 제도라 해도 그 권세와 제도를 시행하는 인간이 본성적으로 타락한 존재이므로 얼마든지 하나님의 법도를 벗어날 수 있음을 기억해야 한다. 하나님의 권위는 최후의 권위이며 모든 권위의 원천이므로, 모든 권위는 하나님의 하부 권위라고 할 수 있다. 그러므로 하부 권위가 상부 권위와 상반된 명령을 할 때는 상부 권위에 복종하는 것이 당연하다. 다시 말해 정부에 대한 순종이 하나님께 대한 반역이 되는 경우에는 정부에 순종해서는 안 될 것이다.

"사람보다 하나님을 순종하는 것이 마땅하니라"(행 5:29)고 한 베

---

15) 정부에 대한 복음주의자들의 견해는 J.W. Skillen, "Government", *Evangelical Dictionary of Theology* edited by Walter A. Elwell(Grand Rapids, MI: Baker, 1984), p. 477-479에 잘 요약되어 있다.

드로와 사도들, 성경의 권위가 국가와 교회보다 월등 우월한 것임을 강조한 틴데일, 백성은 관리들이 성경에 어긋나는 행동을 할 때에는 불복하고 반역할 권리와 의무를 가지고 있으며 반역을 하지 않는 것은 하나님을 거역하는 것과 같다고 주장한 낙스, 악을 행하는 권세는 하나님에게서 나온 것이 아니라 사탄에게서 나온 권세라고 한 러더포드, 하나님의 말씀을 시민이 정부에 복종하는 '최저선'(bottom line)으로 본 쉐퍼 등은 불의한 권세자의 명령에 대한 불복종 내지 항거를 하나님께 대한 순종으로 보았다. 이들은 모두 하나님의 권위에 순종하기 위해서는 불의한 세상 권세자의 명령을 거역할 윤리적 의무가 있다고 생각하였다.[16]

넷째, 세상의 권세와 제도를 보는 그리스도인의 입장은 어느 정도 비관적일 수밖에 없음을 인정해야 한다. 하나님께서는 천지만물을 만드시고 그 가운데 각종 제도와 권세를 제정하신 후 우리들에게 이 세상을 청지기로서 잘 다스리라고 명령하셨다. 그러나 타락 이후 죄악된 성품으로 인해 인간은 이 명령을 온전히 수행할 수 없게 되었으며, 또 인간의 지배하에 있어야 할 피조 세계의 각 영역들은 가상적인 자율성을 주장하기에 이르러 혼돈과 무질서와 분열이 일어났다. 그러므로 아무리 좋은 정부를 만들고 훌륭한 권세자가 통치를 한다고 해도 지상의 제도와 권세는 어차피 불완전할 수밖에 없다. 그러므로 오늘 우리들이 직면하고 있는 온갖 불의, 압제, 불법을 보고 너무 낙담할

---

16) 틴데일(William Tyndale, 1492?-1536) : 영국의 종교개혁자.
    낙스(John Knox, 1510-1572) : 스코틀랜드의 종교개혁자.
    러더포드(Samuel Rutherford, ca.1600-1661) : 스코틀랜드 출신의 장로교 신학자이자 칼빈주의자.
    쉐퍼(Francis August Schaeffer IV, 1912-1985) : 스위스 라브리 창설자이자 대표적인 복음주의 신학자.

필요가 없다. 세상은 어차피 그런 것이기 때문이다. 신학적 비관주의 (theological pessimism)의 입장을 취한 루터의 표현대로 이 세상은 '마귀의 카바레'(devil's cabaret)이다.

오히려 그리스도인들은 하나님의 자비하심과 선하심으로 세상이 이만큼이라도 유지되고 있음을 감사해야 할 것이다. 이 세상에서 우리들이 불의한 제도를 고치며 하나님의 공의를 실현하려고 노력하더라도 온전한 천국은 결국 하나님께서 준비하신다. 그 나라에는 폭압의 권세도, 불의한 제도도 없을 것이며 구조적인 악도 폭력도 없을 것이다. 화염병도, 최루탄도, 음란 비디오도, 인신 매매도, 부동산 투기도, 분단의 아픔도, 지역 감정도, 좌경 세력도, 우익 독재도 없을 것이다. 사랑과 공의의 본체 되시는 하나님께서 만물을 새롭게 하시고 천하 만국을 친히 다스릴 것이다. 우리는 하나님께서 친히 예비하시는 그 정부 아래 살 것이며 우리는 오늘날 그 나라에 사는 연습을 하고 있을 뿐이다.

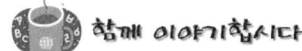
함께 이야기합시다

1. 기독교 국가란 무엇이며 그러한 국가는 과연 가능한가?
2. 정치가가 선교와 전도를 위하여 자신의 권력과 영향력을 사용하는 데 대하여 어떻게 생각하는가?[17]
3. 국가는 교회의 한 부분일 뿐이라고 생각하는 가톨릭 국가관의 문제점은 무엇인가?
4. 세상 정치에 대한 분리주의자들(재세례파 등)과 사회구원론자들(해방신학자 등)의 견해의 문제점을 비교해 보라.

---

17) Kalsbeek, 『기독교인의 세계관』, 263면에 나타난 도예베르트(Herman Dooyeweerd)와 델 브루흐헨(J.J.L. Van Der Brugghen)의 견해를 참고하라.

12장 지식

앎과 행함은 동전의 양면

"우리가 그의 계명을 지키면 이로써 우리가 저를 아는 줄로 알 것이요 저를 아노라 하고 그의 계명을 지키지 아니하는 자는 거짓말하는 자요 진리가 그 속에 있지 아니하되 누구든지 그의 말씀을 지키는 자는 하나님의 사랑이 참으로 그 속에서 온전케 되었나니 이로써 우리가 저 안에 있는 줄을 아노라 저 안에 거한다 하는 자는 그의 행하시는 대로 자기도 행할지니라"(요일 2:3-6).

복음은 모든 사람들에게 기쁨과 소망을 주는 말씀이지만 복음을 알고 믿는다는 우리의 모습은 그렇지 못하다. 온 백성에게 칭송을 받았다는 초대교회 교인들(행 2:47)과는 달리, 오늘날 우리 주변에는 교인들이 사기 치고 싸움하는 일을 불신자들이 별로 이상하게 여기지 않고 교회만 들어서면 집 값이나 땅 값이 폭락하는 일이 보편화되고 있다. 미국 대사관에서는 목회자들이 가장 비자를 받기 어려운 직업

군으로 분류되고 있다. 각계 각층에서 교인이 되는 사람이 급증하고 교회의 숫자는 기하급수적으로 늘었지만, 부정과 부패는 더욱더 심해지고 망국적인 사치와 퇴폐 풍조가 기승을 부리고 있다.

물론 그리스도인들이 이러한 일에 앞장을 선다는 것은 아니지만 이런 풍조가 확산되는 오늘날의 조류에 맞서 그리스도인들이 별다른 영향을 미치지 못하고 있는 것이 사실이고, 뿐만 아니라 이들과 분리된 거룩한 삶을 살지 못하고 있다는 데 문제가 있다. 어떤 사회학자는 인류 역사에서 한 사회나 국가가 멸망할 때는 공통적으로 성적인 타락과 대규모 토목 건축 공사가 일어났다고 말한다. 오늘날 우리 교회에서 나타나고 있는 극심한 도덕적 타락과 건축 붐이 다가올 미래에 대한 불길한 전조가 아닌가 염려된다.

오늘날 우리가 당면하고 있는 신앙과 행함의 괴리 현상의 원인은 그리스적 사고의 영향으로 나타난 신앙의 지식화와 무속적 영향으로 나타난 이원론적 세계관 때문이 아닌가 생각된다. 다음은 인격적인 하나님을 믿고 그분 앞에서 책임 있는 삶을 살도록 부름받은 그리스도인들이 왜 성경의 가르침과 유리된 채 살아가고 있는지, 도대체 복음을 '안다' 는 것은 무엇이며, 아는 것과 믿는 것과 행하는 것은 어떤 관계가 있는 것인지 '앎' (지식)에 대한 견해를 중심으로 살펴본다.

그리스적 앎이란?

먼저 그리스인들의 지식관을 살펴보자. 그리스인들은 모든 지식의 근원을 인간의 이성에 두고, 지혜(sophia) 그 자체를 사랑함(philos)을 이상으로 하였다. 이들은 생활의 여유(scholē) 속에서 개인적인 이해 관계없이 관조적으로 대상을 인식함을 목적으로 하였다. 그들은 초월적인 계시가 아니라 인간의 이성이나 경험만을 통하여 지식을 얻는다고 믿었다. 소피스트(Sophist)의 시조라고 할 수 있는 프로타고라스가[1] "인간은 만물의 척도이다"라고 말하면서 모든 절대적 진리와 가치를 부정한 것은 이러한 그리스인들의 견해를 함축한 것이라고 할 수 있다.[2]

소크라테스 역시 이성의 사용을 강조했다. 그는 철학자가 할 일은 덕과 용기와 동정과 아름다움과 정의와 같은 속성들을 이성적으로 이해하는 것이라고 강조했다. 그가 사용했던 변증법, 혹은 산파법은 바로 이성적 지식을 추구하는 한 방법이었다. 그는 이성적 대화를 통하여 "정의를 제시하고, 논증을 이끌어 내어 논박하고, 유비를 끌어내고, 실수를 바로잡아, 결국 결론에 도달"했다.[3]

소크라테스와 그의 제자 플라톤, 플라톤의 제자 아리스토텔레스도 믿을 만한 지식은 인간의 이성이 발견한 불변의 보편적 형상에 근거하고 있다고 믿었다. 그들은 인간의 이성은 자율적, 자충족적이고 본질적으로 선하며 그 이성을 통하여 지식과 구원을 얻는다고 믿었다. 이들은 이성의 유한함과 결함을 깨닫지 못하고 이성을 신격화했으며 인간의 잠재력을 강조해 인간을 자연의 속박에서 벗어나게 하려고 했다.[4]

이처럼 순수하고 객관적인 사물에 대한 지식, 주체로부터 분리된

---

1) 프로타고라스(Protagoras, BC ca.481-ca.411) : 그리스의 소피스트 철학자.
2) Charles S. MacKenzie & W. Andrew Hoffecker, "Epistemology in Greece: Platon & Aristoteles", in *Building a Christian World View* Vol. 1, edited by W.A. Hoffecker and Gary Scott Smith(Phillipsburg, NJ: Presbyterian & Reformed Publishing House, 1986) - 한국어판: 김원주 역, 『기독교적 세계관』 1권 (서울: 생명의 말씀사, 1993) 261-262면.
3) 소크라테스(Socrates, BC 469-399) : 아테네 출신의 그리스 철학자.
MacKenzie & Hoffecker, 『기독교적 세계관』 1권, 264-265면.

객관적 지식을 얻으려는 그리스인들의 이상은 오랜 세월을 두고 기독교 신앙에 직접·간접적으로 많은 영향을 끼쳤다. 초대교회 때부터 기독교가 세계적인 종교로 성장한 지역이 그리스의 문화권이었으므로, 그리스인들의 지식관이 기독교에 영향을 미치는 것은 불가피한 일이었다고도 볼 수 있다.

유대인은 표적을 구하고 헬라인은 지혜를 구한다(고전 1:22)는 사도 바울의 말은 이미 그 당시에 헤브라이즘이 헬레니즘의 영향 가운데 있음을 간접적으로 나타낸다. 터툴리안이 "예루살렘과 아테네가 무슨 관계가 있는가?"라는 수사적 질문도 뒤집어 놓고 보면 이 두 전통간의 강한 상호 작용을 반증한다고도 볼 수 있다. 사실 이 두 전통의 상호 작용은 어제오늘의 문제가 아니라 거의 기독교의 역사와 비견되는 역사를 가지고 있다. 그리스 전통의 산물이라고 할 수 있는 사변적인 지식은 행함과 분리될 수 없는 기독교 신앙과 애초부터 어느 정도 갈등 관계를 유지하면서 상호 영향을 미쳐 왔다.[5]

그리스적 앎에 대한 개념은 현대의 지식관에도 그대로 전승되고 있다. 현대적 의미에서 앎이란 대상 그 자체가 아니라 그 대상을 일정한 거리에서 감각과 지각을 사용하여 관찰함으로 얻은 정보, 혹은 반성을 통해 얻은 의식이라고 할 수 있다. 자연을 대상으로 하는 사실적 지식보다 철학적, 형이상학적 지식은 자각적인 성격이 강하다. 그러나 어떤 대상에 대한 지식이라고 할지라도 지식은 순수하게 객관적으

---

4) 플라톤(Platon, BC 427-347) : 아테네 명문가 출신의 그리스 철학자로 소크라테스에게 사사하여 그의 사상을 계승 발전시켰음. 아카데미아(Akademeia)를 세워 후진 양성.
아리스토텔레스(Aristoteles, BC 384-322) : 그리스 최고의 철학자로 플라톤이 세운 아카데미아에서 공부하였으며 후에 자신의 리케이온(Lykeion)을 세워 후진 양성.
MacKenzie & Hoffecker,『기독교적 세계관』 1권, 275면.
5) 터툴리안(Quintus Septimius Tertullian, ca.160-ca.225) : 초대교회 아프리카 교부 중의 한 사람.

로만 포착될 수 없으며 어느 정도 반성하는 주체의 의지적 결단을 필요로 한다. 비록 현대 학자들은 이런 지식을 도덕적, 종교적 신념이라고 부르면서 학문적 지식과 구별하지만 학문적 지식도 어느 정도의 의지적 결단이 내포되어 있음을 생각한다면 완전히 객관적인 지식이란 그리스인들의 이상일 뿐이다.[6]

성경적 앎이란?

그러면 성경적 앎은 무엇인가? 이에 대한 대답을 하기 위해서는 히브리적 앎이란 무엇인가로부터 시작해야 한다. 히브리인들에게 있어서 하나님을 아는 지식은 그리스적으로 아는 것만을 의미하지 않았다. 이들에게 있어서 하나님을 아는 것은 단순한 사변만을 위한 것이 아니었다. 이들은 참된 지식이란 여호와를 경외하는 것, 또는 아는 것으로부터 시작한다고 믿었다(잠 1:7, 9:10). 자신에 대한 진정한 지식도 하나님에 대한 지식에 근거하여 얻어질 수 있다고 보았다. 이 사상은 신약에 와서도 그대로 이어졌다. 인간은 성경의 케리그마(Kerigma), 즉 복음의 내용을 완전히 이해할 때만이 자신에 대한 진정한 지식을 얻을 수 있다.[7]

히브리적 사고와 그리스 사고의 차이는 '안다'(know)라는 동사의 의미에서 분명하게 드러난다. 우리는 오늘날 그리스적인 지식관에 익숙해져 있기 때문에 안다는 것, 즉 지식이란 차가운 이성적 추론의 결

---

6) 『학원세계백과대사전』(서울: 학원출판공사, 1983) 17권, 495-496면.
7) L. Kalsbeek, *Contours of a Christian Philosophy : An Introduction to Herman Dooeyweerd's Thought*(1974) – 한국어판: 황영철 역, 『기독교인의 세계관』(서울: 평화사, 1981), 197면.

과 얻어진 관조적인 것이나 명상적인 것으로만 생각한다. 그러나 히브리적인 지식에서는 행함과 유리(遊離)된 관념적이고 사변적 지식은 아직 아는 것이 아니라고 본다. 지식의 결과 행함이 나오는 것이 아니라, 지식 그 자체가 본질적으로 추상적인 앎과 더불어 실제적인 행함이라는 불가분의 요소로 구성되어 있다고 보는 것이다. '안다'는 의미의 히브리어 '야다'(yada)는 인식 대상에 대한 객관적인 지식뿐 아니라 대상에 대한 책임이나 대상과의 관계성까지 포함하는 말이다.

한 예로 아담과 하와의 범죄를 생각해 보자. 하나님께서는 이들을 에덴 동산에서 추방하셨는데, 그 이유로 이들이 선악을 알게 되었다는 점이 제시되고 있다. 얼핏 보기에 악을 행한 것이 아니라 선악을 아는 정도였는데 왜 그들을 쫓아냈을까 하는 의구심이 생긴다. 그러나 앎에 대한 히브리적인 개념을 살펴보면 아담과 하와가 선악을 안다는 말은 곧 악을 행한다는 말이 된다. 따라서 하나님께서는 이들을 더 이상 에덴 동산에 두실 수가 없게 된 것이다(창 3:5, 22). 그 외에도 남자가 여자를 안다는 말은 곧 부부관계를 가짐을 의미하며, 요나가 하나님을 알았다(욘 4:2)고 말할 때도 역시 단순히 하나님의 이름을 기억하는 정도가 아니었다.

다음으로 성경이 보여 주는 지식은 하나님의 통치를 받아들이고 역사 가운데서 하나님의 부르심에 순종하는 행동과 불가분의 관계가 있다. 하나님은 침묵하시는 분이 아니며 "거기 계시며 말씀하시는 하나님"이다. 하나님은 실존하실 뿐 아니라 구체적으로 우리의 부르짖음에 응답하시고 인간의 역사에 참여하시는 분이시다. 그러므로 하나님께 나아가는 자는 하나님을 단지 논리적 추론이나 객관적 인식의 대상이 아니라, 반드시 그분이 계신 것과 그분이 자기를 찾는 자들에게 상 주시는 분이심을 믿어야 한다(히 11:6). 즉 그분은 우리와 무관한 분이 아니라 특별한 관계를 가진 분이며, 그분 앞에 설 때 우리는 그분의 부름에 응답하고 그 부름에 합당하게 행동해야만 하는 것이다.

이처럼 적극적인 행동을 요구하는 것은 하나님의 속성과 관련되어 있다. 예수님께서 성육신하신 것 자체가 하나님의 실천 행위이다. 즉 말씀이 육신이 되신 사건은 인간 세계에 대하여 아무런 책임을 지지 않거나 은둔하는 하나님이 아니라 역사 속에서 적극적으로 행동하고 자기의 사랑을 보여 주는 분임을 나타내고 있다. 이러한 하나님이시기에 그분을 믿는 사람들도 사랑과 섬김의 행위 속에서 비로소 온전한 지식을 가질 수 있다. 하나님의 속성을 생각할 때 누구도 형제를 미워하면서 하나님의 빛 가운데 거한다고 할 수 없으며(요일 2:9), 모든 비밀과 모든 지식을 알고 많은 영적인 은사가 있다고 할지라도 사랑이 없으면 아무것도 아니다(고전 13:2). 그러므로 초대 기독교 공동체에서 실천적인 덕행을 강조한 것은 매우 자연스러운 일이라고 할 수 있다.

뿌리 깊은 그리스 전통의 영향

앎의 과정에 대해 이론적이며 객관적인 측면을 강조한 그리스적 전통과 실천적이며 주관적 측면을 강조한 히브리적 전통은 인식론적 측면에서 갈등이 불가피하다고 할 수 있다. 그러면 두 전통이 본질적인 차이를 가짐에도 불구하고 그리스 전통이 기독교 신앙에 강한 영향을 미친 이유는 무엇인가?

우선 양자의 지식관이 상당히 상호 보완적이라는 점을 들 수 있다. 호이카스 교수는 과학의 발달에 유대-기독교적 전통이 미친 영향을 강조하면서 "과학의 신체적 구성 요소는 헬라적인 것이요, 그것을 조절하는 비타민과 호르몬은 성경적인 것이다"라고 말한 적이 있다.[8]

자연에 대한 객관적 지식을 추구하려는 그리스적 전통은 지식의 가치와 윤리, 지식과 인간의 관계에 관심이 있었던 히브리적 사고와 여러 가지 면에서 보완적이었다.

둘째, 교회가 탄생하던 당시 지중해 연안에는 정치적, 군사적으로는 로마가 다스리고 있었지만 사상적, 문화적으로는 헬라 문화가 지배하고 있었던 점을 들 수 있다. 아무리 초대교회가 예루살렘에서 시작되었고 그리스 문화의 영향을 차단하려고 해도 현실적으로 그것은 가능하지 않았다. 앞에서 소개한 바와 같이 터툴리안 같은 사람은 헬레니즘의 영향을 차단하기 위해 부단한 노력을 기울였지만 이미 그 자신도 그 문화의 영향을 깊이 받은 사람이었다.

초대교회 교부들에게 나타나는 헬레니즘의 영향은 교리 교육과 관련된 기록에서 어느 정도 추적해 볼 수 있다. 이단으로 정죄된 영지주의자들(Gnostists)을 제외하면 초기 기독교의 교리문답서들에서는 그리스 전통의 흔적이 거의 나타나지 않는다. 1-2세기 경의 문서로서 정경 외에 존재하는 최초의 교리문답 교훈서의 하나인 『디다케』(Didache)에서는 "구원으로 인도하는 생명의 길은 세상 가운데서 영위되는 도덕적인 삶"이라는 것을 말하고 있다. 그러나 마케도니아 제국의 멸망과 더불어 그리스 문화(헬레니즘)의 중심이 알렉산드리아로 이동하면서 뚜렷한 변화가 일어나기 시작했다.

알렉산드리아에 세워진 교리문답 학교가 홍성해 감에 따라 하나님을 아는 과정에 대한 초기 기독교적 이해가 뚜렷한 변화를 겪게 되었다. 초대교회의 클레멘트와 그의 후계자인 오리게네스의 지도 아래에

---

8) 호이카스(Reijer Hooykaas, 1906-) : 네덜란드의 과학사가.
R. Hooykaas, *Religion and the Rise of Science*(Edinburgh : Scottish Academic Press, 1972) - 한국어판: 손봉호, 김영식 역, 『근대과학의 출현과 종교』(서울: 정음사, 1987), p. 161.

서 이 학교는 기독교를 그리스 철학과 문화와 조화시키려는 교육을 시도하였다. 그 결과 히브리적 지식과 희랍의 사변적 지식간의 차이가 점점 없어지기 시작하였다. 사변 신학(Speculative Theology)이라는 말을 처음 사용한 오리게네스는 실천적인 삶은 하나님과의 관조적 합일, 인식적 지식으로 인도하는 준비라고 보았다. 알렉산드리아에서 이러한 경향은 그리스의 지성적, 사변적 요소를 기독교 신앙과 결합시키는 데 기여하였으며 철학자들의 삶은 실천적인 앎으로부터 멀어지기 시작하였다. 그 후 스콜라 신학자들은 '하나님에 관한 합리적 지식'의 탐구를 신학의 과제로 생각하였다.[9]

물론 이러한 지적 전통에 대한 반발도 만만치 않았다. 종교개혁자들은 스콜라 신학의 주지주의(主知主義, Intellectualism)를 거절하고 교리적 명제들에 대한 지적 신앙보다 하나님에 대한 주의론적 신앙(主意論的 信仰, Voluntarism)을 강조하였다. 프로테스탄트들도 신앙에 대한 교리문답적 접근에서 벗어나 성경을 아는 것을 강조하였다. 그러나 이러한 종교개혁자들의 노력에도 불구하고 기독교 신앙에서 이원론적 경향은 쉽게 사라지지 않았다. 이것은 때때로 세상을 초월한 듯한 분리주의의 형태를 띠기도 하고, 때로는 세상과 구별할 수 없는 세속주의의 형태를 띠기도 하였다. 어떤 형태로 나타나든 이원론적 신앙과 사고는 기독교적 세계관에 입각한 일관된 삶을 요구하는 기독교 신앙과 양립할 수 없었다.[10]

---

9) 클레멘트(St. Clement of Alexandria, c.150-c.215) : 초대교회 신학자.
  오리게네스(Origen, c.185-c.254) : 알렉산드리아 출신의 초대교회 신학자이자 클레멘트의 후계자.
10) 기독교 역사에서 반지성주의, 이에 대한 반작용인 지식주의 등에 대한 논의를 위해서는 Oliver R. Barclay, *The Intellect and Beyond*(Grand Rapids, MI: Zondervan, 1985) 5장을 보라.

이원론적 사고의 문제들

그리스 전통의 영향으로 생긴 이원론적 신앙과 사고의 문제는 다음과 같다. 첫째, 신앙의 개인주의화를 들 수 있다. 이것은 사회가 다원화되고 고도 산업 사회로 진입함에 따라 사람들의 생활이 개인주의화하면서 나타나는 현상으로, 특히 교육을 많이 받은 화이트칼라 계층의 사람들 사이에서 흔히 나타났다. 이들은 노방전도(路傍傳道)나 축호전도(逐戶傳道)는 광신적인 행동이요, 다른 사람들의 사생활의 침해요, 신앙의 강요라고 생각한다. 사람은 신앙을 가질 권리가 있지만 갖지 않을 권리도 있다고 본다. 구원의 자유도 있지만 멸망의 자유도 있지 않느냐는 것이다. 그래서 만일 자기가 보기에 진리라고 생각되는 종교가 있다면 자기 혼자 잘살고 천당에 갈 것이지 다른 사람들까지 들볶아서는 안 된다고 생각한다.

그러나 예수 그리스도를 통한 구원이 개인적인 진리만이 아니라 유일하고 우주적인 진리라고 믿는 사람이라면, 구원의 문제를 개인주의화하여 자기만의 취미 생활로 삼는 것은 바르지 못함을 알 수 있다. 성도들간의 교제는 교회의 주요 기능 중의 하나이며 하나님 나라가 확장되어 가는 기본적인 메커니즘이다. 개인주의적 신앙이란 세상이 칭찬하는 교양인의 자세일지는 몰라도 하나님이 칭찬하는 신앙인의 자세는 아니다. 개인주의화된 신앙을 가진 사람들은 교회와 사회의 부조리와 불의를 보고도 자신만 관련되지 않으면 된다고 생각하여 일반적인 사회 분야에서 하나님의 뜻을 실현하는 데도 무관심하다.

둘째, 이원론은 표면적으로 나타나는 교회 중심의 종교 생활에만 열심을 내는 신앙의 형식화를 조장하였다. 목회자들이 성도들에게 보편교회의 머리 되신 예수 그리스도 중심의 삶을 살도록 가르치기보다는 개 교회 중심의 가시적인 신앙 생활만을 강조하는 것도 그 한 예라고 볼 수 있다. 이러한 경향은 그리스도인들에게 신앙 생활이 가시적 교회라는 울타리 안에서만 행해지는 것이며 그것만 잘하면 신앙 생활이 충분하다는 오해를 낳게 할 수 있다. 그리하여 교회 마당 밖에서의 봉사나 선한 행위, 의로운 생활 등에 대한 관심을 희석시킴으로써 믿음으로 의롭게 된다는 기독교 신앙의 차원 높은 교리가 윤리는 없고 믿음만 있는 저급한 형태로 나타나고 있다.

기독교 신앙의 이신득의(以信得義)는 윤리를 무시하는 것이 아니라 윤리를 완성하는 것이요 초월하는 것이다. 기독교 신앙에서 "윤리는 곧 믿음의 표현"이요 "윤리는 곧 사랑의 표현"이다. 믿음으로 구원받는 것은 성경의 명백한 가르침이지만 행함 없는 믿음은 그 자체가 죽은 것이다(약 2:17, 26). 행위는 구원의 조건은 아니지만 구원의 증거가 된다. 행위는 믿음의 필수적인 외적 증거(약 2:18, 22)라고 할 수 있다. 그러므로 행함이 없는 자는 구원 얻을 만한 믿음이 없는 것이므로 구원받지 못했다고 할 수 있다(약 2:14, 24).[11]

셋째, 주로 선교회를 중심으로 형성된 신앙의 형식화를 생각해 볼 수 있다. 일반적으로 선교회는 지역 교회처럼 재정적인 여유가 없고 대체로 학생들을 상대로 사역하고 있는 경우가 많으므로, 건물이나 조직을 통한 신앙의 형식화보다는 성경공부와 같은 데서 형식화가 나타나는 경우가 있다.

한 예로 구원 문제를 생각해 보자. 구미, 특히 미국에서 수입된 선교단체들은 대체로 구원의 기술적인 면을 강조하였다. 때로는 각 선교단체에서 만들어 놓은 구원의 확신 '공식'에 맞는 대답을 해야 구원받은 것으로 인정해 주기도(?) 하였다. 이들은 구원이라는 다분히 주관적이고 인격적인 변화를 손에 잡을 수 있는 것으로 인식시켜 줌

---

11) 손봉호 외, "한국 사회와 기독교 윤리", 『행하는 자라야』(서울: IVP, 1992), 1장.

으로 구원에 대한 분명한 확신을 가질 수 있게 하였고, 특히 희미한 구원관을 비집고 들어오는 이단들의 집요한 공격에서 교회를 보호하는 데 크게 기여하였다. 이 외에도 구원받았다는 사실을 막연하고 관념적인 것으로부터 탈피하여 구체적인 것으로 공식화시켜 주는 등 많은 기여를 하였음을 무시할 수 없다.

그러나 이러한 선교단체의 구원관도 몇 가지 문제가 있었다. 이들은 기성 교회에서 구원받은 데 대하여 하등의 회의를 갖지 않은 채 열심히 신앙 생활을 해온 많은 그리스도인들을 당황하게 하였다. 구원을 지나치게 기술적으로만 정의하게 되면 무식한 사람은 구원받기가 어렵게 된다. 구원이 몇몇 요절 암송 정도의 지식으로 전락할 위험이 있는 것이다. 자칫하면 무식 그 자체를 죄라고 간주한 아리스토텔레스적인 지식관에 빠질 우려도 있었다.

뿐만 아니라 사람마다 다양한 구원의 경험을 가질 수 있는데 구원을 특정한 형태의 '공식'으로 환원하게 되면 구원에 대한 근본적인 혼란이 생길 수 있다. 한 차례의 소낙비에 옷을 흠뻑 적시는 사람이 있는가 하면 이슬비에 옷 젖는 줄도 모르는 사람이 있듯이, 바울처럼 극적인 구원의 경험을 가진 사람도 있고 디모데처럼 예수 믿는 집안에서 자라 분명히 구원은 받았으나 언제 구원받았는 지도 모르게 구원받는 사람들도 있다는 사실을 간과해서는 안 될 것이다.

또한 이러한 구원관은 자칫 구원의 핵심은 인격적인 변화나 세밀하지만 분명한, 내주(內住)하는 성령의 음성과 인도를 간과할 위험성이 있다. 즉 인격적인 변화가 일어날 때 자연스럽게 수반되는 생활의 변화와 행동의 변화가 단지 일상 생활에서 사용하는 말이나 용어의 변화에 그칠 위험이 있다. 그러므로 구원을 말로서만 공식화시키는 것은 '말만 잘하는 예수쟁이'라는 불신자들의 비난을 불러일으킬 수도 있다.

지행일치(知行一致)

"안다는 것이 무엇이며 참으로 안다는 것을 어떻게 알 수 있는가?" 라는 인식론의 질문은 기독교적 세계관에서 매우 중요한 요소이다. 호패커와 비일은 이 점을 다음과 같이 잘 요약하고 있다.[12]

기독교적 관점으로 볼 때 지식은 사실에 대한 냉담하게 초연한 배열과 같이 그저 생활에서 뽑아 낸 사색적인 사상 체계가 결코 아니다. 인식론은 우리의 신학적, 인간학적 견해들과 밀접하게 연관되어 있다. 성경적 견해는 하나님의 절대 주권을 강조하고, 인간이 하나님의 절대 주권을 역설함으로써 하나님이 존재하시는 것과 하나님의 계시를 지식의 필수불가결한 출발점으로 삼아 의존할 것을 강조한다. 하나님께서는 사람을 포함한 만물의 창조주시며 구속주이시다. 하나님은 또 그들의 의미의 원천이 되시며, 따라서 지식의 궁극적인 전제가 되신다. 인류는 하나님의 형상대로 지음받았으나 죄 때문에 타락하였으므로 죄로부터 구속을 받고 하나님의 지식 안에서 새롭게 되어야 한다.

이것은 기독교 신앙이 현학적인 지식으로만 남게 되면 우리들에게 아무런 유익이 없음을 의미한다. 그것은 마치 성전 마당만 밟고 돌아가는 사람들과 같이 하나님을 기쁘시게 하지 못한다. 하나님께서 인애를 원하시고 제사를 원치 아니하시며 번제(燔祭)보다 하나님을 아는 것을 원하신다는 것은 행함으로 나타나지 않는 앎은 하나님이 원

---

12) W. Andrew Hoffecker & G. K. Beale, "Epistemology in the Bible", in *Building a Christian World View* Vol. 1 - 한국어판: 『기독교 세계관』 1권(서울: 생명의 말씀사), 258면.

하시는 바가 아님을 의미한다(호 6:6). 하나님께서 선하다고 인정하시는 것은 공의와 인자와 겸손을 알 뿐만 아니라 공의를 행하며 인자를 사랑하며 겸손히 하나님과 함께 행하는 것이다(미 6:8). 기독교윤리실천운동이나 개혁신앙실천운동 등에서 제시하고 있는 행동 지침들은 바로 아는 것과 행하는 것을 일치시키려는 노력들이라고 할 수 있다.

오늘날 우리 나라는 도덕적 시궁창에 빠져 있으며 그 속에서 일천만 성도들도 함께 더러움에 참여하고 있다. 행함이 없는 믿음은 그 자체가 죽은 것같이 삶이 따르지 못하는 지식은 죽은 지식이다. 그러므로 우리는 주어진 자기의 위치에서 교회와 사회가 하나님 보시기에 깨끗해지도록 노력해야 한다. 국회의원들은 향락 퇴폐 업소가 번성하지 못하도록 법적인 장치를 만들기 위해 힘을 기울여야 하고, 관리들은 만들어진 법이 올바르게 시행됨으로써 시정에서 하나님의 공의가 드러나도록 해야 한다. 성도 개개인은 스스로를 돌아보아 하나님께서 원하시는 정결하고 의로운 삶을 살고 그분의 선하고 기뻐하시는 뜻을 따라 행해야 한다. 그럴 때 우리는 진정으로 하나님께 대한 지식을 갖고 있으며 그 지식이 거짓이 아니라고 말할 수 있다.

그리스도인들은 언어 사용에 있어서도 절제해야 한다. 남에게 이야기할 때나 기도할 때, 마음이 동의하지도 않고 행동이 수반되지도 않는 과대한 형용사나 부사를 의식 없이 사용하여 자신의 경건을 나타내려고 하지 말아야 한다. 말의 인플레로 인해 우리의 믿음이 위선의 도를 더해 가고 불신자들이 볼 때 그리스도인은 말만 잘하는 것처럼 보이는 것이다. 오른손이 하는 일을 왼손이 모르게 하기는 어려울지 모르나, 적어도 말만 잘한다는 비난은 듣지 않도록 힘써야 한다. 헌신은 몸, 즉 행동을 드리는 것이며 말을 드리는 것이 아니다. 성경이 가르치는 앎이란 입으로 말하기보다 몸으로 말하는 것이다.

기독교적 세계관의 지식도 실천과 연결되지 못하고 이론적인 지식으로 남게 된다면 의미가 없다. 그 자체가 실천세목은 아니지만 기독교적 세계관은 단순히 세계를 보는 정적인 입장으로만 남아 있는 게 아니라 생동감 있게 우리의 삶 가운데 나타날 때 바른 지식, 살아 있는 지식이 될 수 있다.

창조, 타락, 구속이라는 뼈대로 구성된 기독교적 세계관은 그리스도인들이 살아가면서 직면하는 다양한 상황과 환경 가운데서 어떻게 그리스도인으로서 분명한 정체성을 가지고 살아갈 수 있는가를 보여 준다. 그러나 기독교적 세계관에 관한 지식 그 자체가 우리의 신분을 보증하지는 않는다. 바른 성경적 지식을 가진 사람은 모든 영역에서 하나님의 주권을 인정하고 그분의 계획 안에서 이 세상의 역사가 전개되는 것을 볼 줄 알며, 삶의 모든 영역에서 그분의 뜻이 이루어지기를 소망한다. 그리고 그렇게 되도록 자신의 몸을 던져 적극적으로 노력한다. 하나님께 순종하며 그분의 말씀대로 살 때 우리는 진정으로 하나님을 안다고 감히 말할 수 있다.

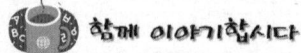 함께 이야기합시다

1. 무속적 세계관과 그리스적 세계관에 나타난 이원론을 비교해 보라. 무엇이 다르고 무엇이 같은가?
2. 그리스도인들에게 신앙적 이원론이 쉽게 번성하는 이유는 무엇인가?
3. 자신의 삶에서 이원론적 행습의 구체적인 예들을 말해 보라.
4. 현대 과학의 발흥에서 유대-기독교 지식관과 그리스-로마 지식관의 기여를 말해 보라.[13]

---

13) 이 문제에 관해서는 Hooykaas, 『근대과학의 출현과 종교』, 2장을 참고하라.

13장 학문

다양한 창조 질서의 연구

"내 백성이 지식이 없으므로 망하는도다 네가 지식을 버렸으니 나도 너를 버려 내 제사장이 되지 못하게 할 것이요 네가 네 하나님의 율법을 잊었으니 나도 네 자녀들을 잊어버리리라"(호 4:6).

인류 역사에서 문자와 숫자의 발명은 지식의 체계적 축적을 가능하게 하였고 이렇게 축적된 지식을 후대에 전하고 새로운 지식을 습득해 나가는 일은 인간 사회를 발전시켜 나가는 데 가장 중요한 과업이 되었다. 체계적 지식을 습득하는 학문 활동과 이를 후대에 전하는 교육 활동은 동서고금을 막론하고 사회의 가장 중심적인 일이 되어 왔다. 이런 학문 활동을 그리스도인들은 어떻게 생각해야 할 것인가? 이것은 학업의 도상에 있는 모든 기독학생들과 학부모, 학문 활동을 업으로 하는 기독학자들이 언젠가 한 번은 피할 수 없이 맞닥뜨리는 질문이다.

학문이란 무엇인가?

학문에 대한 역사적 전통을 살펴보기 위해서는 먼저 이와 관련된 몇 가지 어의를 살펴보는 것이 도움이 된다. 한자에서 학문(學問)이란 원래 "모르는 것을 배우고 의심스러운 것을 묻는다"는 뜻으로써 역경(易經)의 "군자학 취지문이변지"(君子學 聚之問以辨之)라는 말에서 유래한 것이다. 이에 해당하는 서양의 단어로는 철학(philosophy)이란 말이 있는데 이는 '지혜'(sophia)를 '사랑한다'(philos)는 그리스어에서 온 것이다. 그리스인들에게 학문이란 애지(愛知) 혹은 지식 추구, 곧 철학하는 것을 의미했다. 요즈음에는 그리스의 철학인 학문에 해당하는 말로 영어의 'learning'이라는 말이 흔히 쓰이고 있다.[1]

그리고 영어로 학교(school), 학자(scholar) 등의 말이 그리스어로 '여가'를 뜻하는 스콜레(scholē)에서, 이론·논설(theory)에 해당하는 말이 그리스어로 '관조'(觀照)를 의미하는 테오리아(theoria)에서 온 것임을 생각할 때 학문이란 시간이 많은 사람, 노동에 종사할 필요가 없는 사람들에 의해 유지되어 왔음을 알 수 있다. 역사적으로 볼 때도 학문은 항상 직접 생산 노동에 종사하지 않는 사람, 곧 지배 계급에 의해 유지되어 왔다고 할 수 있다. 예를 들면 한국의 양반 계급, 중국의 사대부(士大夫), 그리스의 자유 시민, 인도의 바라문(婆羅門) 계급, 이집트나 바벨론의 승려나 귀족들에 의해 학문이 전승되어 왔다. 엥겔스가 "노예제도 없는 그리스의 예술 및 과학은 없다"고 한 것은 이를 가리켜 말한 것이라 할 수 있다.[2]

---

1) 『학원세계백과대사전』(서울: 학원출판공사, 1983) 19권, 509면.
2) 엥겔스(Friedrich Engels, 1820-1895) : 독일의 사회주의자.

그리스 전통과 히브리 전통

여기에 비해 성경에서 보여 주는 학문에 대한 의미는 독특하다. 이것을 살펴보기 위해 먼저 히브리인들의 학문 혹은 교육에 대한 견해를 알아보자. 히브리 전통에서 교육이란 하나님의 율법을 자손들에게 선포하고 가르쳐 그들로 하여금 하나님의 율법대로 살아가도록 하는 데 목적이 있었다. 이것을 기록하고 있는 신명기 6장 4-9절의 말씀은 히브리어 '쉐마'(shema)라는 말로 요약될 수 있다. 이것은 단순히 "들어라!"라는 의미의 말이지만 히브리 교육을 함축적으로 나타내는 말이다. 히브리적인 교육은 자연과 주변 세계에 대한 객관적인 진술보다는 천지의 창조주 하나님을 알고 그분의 계명대로 살아가도록 하는 것을 목적으로 하였다.

또한 학문하는 태도도 히브리 전통은 그리스 전통과는 다르다. 그리스 전통은 자연과 세계를 관조의 자세로 봄으로써 인간의 선입견으로부터 벗어나 불편부당(不偏不黨)의 객관적 진리에 도달하는 것이었다. 그래서 고대 그리스인들은 바른 학문을 연구하기 위해 어떻게 하면 자신의 편견으로부터 벗어날 수 있을 것인가에 주로 관심이 있었다. 이것은 베이컨이 선입견들을 네 가지 우상(Idola)으로 분류한 사실에서도 잘 나타난다. 그는 객관적 인식을 방해하는 네 가지 편견 혹은 우상(Idola)으로 동굴의 우상, 종족의 우상, 시장의 우상, 극장의 우상을 지적하였다. 동굴의 우상은 개인이 갖는 편견을, 종족의 우상은 한 민족이나 부족이 갖는 편견을, 시장의 우상은 언어의 불확실함으로 인한 편견을, 극장의 우상은 전문가나 학자들의 편견을 가리키는 말이었다.[3]

이에 비해 히브리 전통은 학문 자체를 위한 학문이나 진리 자체를 위한 진리는 별 의미 없고 다만 머리를 아프게 하는 것이라고 생각했다. "내 아들아 또 경계를 받으라 여러 책을 짓는 것은 끝이 없고 많이 공부하는 것은 몸을 피곤케 하느니라"(전 12:12). 인생에 있어서 귀중한 것은 지혜이며(시 111:10), 완전한 지혜는 여호와의 이름을 경외하는 것(미 6:9)이라고 보았다. 지혜는 정규 교육뿐 아니라 사회, 자연, 가정 등 다양한 환경과 경험을 통해 얻어지며 학문 활동이란 것도 결국 지혜를 얻기 위한 방법이라고 보았다.

이와 같이 학문에 대한 그리스 전통과 히브리 전통은 어느 정도 대립적인 관계를 유지하면서 인류 문화사 전반에 걸쳐 서로 다른 영향을 미쳐 왔다. 그러면 학문을 기독교 세계관적 입장에서는 어떻게 조망할 수 있는가? 먼저 이에 대한 논의를 하기 전에 왜 이 논의가 필요한지부터 살펴보자.

기독교적 조망의 필요성

기독교적 세계관에 관한 논의를 하면서 우리는 기독인이라는 말이 극히 포괄적이며, 기독교적이라는 말의 의미는 삶의 모든 영역을 포함하는 것임을 강조해 왔다. 허만이 지적한 것과 같이 "그리스도인이 된다는 것은 인간이 된다고 하는 것과 비슷하다." 그는 계속 말하기를 "나의 인간 됨(person-ness)이 내가 하는 모든 일을 특징 짓는 것과 똑같은 방법으로 내가 하나님의 충실한 종 됨이 나의 모든 행위를 특징 지워야 한다"고 했다. 그렇다면 학문의 영역도 당연히 기독교 신앙과 무관할 수 없으며 기독교적인 조망이 이루어져야 하는 분야임에

---

3) 베이컨(Francis Bacon, 1561-1626) : 영국의 정치가이자 철학자. 켐브리지 출신이며 데카르트와 더불어 근대철학의 비조(鼻祖).
Francis Bacon, *Novum Organum*(신논리학).

틀림없다. 그러면 구체적으로 왜 학문에서 기독교적 조망이 중요한지를 허만이 지적하는 단계를 따라 생각해 보자.[4]

첫째, 사람은 하나님을 섬기든지 아니면 다른 신을 섬길 수밖에 없는 존재이다. 이것은 어거스틴이 말한 소위 '종교적 집중'(religious concentration) 원칙이다.[5] 모든 사람은 삶에 의미를 부여하기 위해 자기를 초월한 어떤 것에 신앙을 둔다. 바울은 인간의 경배 대상은 창조주가 아니면 피조물이라고 말했다(롬 1:18-22). 인간은 신자이건 불신자이건 자기의 경배 대상에 의해 형성된 어떤 세계관을 가지고 주위 세계를 바라보게 된다. 이러한 세계관은 사도신경 같은 신앙고백적 특성을 갖고 우리의 삶에 영향을 미친다. 그러므로 교회에서 사도신경으로 신앙을 고백하듯이 많은 대학의 강의실에서는 그 시대의 지배적인 세계관으로 신앙고백이 이루어지고 있다고 할 수 있다.

둘째, 사람은 자기들이 섬기는 대상의 형상에 따라 자기를 형성해 간다. "우리의 모습과 사람 됨은 우리가 무엇을 사랑하느냐에 따라 달라진다."[6] 모든 인간의 행위가 그의 경배 행위와 무관할 수 없기 때문이다. 만약 우리가 예수 그리스도를 닮지 않는다면 다른 허무한 이상이나 거짓된 우상, 공허한 개념 등 유한한 어떤 피조물을 닮게 된다.

셋째, 학문을 하는 사람들의 견해는 그들이 경배하는 대상을 따라

---

4) 허만(Kenneth Hermann) : 미국 복음주의 학자로서 한국을 방문한 적이 있으며 한국명은 '허만근'이다.
Kenneth Hermann, "The Meaning of a Christian Academic Perspective", Lecture note given in the Church Clue Conference of the Mennonite General Conference (1981.6.) - 한국어판: "학문에 있어서의 기독교적 조망의 의미", 『기독교 신앙과 전공과목』(서울: IVP, 1986), 54면, 72-74면.
5) 어거스틴(St. Aurelius Augustinus, 354-430) : 초대 교회 교부이자 최대의 신학자.
6) 괴테(Johann Wolfgang von Goethe, 1749-1832) : 독일의 최대 시인이자 작가, 과학자, 정치가로서 고전파의 대표.

형성되어 간다. "학문은 세계관적이다"라고 한 야스퍼스의 지적은 인간의 학문 행위가 그의 세계관으로부터 강한 영향을 받음을 말해 주는 것이라고 할 수 있다.[7] 인간 생활의 중심은 경배이기 때문에 자신과 주위 세계에 대한 견해는 그의 경배 대상에 따라 만들어져 간다. 바로 이 이유 때문에 학문은 기독교적 세계관으로 이루어져야 한다.

이상을 요약한다면 인간은 누구, 혹은 무엇인가를 섬길 수밖에 없는 존재이고, 다음에는 그 섬기는 대상에 따라 자신을 형성해 가며, 그리고 형성된 그의 모습은 그의 학문 행위에 강력하게 반영된다. 그러므로 만일 자신의 학문을 기독교 신앙과 무관한 것으로 생각하는 사람이 있다면 그는 신앙과 무관한 학문을 하는 것이 아니라 현대 학문 세계를 지배하고 있는 다른 '신앙'의 관점에서 학문을 하고 있는 것이다.

기독교적 학문 연구는 곧 그리스도인들이 하나님을 예배하는 하나의 방법이며 나아가 기독교적 세계관에 입각한 학문 연구를 통해 그리스도인들은 그리스도의 형상을 닮아 간다고 할 수 있다. 모든 의지와 지성과 감정을 동원한 기독교적인 연구를 통해 우리는 기독교적인 마인드를 갖게 되며 거룩하신 하나님의 인격을 닮아 간다.[8]

가장 큰 장애, 이원론적 사고

그러면 학문에 있어서 기독교적인 조망을 연구하는 데 가장 큰 장애가 되는 것은 무엇인가? 그것은 이원론적 사고라고 할 수 있다. 이

---

7) 야스퍼스(Karl Jaspers, 1883-1969) : 독일의 정신병리학자이자 실존주의 철학자.
8) Oliver R. Barclay, *The Intellect and Beyond*(Grand Rapids, MI: Zondervan, 1985), Ch. 9.

원론이 기독교에 정식으로 들어온 것은 중세 최고의 신학자 아퀴나스에 의해서였다고 할 수 있다.[9] 그는 그리스적 이원론을 기독교 신앙에 도입하여 세계를 자연과 은총, 혹은 신앙과 이성의 두 개의 독립된 부분으로 나누었다. 이러한 이분적 사고의 흔적은 학문과 신앙, 과학과 종교, 영혼과 육신, 전도와 사회참여 등 오늘날 우리 주위에서도 흔히 볼 수 있다.

이원론적 사고는 대부분의 사람들에게 뿌리 깊게 박혀 있으며 그리스도인 중에서도 많은 사람들이 부지중에 이러한 사고를 하고 있는 경우가 많다. 예를 들면 지역 교회나 학원에서 선교하는 여러 선교단체들에서 학문 활동과 전도 활동을 이분하는 경향은 한국 교회가 학생들을 지도하는 데 있어서 당면하고 있는 가장 큰 문제가 되고 있다. 흔히 이들은 전도를 너무 좁게 정의하여 개인의 영혼 구원에만 한정시키므로 인간 및 사회에 대한 올바른 이해가 부족하게 되었고 기독 학생들에게 있어서 학교 공부는 기독교 신앙과 은연중에 갈등 관계가 있는 듯한 암시를 줌으로써 이원론적 사고에 물들게 하고 있다.

오늘날 학원에서 사역하는 여러 선교단체들이 학생들에게 하나님께서 학생들을 캠퍼스에 보내신 가장 큰 이유는 불신자들에게 전도하기 위해서라고 가르친다면 이것은 심각한 그리스적 이원론을 가르치는 것이다. 학생들을 지도하는 사람들이 학업을 단지 십일조를 많이 할 수 있는 직장을 얻기 위한 수단이나 전도를 하기 위한 기회로만 가르친다면 기독학생들은 학교에서 방황하게 되고 학사 경고를 받으면서 전도만 하는 학생들이 생겨날 것이다.

물론 대부분의 건전한 그리스도인이나 교회, 선교단체 등에서는 기독학생이 우수한 성적을 얻는 것을 부정적으로 받아들이지는 않는다.

---

9) 아퀴나스(St. Thomas Aquinas, c.1225-1274) : 13세기 이탈리아의 스콜라 철학자.

할 수만 있으면 교회 일이나 전도도 잘하고 학업 성적도 뛰어나기를 기대한다. 그러나 "이번 입시에서 수석한 학생이 그리스도인이라고…" 혹은 "그처럼 뛰어난 학자가 크리스천이라니!"라는 등, 드러난 결과에 대한 세인의 칭찬을 통해 하나님께 영광 돌리는 정도에 그치고 학문이나 전공 공부 그 자체의 영적인 의미를 간과해 버리는 것은 복음에 대한 편협한 이해 때문이라고 할 수 있다.

물론 학문을 하는 것도 하나님 사랑과 이웃 사랑의 틀을 벗어나서는 안 된다. 이 세상의 모든 학문은 결국 하나님께서 창조하신 세계를 연구하는 것이며, 연구할 수 있는 창조적 잠재 능력 역시 인간이 하나님의 형상을 따라 창조되었기 때문에 주어진 것이라고(창 1:26-27) 한다면 학문의 연구는 하나님 사랑과 관련된다. 또 발견한 지식의 축적과 개발된 기술이 자기만을 위해서가 아니라 이웃과 사회를 위해서 사용되리라는 분명한 목표를 갖게 될 때 학문의 연구는 이웃 사랑과도 관련되는 것이다.

기독인들은 학문하는 가운데서(in learning)만이 아니라 학문하는 그 자체를 통해서도(through learning) 하나님께 대한 영광과 이웃에 대한 사랑을 나타내야 한다. 따라서 학교에서 공부를 열심히 하는 것은 더 나은 직장을 얻거나 좋은 대학원에 진학하는 것같이, 노력에 대한 실용적인 대가(代價) 때문만이 아니라 공부 그 자체가 하나님의 문화적 명령(창 1:28)에 대한 순종과 하나님 나라와 의를 구하는 일(마 6:33)이 될 수 있기 때문이다.

기독교적 학문에 대한 오해

학문에 대한 기독교적 조망이 무엇인가를 알아보기 위해 거꾸로 허

만이 제시하는 견해를 중심으로 무엇이 기독교적 조망이 아닌가를 살펴보자.[10]

첫째, 학문 연구를 기독교적인 것으로 되게 하는 일은 그 연구의 주제라고 하는 견해가 있다. 예를 들면 음악에서는 기독교 음악, 미술에서는 성경의 여러 장면이나 주제를 그린 성화, 철학에서는 기독교 철학, 역사에서는 기독교 역사학 등등이다. 그러나 이런 식으로 기독교적 학문 연구를 국한시키면 필연적으로 앞에서 언급한 이원론을 조장한다.

하나님께서 우리를 자기 백성으로 불러 학문을 연구하게 하신 것은 직접적인 복음화의 전략뿐 아니라 그 학문의 내용, 과정, 방법, 의미, 목표 등에 있어서도 하나님 나라를 확장해 나가기를 원하시기 때문이다. 그러므로 기독교적 학문이란 종교적 냄새가 풍기는 몇몇 분야들에만 관련된 것이 아니라 하나님의 피조 세계를 연구하는 모든 학문에 관련된다. 창세로부터 하나님의 영원하신 능력과 신성이 그가 만드신 모든 만물 속에 나타나 있기 때문에(롬 1:19-20) 성경적 조망은 어떤 특정 학과의 영역에 제한되거나 구획지워질 수 없으며 모든 분야에서 이루어져야 한다.

둘째, 학문과 기독교적 신앙이 어떻게 양립할 수 있는가를 보여 줌으로써 학문은 기독교적이 될 수 있다는 견해가 있다. 예를 들면 최근 한국에서 일고 있는 창조과학 운동과 같이 자연과학의 연구가 기독교 신앙의 변증에 도움을 줄 수 있다면 그것은 곧 기독교적 학문일 수 있다는 것이다. 즉 기독교와 윤리, 기독교와 역사 등 '기독교와 무엇'이라는 식의 대비를 통해 기독교가 학문으로부터, 학문은 기독교로부터 무엇인가를 얻을 수 있음을 보여 준다면 학문은 기독교적이 될 수 있다

---

10) Hermann, 『기독교 신앙과 전공 과목』, 58-70면.

는 것이다.

이 견해의 문제점도 앞에서 지적한 것처럼 기독교와 학문 영역의 분리를 전제하는 것이다. 소위 기독교와 무엇이라는 식의 사고 방식의 저변에는 두 가지 서로 다른 실체가 존재하고 있으며 이들 사이에 다리가 놓여져야 한다는 전제가 있다. 그러나 이러한 분리는 기독교가 윤리학, 사회학, 물리학 등과 동격으로 취급될 때만 가능하다.

이 견해의 다음 문제점은 학문의 객관성과 중립성의 가정이다. 이것은 데카르트 이래 서구 사상에서 필사적으로 입증하려고 노력해 온 것으로서 이성으로부터 신앙을, 과학으로부터 계시를, 지식으로부터 믿음을 제거하려는 것이다.[11] 기독교와 학문은 각기 자기의 본래 영역을 지키며 상대방에게 간섭해서는 안 되며 또 안 할 수도 있다는 주장이다. 학문은 중립적이며 객관적인 방법으로 자기의 영역 내에서 자율적일 수 있고 종교는 그 나름의 신앙의 방법을 따를 수 있다는 것이다.

그러나 학문과 종교 사이의 분리는 창조 세계의 질서를 연구하는 인간의 성품을 잘못 이해했기 때문이다. 앞에서 지적한 것처럼 인간은 가치로부터 자유로울 수 없는 존재이기 때문에 그의 학문도 당연히 가치로부터 자유로울 수 없다.

기독교적 학문 연구란?

이상의 논의로부터 우리는 기독교적 학문 연구란 기독교 신앙과의 외형적 관련성에 의해 결정되는 것이 아님을 알 수가 있다. 그러면 학

---

11) 데카르트(Rene Descartes, 1596-1650) : 프랑스 철학자이자 수학자.

문 연구가 기독교적이 되게 하는 최종적인 기준은 무엇인가? 그것은 기독교적 세계관이라 할 수 있다. 학문의 전 과정, 즉 학문의 의미, 과정, 방법, 목적, 응용, 심지어 학문의 동기까지 기독교 세계관적 기초 위에서 이루어질 때 그것은 온전한 기독교적인 학문이라고 할 수 있을 것이다.[12]

또한 "모든 진리는 하나님의 진리"임을 염두에 두어야 한다. 진리란 그것의 본체가 하나님이시기 때문에 불신자들에 의해서 발견되든지, 신자들에 의해 발견되든지, 어느 영역에서 발견되든지 하나님의 것이다. 특히 학문적 영역에서는 불신자들도 얼마든지 진리를 발견할 수 있다. 불신자들도 얼마든지 노벨상을 탈 수 있고 대단한 업적을 남길 수 있다. 이는 그들이 인정하든지, 하지 않든지 불신학자들도 하나님의 형상을 따라 지음받았기 때문이다.[13]

기독교적 학문은 연구의 과정에서 기독교적 세계관이 명시적으로 드러나는 경우도 있지만 묵시적이어서 언뜻 보기에 기독교적인지 아닌지를 판별하기가 어려운 때도 있다. 예를 들면 사회과학과 같은 분야에서는 학문의 방법에서부터 연구가 기독교적이냐 아니냐를 판별하기가 비교적 용이하나 이공계 분야의 연구에서는 그렇지 않다. 이것은 사회과학은 인간의 부패한 본성이 가장 적나라하게 나타나는 분

---

12) 기독교적 세계관에 근거하여 자신의 전공을 조망하는 것은 수많은 그리스도인 학자들에 의하여 시도되었다. 한 예로 시카고 인근에 있는 위튼대학(Wheaton College) 교수들이 역사, 과학, 심리학, 문학에서 기독교적 조망의 시도를 한 것을 참고하라.
Arthur F. Holmes, editor, *The Making of a Christian Mind-A Christian World View & the Academic Enterprise*(Downers Grove, IL: IVP, 1985).
철학에서 기독교적 접근을 시도한 대표적인 인물로는 네덜란드 철학자 도예베르트(Herman Dooyeweerd)를 들 수 있다. 그의 철학체계에 대한 평가를 위해서는 Barclay, *The Intellect and Beyond*, p. 153-157을 보라.
13) Arthur F. Holmes, *All Truth is God's Truth*(Downers Grove, IL: IVP, 1983).

야이지만 자연과학 분야에서는 기독과학자들이라고 하여 세속 과학자들과 다른 컴퓨터나 실험 장치를 사용하지 않기 때문이다.

기독교적 세계관적 입장에서 볼 때 어떤 분야를 연구하든지 우리는 먼저 학문 연구는 창조의 다양한 측면들을 연구하는 활동임을 염두에 두어야 한다. 이 말의 의미는 근본에 있어서 창조의 질서를 연구하지 않는 학문 연구는 존재하지 않는다는 것이다. 자연과학이나 공학뿐만 아니라 논리적인 세계나 심미적인 세계를 대상으로 하는 인문과학이나 인간의 심리나 사회의 구조를 대상으로 하는 사회과학도 하나님의 창조 질서를 연구하는 분야라고 할 수 있다. 만물이 다 그로 말미암아 지은바 되었으니 지은 것이 하나도 그가 없이는 된 것이 없기 때문이다(요 1:3). 그러므로 인문과학이나 사회과학의 연구도 하나님께서 창조하신 사회적 기구들에 대한 질서와 세상의 자원을 지키는 청지기가 되라는 하나님의 명령에 순복하는 것이어야 한다.[14]

다음에는 연구할 수 있는 인간의 능력은 하나님의 형상 중 창조적 속성을 반영하고 있음을 기억해야 한다. 인간의 학문 능력이 진화의 산물이 아니라 하나님의 형상의 반영이라면 오늘날 인본주의자들이 가정하는 이성의 자율성과 이에 기초한 학문의 중립성은 잘못된 가정임이 명백하다.[15]

인간은 하나님의 형상대로 지음받은 존재이지만 타락한 존재이므로 바른 학문을 위해서는 성령의 인도를 받는 것이 필요하다. 물론 인간에게 남아 있는 희미한 하나님의 형상으로도 여러 가지 피조 세계의 '사실들'을 발견할 수는 있지만 성령의 조명이 없으면 학문에 대

---

14) Hermann, 『기독교 신앙과 전공 과목』, 76면.
15) Ranald Macaulay & Jerram Barrs, *Being Human : The Nature of Spiritual Experience* (Downers Grove, IL: IVP, 1978) - 한국어판: 홍치모 역, 『인간 하나님의 형상』(서울: IVP, 1992), 1장과 7장.

한 원래의 가치나 바른 조망을 가질 수 없다. 학문은 하나님의 명령에 순종하고 이웃을 섬기기 위해 주어진 것이었다.[16]

베이컨에 의해 "아는 것이 힘이다"(Knowledge is power)라는 개념이 도입된 이후 학문은 자연을 정복하고 이웃을 지배하기 위한 힘으로서 추구되고 있으며 인간의 힘에 의한 유토피아의 건설이라는 진보주의 이데올로기의 지배를 받고 있다. 이러한 배도(背道)의 시대에 살면서 우리는 터툴리안이 말한바 "예루살렘과 아테네가 무슨 관계가 있는가?"라는 이원론적인 질문 속에서, 세상의 모든 학문을 '배설물과 같이' 여기면서도 이 시대를 향한 청지기적 역할을 포기해서는 안 될 것이다.[17]

---

16) "아는 것이 힘이다"라고 한 베이컨은 원래 지식을 진보주의나 남을 지배하기 위한 힘이 아니라 봉사를 위한 힘을 의미했다. 그러나 시간이 지나면서 지식관은 점점 더 세속화되었다.
17) 터툴리안(Quintus Septimius Florens Tertullian, c.160-c.225) : 초대교회 교부.

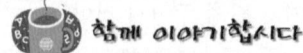 함께 이야기합시다

1. 학생이나 학문을 직업으로 하는 사람들은 자신의 학문에서 어떻게 실제적으로 하나님의 청지기가 될 수 있는지를 말해 보라. 공부가 어떻게 하나님을 경외하는 표시로, 이웃 사랑의 표시로 행해질 수 있는지 말해 보라.
2. 자신의 학문에 대한 창조론적 조망을 구체화시켜 보라. 어떻게 자신의 학문을 창조의 한 부분을 연구하는 작업으로 볼 것인가?
3. 그리스도인들에게 있어서 자격증 취득이나 진학, 취직, 유학 등을 위한 시험 공부는 어떻게 조망할 수 있는가?

14장 이데올로기

얼굴 없는 우상

"우리가 육체에 있어 행하나 육체대로 싸우지 아니하노니 우리의 싸우는 병기는 육체에 속한 것이 아니요 오직 하나님 앞에서 견고한 진을 파하는 강력이라 모든 이론을 파하며 하나님 아는 것을 대적하여 높아진 것을 다 파하고 모든 생각을 사로잡아 그리스도에게 복종케 하니 너희의 복종이 온전히 될 때에 모든 복종치 않는 것을 벌하려고 예비하는 중에 있노라"(고후 10:3-6).

지난 10여 년 동안 민주화된 사회로 진입하면서 우리 사회에도 다양한 이데올로기들간의 갈등이 심화되고 있다. 이전에는 철학자들이나 사회학자들의 전유물처럼 사용되던 이데올로기란 말이 근자에 와서는 대중적인 관심을 끌게 되었다. 교육부에서는 이데올로기 비판에 대한 교육의 중요성을 인식하고 대학에서는 관련 강좌가 봇물을 이루며 개설되고 있다. 한국 교회에서도 현대 사회를 지배하고 있는 이데올로기들을 도외시하고는 넓은 의미의 선교나 하나님 나라의 건설이라는 대전제가 한계에 부딪칠 수밖에 없음을 깨닫고 있다.

도대체 딱 부러지게 손에 잡히지도, 눈에 드러나게 보이지도 않을 뿐 아니라, 우리말로 적당하게 번역하기조차 쉽지 않은 이 이데올로기란 '서양 괴물'이 무엇이기에 오늘날 우리 사회를 이렇게 소란스럽게 하는가? 기독교적 세계관으로부터 이데올로기를 어떻게 조망할 수 있으며 이에 대한 기독교적 대안은 무엇인가? 이 장에서는 이데올로기란 무엇이고, 어떤 특성을 갖고 있으며, 이 시대의 대표적인 이데올로기로는 어떤 것들이 있으며, 이에 대한 기독교적 대응은 무엇인지 살펴보고자 한다.

이데올로기란 무엇인가?

흔히 우리말로 '관념 형태' 혹은 '의식 형태'로 번역되는 독일어 이데올로기(Ideology)는 1789년 프랑스혁명이 일어나기 직전, 혁명 이론가들이 자기들의 혁명적 세계상을 표현하기 위하여 사용하던 말이었다. 즉 이데올로기란 혁명이라는 사회적 목적을 달성하기 위하여 계몽주의자들이 사용한 가치, 개념, 신념, 규범의 체계였다.[1]

그 후 이 말이 학문적인 의미로 처음 사용된 것은 뜨라시가 1801년에 출판한 그의 저서 『이데올로기 개론』(Eléments d'idéologie)에서였다.[2] 그러나 뜨라시는 이데올로기를 개인의 심리적, 생리적 기반과 결부시켜 단편적, 심리학적으로 고찰하는 정도에 머물렀다.

---

1) 『철학대사전』(서울: 학원사, 1974), 879면.
2) 뜨라시(Antoine Louis Claude Tracy, 1754-1836) : 프랑스의 유물론적 철학자.

이에 비해 이데올로기의 개념을 가장 명확하게 규정한 것은 마르크스였다고 할 수 있다.[3] 그는 이데올로기란 정치, 법률, 도덕, 예술, 철학, 과학 등의 사회적 의식 형태로서 현실적 생활 과정을 토대로 발생한다고 보았다. 그러므로 "의식이 생활을 규정하는 것이 아니라 생활이 의식을 규정한다"는 유물론적 원칙이 이데올로기론의 근저에 삽입되었다.[4]

오늘날도 이데올로기는 여러 가지 의미로 이해되고 있지만 대체로 다음 두 가지를 포함하고 있다고 본다. 즉 이데올로기는 의식의 산물, 즉 관념의 체계(theoria)이면서 동시에 구체적인 행동과 실천(praxis)을 위한 프로그램이 된다는 것이다. 철학과는 달리 "이데올로기는 순수한 이론이 아니며, 또한 순수한 이론이 될 수도 없다. 현실 자체에 대한 객관적 이해만 가지고서는 아무도 실행으로 이끌 수 없다."[5] 이데올로기는 관념의 체계라는 점에서 철학과 유사하나 구체적인 행동과 실천을 위한 프로그램이라는 점에서는 종교와 유사하다고 할 수 있다.

그러나 종교는 종교 내부에서 보든지 외부에서 보든지 근본적으로 절대자에 대한 신앙에 근거하고 있는데 반해 이데올로기란 어디까지나 인간의 체계이지 결코 신의 계시나 무조건적 신앙의 대상은 아니다. 이데올로기는 계시를 이성으로 대치하고, 주관이며 개인적인 '종교'를 보편 타당하다고 주장하는 철학으로 바꾼 뒤에 생겨난 현상이므로 매우 논리적이다. 또한 종교가 과학적 합리성과 경험적 실증

---

3) 마르크스(Karl Marx, 1813-1883) : 독일 사회주의자.
4) "이데올로기", 『학원세계대백과사전』(서울: 학원출판공사, 1983) 15권, 284-285면.
5) 콜라콥스키(Leszek Kolakowski) : 폴란드 출신의 사회철학자.
   L. Kolakowski, *Der Mensch ohne Alternativ*(München, 1964), p.24-25.
   손봉호, 『현대정신과 기독교적 지성』(서울: 성광문화사, 1978), 309면에서 재인용.

성에만 의존하는 것이 아닌 반면 이데올로기는 외형적으로나마 합리성과 경험성을 주장하고 있음이 다르다.[6]

이데올로기는 철학과도 같지 않다. 만하임에 의하면 학문이란 편견과 당파를 초월하고 정열을 전혀 배제한 순수 합리성에 의하여 객관적이 되는 것인데 반해, 이데올로기는 당파적이고 정열이 수반되며 주관적이라 하였다.[7] 그러나 이것은 원칙적인 구별일 뿐이고 이 이념 체계를 어느 정도 절대화하느냐에 따라 그것이 철학이 될 수도 있고 이데올로기가 될 수도 있다고 보는 게 타당한 듯하다. 즉 "철학 자체를 조롱하는 것이 진정 철학하는 것"이라고 한 파스칼의 말과 같이 학문으로서의 철학은 다분히 유희적, 상대적, 임시적이며 끊임없는 자기 상대화와 자기 비판을 통해 진보해 나가는데 반해 이데올로기는 절대성을 가진 이념 체계로서 자기 상대화와 자기 비판을 허용하지 않으며 나아가 구체적이고 획일적인 행동을 지시한다.[8]

이데올로기의 특징과 문제점

이데올로기의 특징 중의 하나는 뚜렷이 정의하기 곤란하다는 점이다. 이데올로기는 시대에 따라, 추구하는 목적에 따라 여러 가지 의미로 사용되었다. 그래서 이데올로기는 "누구나 다 아는 개념인 것 같으나, 그것을 바르고 엄밀하게 정의하라고 하면 그 정체를 붙들기가 어려운 괴물 같은 개념이다."[9] 정의하기 곤란한 것 자체를 이데올로기

---

6) 손봉호, 『현대정신과 기독교적 지성』(서울: 성광문화사, 1978), 304-337면.
7) 만하임(Karl Mannheim, 1893-1947) : 독일 사회학자.
8) 파스칼(Blaise Pascal, 1623-1662) : 프랑스 철학자이자 수학자.
 "Se moquer de la philosophie, c'est vraiment philosopher." (B. Pascal).

의 특징이라 할 정도로 그 개념에는 애매모호함이 있지만 대체로 인간, 사회, 자연의 총체에 대하여 사람들이 품는 행동지시적 관념 체계라고 볼 때 이데올로기는 다음 몇 가지 특성을 갖는다.

첫째, 자신의 존재에 근본적인 의미를 부여하는 가치 체계를 갖고 있다. 둘째, 자신과 객관적 주변 조건에 대한 현실적 인식을 가져다 주는 분석 체계를 가지고 있다. 셋째, 원망과 확신에 의해서 자기의 잠재적 에너지를 의식적으로 활성화시키는 신념 체계이다. 넷째, 구체적인 사회적 쟁점에 대한 수단과 태도를 선택하는 행동 체계를 갖는다고 할 수 있다. 이러한 관념 체계가 정당, 세대, 계층, 계급 등의 사회 집단에 의해 공유될 때 사회적 이데올로기가 되고, 구체적인 여러 개인의 생활을 통하여 내면화가 되면 개인적 이데올로기가 된다고 할 수 있다.

이데올로기는 추구하고 있던 원래 목표의 정당성이 점점 강화되어 일반적으로 받아들여지는 다른 모든 가치와 전통적 규범들을 압도하기 시작할 때 발생한다. 따라서 이데올로기화한 목표는 거기에 도달하기 위해 사용되는 모든 수단을 포용한다. 이러한 이데올로기가 갖는 문제점은 무엇인가?

먼저 마르크스주의의 예를 들어보자. 처음 자본주의 사회의 내부 모순을 민감하게 인식하여 공상적 사회주의를 주창한 오우엔, 푸리에, 생시몽의 꿈은 그야말로 꿈처럼 아름다웠고, 그 후 과학적 사회주의를 제창한 초기 독일의 마르크스, 엥겔스의 이상도 비교적(?) 괜찮았다고 할 수 있다.[10]

그러나 이러한 이상이 경직된 이데올로기로 변모하여 그 자체 내에서 도덕률을 찾으며 목적 달성을 위하여 획일적인 행동을 지시하기

---

9) 이규호, "이데올로기의빛과 그늘", 『현대사조론』(서울대출판부, 1977), 341면.

시작하게 되자 마르크스주의는 인류 역사상 가장 끔찍한 이데올로기로 전락해 버렸다. 마르크스주의에서는 사회주의 혁명을 성취할 수만 있다면 폭력, 선동, 거짓말, 배은망덕 등 어떤 수단이라도 미사여구(美辭麗句)로 수식하여 정당화함을 역사에서 얼마든지 찾아볼 수 있다.

실제로 1920년에 행한 "좌익 공산주의"라는 제하(題下)의 연설에서 레닌은 "공산주의자들은 어떤 희생이라도 감수할 준비가 되어 있어야 하며 필요하다면 내용을 불문하고 모든 지혜와 책략과 술책에 호소하고 불법적인 방법을 사용하고 사실을 은폐, 또는 왜곡시킬 각오가 되어 있어야 한다"고 역설하였다.[11] 1917년의 볼셰비키 혁명이나 스탈린 시절의 무자비한 피의 숙청은 공산주의 이데올로기의 잔혹성을 남김없이 보여 주었다. 그리고 지난 1989년 6월 4일, 북경에서 수천 명의 비무장 민간인들을 탱크와 장갑차와 자동 소총으로 학살한 사건은 마르크스주의 이데올로기의 방법론을 극명하게 보여 준 사건이라 할 수 있다.

또 한 예로 물질주의를 생각해 보자. 돈을 벌어 부를 축적함으로 빈곤에서 벗어나고 인간다운 생활을 영위한다는 생각은 그런대로 건전하다. 그러나 물질적 부요가 이데올로기화하게 되면 돈을 버는데 수단과 방법을 가리지 않게 된다. 산업 사회로 급속히 변모해 가고 있는 우리 사회에서 물질주의 이데올로기는 가장 강력한 이데올로기의 하

---

10) 오우엔(Robert Owen, 1771-1858) : 영국의 사회개혁자.
   푸리에(Fran ois Marie Charles Fourier, 1772-1837) : 프랑스 사회주의자.
   생시몽(Comte de Saint-Simon, 1760-1825) : 프랑스 사회주의자.
   엥겔스(Friedrich Engels, 1820-1895) : 과학적 사회주의를 제창한 초기 독일의 사회주의자.
11) 레닌(Nikolai Lenin, 1870-1924) : 러시아의 공산주의 혁명가.
   Nikolai Lenin, "Left Wing Communism: An Infantile Disorder", (1920).

나로 부각되고 있다. 필연적으로 배금사상을 동반하는 이 이데올로기는 인신 매매를 하여 돈을 벌든지, 낙태 시술로 돈을 벌든지, 땅 투기나 아파트 전매를 하여 돈을 벌든지 돈을 벌 수 있는 모든 수단을 정당화한다.

다른 예로 민족주의를 생각해 보자. 자기 나라를 사랑하는 마음은 얼마나 아름다운 일인가? 그러나 애국심이 극단화되어 민족주의가 되면 이것 역시 이데올로기가 가지는 온갖 해악을 그대로 갖게 된다.[12] 일반적으로 민족주의는 민족적 주체성이나 정체성이 위협받거나 희미해져 갈 때 생긴다. 히틀러와 뭇솔리니(이들은 흔히 전체주의자로 분류되지만), 카스트로, 카다피, 호메이니 등등.[13] 멀리서 예를 찾을 것도 없이 민족적 주체 의식을 세운답시고 역사를 왜곡한 북한의 김일성이나 일본인들, 별로 뚜렷한 근거도 없는 건국 신화를 사실인 양 꾸미려고 애쓰는 남한의 극단적 민족주의자들도 잘못된 이데올로기를 추종하고 있다고 할 수 있다.

이데올로기 비판

이상에서 우리는 이데올로기의 발생과 역할, 특성 그리고 몇몇 이데올로기의 예를 살펴보았다. 이데올로기는 본질상 전통적으로 기독

---

12) 필자는 여기서 온건하고 건전한 의미의 민족주의는 애국심에 포함시키고 이데올로기화한 극단적 민족주의만을 지칭한다.
13) 히틀러(Adolf Hitler, 1889-1945) : 독일의 독재자.
  뭇솔리니(Benito Mussolini, 1883-1945) : 이탈리아의 독재자.
  카스트로(Fidel Castro, 1927-) : 쿠바의 독재자.
  카다피(Muammar al-Qaddafi, 1942-) : 리비아의 독재자.
  호메이니(Ayatollah Ruholla Khomeini, 1900-?) : 이란의 종교지도자이자 독재자.

교 신앙이 담당해 오던 많은 부분과 중첩되고 있으며 근래의 우리 사회는 이데올로기적 갈등이 심화되고 있기 때문에 의식 있는 그리스도인이라면 이데올로기와 기독교 신앙의 문제를 심각하게 생각해 보아야 할 것이다. 그러면 이러한 이데올로기를 기독교적 세계관에 비추어 볼 때 어떻게 비판할 수 있을까?

우선 이데올로기는 기본적인 신관(神觀)에 있어서 기독교적 세계관과 상충된다. 기독교적 세계관에서는 만물의 궁극적 실체는 하나님이며 이 하나님은 만물의 창조주로서 모든 가치와 규범의 근원이요, 초월적이며 인격적인 절대자이며, 인간 역사의 궁극적인 주관자라고 생각한다.

그러나 앞에서 지적한 것처럼 성숙한 이데올로기는 이러한 요소를 모두 이데올로기 자체 내에서 찾고 있다. 이데올로기 속에서 궁극적 문제의 해결책이 있다고 보며 모든 현상은 그 이데올로기로 환원될 수 있다고 믿는다. 이런 의미에서 이데올로기는 다분히 우상으로서의 특징을 갖고 있으며 이데올로기에 대한 집착은 다른 신을 섬기지 말라는 십계명의 제1계명(출 20:3)을 범하는 것이라 할 수 있다.[14]

기독교에서는 현세를 무시하지는 않지만 그렇다고 궁극적인 소망을 이 땅에 두지도 않는 데 비해 이데올로기의 목표는 순전히 현세적이다. 이데올로기를 신봉하는 사람들은 기독교의 내세적 측면을 완전히 무시하며 현세적 측면만을 강조하는 경향이 있다. 그러나 "내 나라는 이 세상에 속한 것이 아니라"는 예수님의 말씀(요 18:36)이나, "우리의 바라는 것이 다만 이생뿐이면 모든 사람들 가운데 우리가 더욱 불쌍한 자리라"고 한 사도 바울의 고백(고전 15:19)은 어떤 궤변으로

---

14) Bob Goudzwaard, *Idols of Our Time*(Downers Grove, IL: IVP, 1984).
　하웃츠바르트(Bob Goudzwaard) : 네덜란드의 개혁주의 경제학자.

도 달리 해석될 방도가 없다. 이데올로기는 기독교의 본질적 부분의 하나인 궁극적 소망을 왜곡하고 있다고 할 수 있다.

이데올로기는 인간관에서도 기독교적 세계관과 충돌한다. 궁극적으로 이데올로기는 인간이 자신을 구원할 수 있다는 암묵적 가정을 하고 있다. 이데올로기는 철저하게 인본주의적 특성을 가지고 있다. 이데올로기는 인간이 만들었기 때문에 이데올로기를 통해 모든 문제를 해결할 수 있다고 보는 것은 결국 인간이 모든 것을 할 수 있다는 의미이다. 발달된 이데올로기는 철저하게 인간의 자율성, 자존성을 가정하고 있다. 인간의 자존성과 이성의 자율성을 극대화하였던 계몽 정신이나 "하나님도, 주인도 없다"(No God, No Master)라는 프랑스 혁명의 슬로건은 이를 증명하는 대표적인 예라 할 수 있다.

이에 비해 기독교적 세계관에서 인간은 하나님의 피조물로서 하나님의 형상대로 지음받았지만 타락하여 죄로 인해 죽게 되었으며 자력갱생(自力更生)이 불가능한 존재라고 본다. 하나님의 형상의 발로로서 각종 문화 활동이 가능하고 창의성을 발휘하기도 하지만 자기의 문제를 궁극적으로 해결할 능력이 없다고 본다. 따라서 기독교는 인간의 본성에 대한 부정에서 시작하여 그리스도 안에서의 긍정으로 마치는 데 비해 이데올로기는 애초부터 인간의 능력에 대한 긍정에서 시작하므로 철저하게 인본주의적인 종말을 지향할 수밖에 없다.

특히 이데올로기는 윤리관에서 기독교적 세계관과 심각하게 충돌한다. 앞에서 언급한 것처럼 이데올로기는 자체의 규범 체계를 갖고 있으며 이 체계의 판단 기준은 이데올로기의 목적 달성이다. 그러므로 목적은 수단을 정당화한다는 '목표 윤리'(goal ethics)가 당연시된다. "진리는 총구에서 나온다"는 레닌의 말이 이를 단적으로 보여 준

---

15) "Truth comes out of the mouth of a rifle."

다.[15] 진리는 총구에서 나오는 게 아니라 하나님께로부터 나온다.

또한 기독교 윤리에서는 목적 달성뿐 아니라 목표를 성취하려고 하는 동기나 과정도 동일하게 중요하다. 예수님은 여자를 보고 음욕을 품는 자마다 이미 그 마음에 간음한 것이라고 말씀하셨다. 즉 기독교 윤리에서는 목표 윤리만이 아니라 동기 윤리(motive ethics)나 과정 윤리(process ethics 혹은 method ethics)도 중시된다. 오늘날 한국 교회 내에서 보수주의와 자유주의가 원천적으로 동일한 시각을 가지는 현실적 시안을 두고서도 때때로 첨예하게 대립되는 것은 바로 이 때문이라 할 수 있다.

이데올로기는 세계의 이해에 대해 기독교적 세계관과 충돌한다. 성경은 하나님께서 우주 만물을 보시기에 좋도록 창조하셨으며 이는 피조 세계가 다양하면서도 동시에 통일을 이루도록 창조되었음을 의미한다. 도예베르트는 이 세계와 그 가운데 일어나는 각종 현상을 15개에 이르는 다양한 양상들로 나눌 것을 제안하였다. 수적(數的) 양상과 같은 가장 낮은 양상에서 신앙적 양상이라는 가장 높은 양상에 이르기까지의 각 양상들은 상호 환원될 수 없는, 나름대로의 독특한 양상이라고 했다.[16]

이러한 관점에서 도예베르트는 이데올로기란 다양한 양상을 가진 피조 세계에서 오직 한 양상만을 확대시켜 나머지 모든 양상들을 그 양상으로 환원하는 것이라고 했다. 예를 들면 인간의 다양한 측면들 중 경제적 양상만을 떼어 인간 전체를 설명하려고 할 때 경제주의라는 이데올로기가 형성되며, 물리적 양상에만 적용되는 법칙들을 절대화시켜서 그것으로 모든 것들을 설명하려고 할 때 유물주의가 된다.

---

16) 도예베르트(Herman Dooyeweerd, 1894-1977) : 네덜란드 기독교 철학자.
L. Kalsbeek, *Contours of a Christian Philosophy* – 한국어판: 황영철 역,『기독교인의 세계관』(서울: 평화사, 1981), 108-117면.

특정한 하나의 양상을 설명하는데 적합한 방법론을 다른 모든 양상들을 설명하는데 확대 적용하게 되면 이데올로기(Ism)가 형성된다. 결국 이데올로기란 상대적인 어떤 것을 절대화시키는 것이다. 자연주의, 심리주의, 논리주의, 역사주의 등의 이데올로기들도 그런 과정을 통해 발생했다. 따라서 이데올로기는 방법론적 환원주의(methodological reductionism)의 입장을 취한다고 할 수 있으며 하나님께서 만드신 피조 세계의 다양함을 무시하는 것이라고 할 수 있다.[17]

이데올로기의 한계와 그리스도인의 자세

이데올로기는 본질적으로 기독교적 세계관에 배치될 뿐 아니라 근본적인 위험을 가지고 있다. 그것은 상대적인 것을 절대화하고 불완전한 것을 완전하다고 가정하기 때문이다. 관념의 체계란 아무리 훌륭한 것이라도 관념과 체계가 가진 나름대로의 제한성을 가지고 있다. 인간의 생활과 현실은 관념화될 수 없는 요소가 한없이 많다. 따라서 그 체계가 어떤 것이든지 현실을 그대로 반영할 수 없다. 여기에 이데올로기의 근본적인 한계와 문제가 있다.

그러나 이데올로기란 말의 생성원이 되었던 계몽정신과 프랑스혁명으로부터 알 수 있는 것은 이데올로기란 처음부터 잘못된 목적과 행동 강령을 갖는 게 아니라는 점이다. 대개 이데올로기도 처음에는 정당한 목표를 달성하기 위해 만들어진다.

히틀러의 나치즘이나 뭇솔리니의 파시즘과 같이 독재자들의 야망이 정치 권력에 의해 이데올로기로 급조되는 경우도 있었으나 대부분

---

17) Kalsbeek, 『기독교인의 세계관』, 123-128면.

의 사회적 이데올로기는 불의한 사회 제도나 사상, 풍조, 권력의 횡포 등을 극복하기 위해 만들어진다.

대표적인 예로 프랑스혁명이 일어날 즈음에는 사회의 전반적인 개혁이 절대적으로 필요하다는 대중적 공감대가 형성될 수 있을 정도로 프랑스 사회는 부패했으며 대부분의 국민들은 구체제(ancien régime) 귀족들의 극악한 횡포와 압제 속에서 시달리고 있었다. 이러한 때 혁명 이데올로기의 목표는 대중들의 마음속에 삽시간에 자라갈 수 있었던 것이다.

그러므로 이데올로기가 난무하는 시대에 사는 그리스도인들은 일차적으로 이데올로기들이 생성되지 않는 정의로운 사회를 만들기 위해 노력해야 한다. 근면, 절약, 절제함으로 자신의 영혼을 깨끗하게 유지할 뿐 아니라 각종 사회적 비리의 척결을 위해 힘쓰고 구제와 선행의 모범이 되면서 복음을 전해야 할 것이다. 그리고 기존의 이데올로기들에 대해서는 분명한 기독교적 대응책을 제시해 주어야 할 것이다. 우리 속에 있는 소망에 관한 이유를 묻는 사람에게 대답할 것을 항상 예비해야 할 것이다(벧전 3:15).

우리는 또한 기독교 신앙이 이데올로기화되지 않도록 주의해야 한다. 기독교가 현실 문제의 해결만을 지상 목표로 삼는다거나, 반대로 현실 문제도 도외시하고 내세에만 관심을 갖는다면 기독교 신앙도 또 하나의 이데올로기가 될 위험이 크다. 그렇게 되면 초월적인 기독교 윤리는 더 이상 존재할 수 없으며, 성경은 또 하나의 도덕경이 될 것이며 기독교 신앙은 또 하나의 급진적 정치 이념에 불과하게 될 것이다. 신앙이 이데올로기화될 수 있는 가능성에 대하여 손봉호 교수는 다음과 같이 지적한다.[18]

---

18) 손봉호, 『현대정신과 기독교적 지성』, 328면.

만약 종교적인 확신이 차세(此世)의 이념 체계에 근거해 있다면, 그리고 종교가 바라보는 궁극적인 세계가 이 세계라면, 그것은 가장 위험한 이데올로기로 전락될 위험이 있다. 그렇게 되면 종교의 자기 비판은 불가능하게 되고, 그 차세적(此世的)인 실현을 위하여 그 종교적 행위는 가장 열광적이 될 것이다. 종교와 정치는 이슬람교 이상으로 동일화되어 가장 위협적인 세력으로 등장할 것이다. 그러므로 초월 세계를 상실한 종교는 하나의 이데올로기이고, 따라서 다른 이데올로기를 초월적 입장에서 비판할 수 있는 자격을 상실한다.

기독교 신앙의 이데올로기화를 예방하기 위해서는 먼저 인간의 능력으로 이 세상에서 유토피아를 건설할 수 있다는 망상에서 벗어나는 것이다. 앞에서 지적한 바와 같이 이데올로기는 인간의 능력에 대한 무한한 신뢰에 근거하고 있다. 그러므로 이 세상의 이론들은 무엇이나 잠정적이며 상대적임을 받아들일 때 우리는 이데올로기의 독단으로부터 벗어날 수 있다. 그러면서 동시에 이 세상은 하나님께서 창조하신 세계이며 하나님은 바로 이 세상에 대한 관리권을 우리에게 맡겨 주셨다는 점을 기억해야 할 것이다. 그리스도인들은 선한 청지기로서 세상에 대한 책임을 소홀히 하지 않을 때 다른 이데올로기들의 출현을 막을 수 있다.[19]

---

19) 손봉호, 『현대정신과 기독교적 지성』, 314-315면.

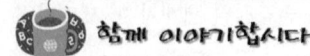
함께 이야기합시다

1. 우리 사회를 지배하고 있는 대표적인 이데올로기들을 열거해 보라.
2. 신앙의 이데올로기화란 무엇이며 그것이 갖는 문제점은 무엇인가?
3. 이데올로기와 세계관은 어떤 점이 같으며, 어떤 점이 다른가?
4. 이데올로기로부터 완전히 해방되었다고 생각하는 것 자체가 이데올로기의 희생이 된 증거라고 한 콜라콥스키(L. Kolakowski)의 말이 의미하는 바를 말해 보라.[20]

---

20) Kolakowski, *Der Mensch ohne Alternativ*, p. 35.
　　손봉호, 『현대정신과 기독교적 지성』(서울: 성광문화사, 1978), 313면에서 재인용.

15장 과학

물질계에 대한 청지기적 과업

"하나님이 가라사대 우리의 형상을 따라 우리의 모양대로 우리가 사람을 만들고 그로 바다의 고기와 공중의 새와 육축과 온 땅과 땅에 기는 모든 것을 다스리게 하자 하시고 하나님이 자기 형상 곧 하나님의 형상대로 사람을 창조하시되 남자와 여자를 창조하시고 하나님이 그들에게 복을 주시며 그들에게 이르시되 생육하고 번성하여 땅에 충만하라, 땅을 정복하라, 바다의 고기와 공중의 새와 땅에 움직이는 모든 생물을 다스리라 하시니라"(창 1:26-28).

요즘은 사람들이 화장품의 효능도, 유리 겔라의 초능력도, 사후 세계도 과학적으로 증명되었다고 말해야 믿는다. 실제로 우리는 말의 진위에 관계없이 성직자들보다 과학자들의 말이 더 권위를 가지는 불행한 시대에 살고 있다. 과거 성직자나 교육자가 가졌던 통합적 권위(comprehensive authority)보다 과학자들의 전문가적 권위(expert authority)가 더 설득력을 얻고 있는 게 현실이다.

   도대체 과학은 무엇이기에 이처럼 대단한 신뢰를 받고 있는가? 그리고 그리스도인들은 과학을 어떻게 보아야 하는가? 현대 사회에서 과학은 어떤 위치를 점하고 있으며 기독교적 세계관에서는 이와 같은 과학과 과학의 발달, 그 영향력의 증가를 어떻게 보아야 할 것인가?

이 시대는 과학의 시대

   어느 시대를 막론하고 그 시대를 특징 짓는 말이 있다. 한 시대를 표현하는 말은 그 시대에 살았던 사람들이 공유했던 가치관이나 세계관을 나타내기 때문에 그 시대의 정신을 분석, 이해하는 데 매우 중요하다. 그러면 이 시대는 어떻게 표현할 수 있는가? 아마 우리가 살고 있는 이 시대를 표현하는 말들 중에는 과학 시대란 말이 역사가들이나 대중에게 가장 넓은 공감을 얻고 있는 게 아닌가 생각된다. 지난 한 세기 동안 과학의 발달은 가히 현기증을 일으킬 정도로 엄청났다고 할 수 있다. 6천 년의 인류 역사를 돌이켜볼 때 현재 우리들이 알고 있는 대부분의 과학 지식들이 지난 수세기 동안 발견되었다고 할 수 있을 정도로 과학은 눈부신 속도로 진보하고 있다.

   인쇄술이 발견되기 이전인 15세기까지만 해도 유럽 전역의 도서 출판량이 연간 1천 권을 넘지 못했으나 오늘날은 하루에도 수천 권의 책이 출판되고 있으며, 과학 문헌만도 연간 약 1억 페이지 이상 출판되고 있다. 과학혁명이 일어난 지는 4백여 년이 되었지만 현대적 의미의 과학이 본격적으로 발달하기 시작한 것은 불과 지난 1백여 년 동안의 일이었다고 할 수 있다. 인류 역사상 지금까지 있었던 모든 과학자의 90퍼센트가 현재에 생존하고 있다.[1]

헬러시는 과학 기술 정보량의 증가 추세를 그래프로 나타낼 때 문명의 여명에서부터 1945년까지 그은 곡선을 10센티미터 높이로 표현한다면 그로부터 불과 15년 뒤인 1960년에는 13층 고층 빌딩의 높이로 그 곡선을 그어 올려야 한다고 했다. 그가 1968년에 예측한 2001년의 모습을 보면 가히 공상적이라는 느낌을 넘어 황당하다는 생각까지 들지만 21세기를 눈앞에 둔 현재로서는 그의 예측의 상당 부분이 사실로 드러나고 있다.[2]

이처럼 급격하게 발달하고 있는 과학은 또한 개인과 사회에 미치는 영향도 방대하여 개인의 사고와 사회의 구조에 일대 전환을 일으키고 있다. 이러한 과학의 급속한 보급으로 인해 사람들은 서슴지 않고 이 시대를 가리켜 '과학의 시대' 라고 부르게 되었다.

과학은 우상, 과학자는 제사장

과학의 급속한 발달과 엄청난 영향력으로 인해 사람들은 과학에 대해 무조건적 신뢰한다. 이러한 인간의 과도한 기대는 과학의 이데올로기화를 부추겼다. 모든 것을 과학으로 해결하려고 하고 과학적 방법으로 얻은 지식만이 믿을 만하다는 생각을 하게 되었다.

이처럼 과학의 이데올로기화를 촉진시킨 또 하나의 요인으로는 지나치게 분화(fragmented)된 과학과 다원화된 사회 구조를 들 수 있

---

1) 토플러(Alvin Toffler) : 미국의 미래학자.
 Alvin Toffler, *Future Shock*(New York : Bantam Books, 1971) - 한국어판: 김욱 역, 『미래의 충격』(서울: 대일서관, 1983).
2) 헬러시(Daniel Stephen Halacy, 1919-) : 미국의 미래학자.
 D. S. Halacy, Jr., *Century 21 : Your Life in the Year 2001 and Beyond*(1968) - 한국어판: 이종수 역, 『21세기』(서울: 을유문화사, 1971).

다. 과학의 분화와 사회 구조의 다양화로 인해 현대인들은 자기가 종사하는 지극히 좁은 영역만을 알 뿐 자기 분야에서 한 발자국만 밖으로 나가도 거의 상식 정도의 지식만을 가지고 있을 따름이다.[3]

이러한 과학에 대한 무지는 경외심을 일으키고, 경외심에서 공포가 나오며, 공포감에서 우상숭배가 시작된다. 과학에 대한 일반인들의 무지는 그것에 대한 경외감을 불러일으키게 되었고, 과학은 우상으로, 과학을 조정할 수 있는 과학자들은 이 시대의 새로운 제사장으로 등장하고 있다. 과학의 우상화는 이미 오래 전에 일반 학자들 사이에서도 지적되어 왔다. 우크머와 고피나탄은 "과학은 숭배되는 어떤 새로운 신이기도 하고, 교만의 원천이기도 한 하나의 우상이며, 요한계시록에 나오는 제5의 기수요, 득의 양양하고 냉담하기 때문에 모든 것 중에서 가장 위험한 것이다"고 지적했다. 그들은 과학을 통하여 "사납고 탐욕스러우며 약탈적인 살인자요, 파괴자"가 된 인간을 호모 푸리아(Home furia), 즉 '미친 인간'(furious human)이라고 부르면서 이것은 단순히 과학의 속성이나 과학자 개개인이나 연구실이 악하기 때문이 아니라 '인간 본질의 깊은 암흑' 때문임을 지적하였다.[4]

이와 같은 현실 속에서 하나님의 우주적이며 통합적인 권위를 대리하는 하나님의 백성들이 이땅 위에서 어떻게 하나님의 권위를 문화의 전 영역, 특히 과학의 영역에서 어떻게 지키며 세워 나갈 수 있을까? 성경적으로 과학은 무엇이며, 과학의 연구 대상이 되는 자연은 무엇인가?

---

3) 현대 학문의 파편화 현상에 대해서는 양승훈, 『현대 학문 정신 비판』, CUP 소책자 42번 (대구: CUP)을 참고.
4) Pierre Auger et al, *Science-Idol or Threat*(UNESCO, 1977) – 한국어판: 김승원 역, 『과학 - 우상인가, 위협인가』(서울: 중앙일보, 1979).
　　우크머와 고피니탄이 쓴 머리말.

기독교의 자연관

먼저 기독교의 자연관을 살펴보자. 그리스도인들은 자연계가 하나님의 솜씨를 드러내는 것을 찬양하지만 결코 자연 그 자체를 숭배하지는 않는다. 웅장한 자연 앞에서 인간은 경외감을 느끼지만 이는 자연 그 자체의 위엄에 대한 경외감이 아니라 이를 지으신 창조주 하나님에 대한 경외감이다. 자연계에 관한 한 하나님은 인간으로 하여금 "바다의 고기와 공중의 새와 육축과 온 땅과 땅에 기는 모든 것을 다 스리게" 하였다(창 1:28). 하나님은 자신이 창조하신 자연을 인간이 숭배하는 것을 가장 가증한 죄로 정하셨다. 자연을 인간이 조작할 수 있는 대상으로, 인간의 지배하에 두었다는 성경의 가르침은 근대과학이 출현할 수 있는 정신적 기초가 되었음은 부인할 수 없다.[5]

또한 기독교적 세계관에서는 이러한 자연을 연구하는 과학 그 자체를 무조건 부정적으로 보지는 않는다. 오히려 자연을 정복하고 다스리라는 하나님의 문화적 명령(창 1:28)의 일부로서 생각한다. 자연을 신성시하여 자연과 인간의 상호 작용을 터부시한 고대 동양이나 그리스 사상에 비하여 성경은 자연을 피조 세계의 일부로, 인간은 그 자연을 다스리고 가꾸는 청지기로 생각한다.

그러나 여기에 대해 문제를 제기하는 사람들도 있다. 대표적으로 화이트 같은 사람은 현대 기술의 발달로 인한 자연의 황폐를 기독교의 잘못된 자연관 탓으로 돌리고 있다. 그는 1966년, 미국과학진흥협회(AAAS) 초청 강연에서 "생태계 위기의 역사적 뿌리"라는 유명한 논문에서 자연에 대한 인간의 우위를 주장하는 유대-기독교적 정신

---

5) R. Hooykaas, *Religion and the Rise of Modern Science*(Grand Rapids, MI: Eerdmans, 1972) - 한국어판: 손봉호, 김영식 역, 『근대 과학의 출현과 종교』(서울: 정음사, 1987), 제 1-2장을 보라.

때문에 자연을 착취하지 못하게 하는 마지막 보루가 무너져 버렸다고 주장하였다(이를 흔히 Lynn White Syndrome이라 한다). 즉 자연이 신성시되었을 때는 보호되었으나 이 신성함이 제거되자 지구에 대한 인간의 약탈이 시작되었다는 것이다.[6]

물론 그리스도인들이 신앙 생활의 일부로서 하나님께서 맡기신 자연을 잘 관리하지 못하였기 때문에 기술적 진보와 함께 자연의 파괴가 일어났다는 비난은 피할 수 없다. 그러나 성경의 근본 정신 때문에 그런 일이 일어났다는 주장은 옳지 않다. 오히려 오늘날 기술 문화의 부정적 요소는 르네상스 때부터 싹트기 시작하여 계몽시대를 지나면서 형성된 이기적이고 인본주의적인 자연관 때문이라고 보는 게 타당하다. 자연은 인간의 것이기 때문에 인간이 마음대로 할 수 있다는 생각으로 인하여 자연은 오염되고 황폐해지기 시작했다.

성경에서 보여 주는 자연에 대한 인간의 우월성은 자연의 형상이나 대상을 우상으로 숭배할 필요가 없다는 것을 가르치는 것이지, 그것을 자기의 소유인 것처럼 마음대로 해도 된다는 의미는 아니다. 자연을 연구의 대상으로 삼고 있는 과학의 목적이나 역할은 자연에 대한 이해 증진과 보존 및 건설적인 조절을 통해 자연을 다스리는 데 그치는 것이 아니다. 한 걸음 더 나아가 자연에 나타난 하나님의 능력과 신성을 발견함으로써 하나님을 영화롭게 하고, 또한 자연에 대한 과학적 연구 결과가 하나님의 형상을 따라 지음받은 인간의 복리를 위해 사용되게 함으로써 이웃 사랑이 이루어지게 해야 한다는 의미이다.

자연에 대한 긍정적이고 적극적인 견해는 특히 칼빈주의자들에게

---

6) 화이트(Lynn Townsend White, Jr., 1907-) : 미국의 중세사가.
Lynn White, Jr., "The Historical Roots of Our Ecological Crisis", Science Vol. 155 (3767), p.1203-1207(March 3, 1967).

두드러졌다. 카이퍼는 『칼빈주의 강좌』(Lectures on Calvinism)에서 과학 연구에서 칼빈주의의 사상을 이렇게 요약한다. "칼빈은 많은 신학자들처럼 자연을 단순히 부속물로 취급하지 않았으며, 대신 성경을 자연이라는 책 속에 하나님이 기록하신 하나님의 생각들을 다시 해독할 수 있게 해주는 안경으로 비유하는 데 익숙하였다. 그래서 자연 연구에 열중했던 사람들이 헛되고 무익한 것들을 추구하면서 자신의 능력을 허비하고 있을지도 모른다는 모든 불안감이 사라졌다."[7]

기독교의 이상과 과학의 이상

과학에 대한 기독교적 조망에서 빼놓을 수 없는 또 하나의 사실은 근대 과학의 발흥이라고 할 수 있는 16-17세기 과학혁명의 기본 정신이 성경 정신과 밀접한 관계가 있다는 점이다. 멀튼의 이름을 따라 흔히 '멀튼 명제'(Merton Thesis)라고 부르는 주장에 의하면 청교도의 윤리관이 과학혁명기에 있어 영국에서 실험 위주의 과학이 발전하는 데 기여했다고 한다.[8] 호이카스도 하나님은 무슨 일이나 마음대로 일으킬 수 있다고 믿는 '주의론적 신관'(Voluntarism)이 자연 세계에 일어나는 현상은 그대로 받아들여야 한다는 경험주의적 자연관을 낳게 했다고 주장하였다.[9]

---

7) 카이퍼(Abraham Kuyper) : 네덜란드의 정치가, 교육자, 개혁주의 신학자.
Abraham Kuyper, Lectures on Calvinism(Grand Rapids, MI: Eerdmans, [1898], 1961), p. 119-121.
과학에 대한 카이퍼의 좀더 진전된 견해를 보려면 A. Kuyper, Principles of Sacred Theology(Grand Rapids, MI: Eerdmans, 1963), p. 56-210을 참고하라.
8) 멀튼(Robert Merton) : 미국의 기독교 사회학자.

전능한 신은 인간의 합리적 사고의 수준을 넘는 일도 얼마든지 일으킬 수 있으므로 경험할 수 있는 것이라면 비합리적인 듯이 보이는 것조차도 받아들여야 한다는 경험주의적 사고는 과학혁명의 직접적인 기초가 되었다. 실제로 예수님의 제자들은 그들에게 합리적으로 보인 것들을 전한 것이 아니라 그들의 눈으로 보고 손으로 만져 본 것들을 주장하였다(요일 1:1).

또한 원래의 학문 목표는 기독교적 이상과 일치한다. 근대적 과학 정신은 부분적으로나마 자연을 인간의 연구 대상으로 파악하고 이들에 대한 연구를 통해 하나님의 창조 섭리를 발견하고 나아가 연구 결과를 피조계 관리와 이웃 사랑에 사용하려는 기독교적 이상과 일치한다. "아는 것이 힘이다"라고 하여 최초로 힘으로서의 지식관을 표현했던 베이컨은 단순히 앎 그 자체를 중시했던 주지주의적(主知主義的) 그리스 이상을 탈피하고 새로운 기독교적 지식의 이상을 표현했다고 할 수 있다.[10]

베이컨은 지식의 힘을 "건전한 이성과 올바른 신앙에 의해서" 옳게 사용만 한다면 인류의 고통은 덜어질 것이라고 하였다. 인간은 원래 하나님의 형상대로 지음받은 특별한 존재였지만 타락함으로써 여자들에게는 해산의 고통이, 남자들에게는 땅의 저주가 임하게 되었다(창 3:16-19). 베이컨에게 있어서 학문 혁신의 중심적인 목표는 학문의 힘으로 이러한 인류의 비참함을 덜어 주려는 것이었다. 그의 사상은 "지식을 인류의 행복을 위하여"라고 요약된다. 비록 베이컨의 사상을 모두 기독교적이라고 말할 수는 없지만 근본에 있어서 그의 학문 혁신론은 기독교적 세계관이나 인간관과 일맥 상통하며 결국 기독

---

9) 호이카스(R. Hooykaas) : 네덜란드의 기독교 과학사가.
   Hooykaas, 『근대 과학의 출현과 종교』, 2, 5장 참고.
10) 베이컨(Francis Bacon, 1561-1626) : 영국의 정치가, 철학자.

교적 인류애에서 출발한 것이라고 할 수 있다.[11]

과학 연구 능력은 하나님 형상

과학의 연구에 대한 기독교적 기초는 자연을 연구할 수 있는 인간의 모든 능력은 하나님께서 주신 것이라는 사실이다. 5장 "인간 : 고개 돌린 하나님의 형상"이라는 장에서 언급한 것과 같이 인간이 하나님의 형상대로 지음받았다는 말에는 하나님께서 자신의 창조적인 능력을 인간에게 주셨다는 의미도 포함되어 있다. 인간의 창조적인 능력은 자신이 그것을 감지하든지 못하든지, 인정하든지 하지 않든지 하나님이 인간을 자신의 형상으로 만들었기 때문이다. 과학을 연구하고 기술을 개발하는 인간의 활동은 하나님의 창조적 능력의 발현이라고 할 수 있다.

근대 초기의 과학자들이 하나님에 관한 지식을 얻는 것은 비단 자연과 하나님을 주목함으로써만 얻게 된 것은 아니었다. 이들은 자연계를 연구하는 인간의 모습을 통해서도 하나님이 어떤 분인지에 대한 지식을 얻을 수 있다고 믿었다. 그들은 인간이 하나님의 형상대로 지음받았기 때문에 인간에게는 하나님의 형상이 남아 있다고 믿었으며 자신이 자연을 연구할 수 있는 것은 하나님이 주신 재능이라고 믿었다. 이들은 자신들의 창의성과 독창성은 바로 인간에게 남아 있는 하나님의 형상의 반영이라고 믿었다(창 1:26-27).

또한 자연에 질서가 있는 것을 인간이 발견할 수 있다고 생각한 것은 인간의 내면에 자연의 질서에 공감할 수 있는 질서에 대한 선천적

---

11) 와다나베, 『과학자와 기독교』, 79-80면.

감각이 있다고 믿었기 때문이었다. 이 선천적 감각은 곧 하나님의 형상의 흔적이다. 질서에 대한 내적 감각에 대하여 화이트헤드는 "'만물의 질서', 특히 '자연의 질서'가 존재한다는 '본능적인' 신념이 없다면 산 과학은 존재할 수 없다"고 하면서 자연의 질서에 대한 인간의 선험적 확신을 본능이라고 표현하였다.[12] 그러나 기독교적 인간관에서 볼 때 이 '본능'은 말할 필요도 없이 인간에게 남겨진 하나님의 형상이다. 하나님의 질서의 성품이 그분의 형상대로 지음받은 인간에게 남아 있으며, 자연의 질서는 인간에게 있는 이 질서 감각과 공명함으로 밝혀지는 것이다.

과학, 하나님을 아는 지식

과학은 하나님을 아는 지식의 일부이다. 근대과학을 만든 주역들은 자연을 연구하는 것은 하나님의 말씀인 성경을 연구하는 것과 같은 차원으로 보았다. 그들은 과학적 연구를 통해 자연이 하나님의 피조 세계임을 드러낸다고 믿었다. 과학혁명의 주역이었던 갈릴레오는 우리에게는 두 권의 성경이 있다고 하였다. 첫 번째 성경은 우리가 흔히 성경이라고 부르는 것이고 두 번째 성경은 자연이라는 책이라고 하였다. 그래서 그는 하나님 자신과 그분의 뜻을 알기 위해서는 이 두 권의 책을 모두 읽어야 한다고 하였다.[13]

당시 갈릴레오의 가장 중요한 후원자 중의 한 사람이었던 토스카나 대공의 모친인 크리스티나 대공비(大公妃)에게 보낸 편지에서 갈릴

---

12) 화이트헤드(Alfred North Whitehead, 1861-1947) : 켐브리지 출신의 영국의 수학자이자 철학자. 후에 하버드대학 철학교수를 역임.
A.N. Whitehead, 『과학과 근대세계』(Science and Modern World), 18면.

레오는 "성경도 자연 현상도 다 같이 하나님의 말씀에 유래하고 있습니다. 전자는 성령의 명령을, 후자는 하나님의 말씀을 충실하게 집행하는 것으로서 말입니다."[14]

이러한 갈릴레오의 견해는 성경을 "하나님의 말씀을 기록한 책"으로, 우주와 자연을 "하나님의 솜씨를 기록한 책"으로 본 베이컨의 견해와 같다.[15] 뉴톤 역시 그의 『프린키피아』에서 천지만물은 하나님의 피조물이며 자연을 연구하는 것, 즉 우주라고 하는 책을 연구하는 것은 마치 제2의 성경을 연구하는 것과 같음을 분명히 하였다.[16]

자연을 연구하는 것과 기독교 신앙의 긍정적 관계는 그 후에도 볼 수 있다. 1713년 영국 왕립협회 회원(Fellow of the Royal Society)으로 선출된 마써는 목사가 되고자 하는 사람들은 자연과학과 수학을 공부하도록 강력하게 권했다.[17] 또한 그는 1721년에 출판된 『기독교 철학자』 1장 첫 부분에서 하나님께서 창조하신 '자연의 책'(The Book of the Creatures)을 배우는 것은 성경(The Book of Scriptures)을 이해하는 데 매우 유익하다고 말했다.[18]

---

13) 갈릴레오(Galileo Galilei, 1564-1642) : 이탈리아의 물리학자이자 수학자. 파두아대학 교수를 역임.
   하나님은 우리에게 '자연이라는 책' 과 '성경이라는 책'을 주셨다고 처음으로 말한 사람은 중세의 바로니우스라고 알려져 있다. 그러나 이 말은 갈릴레오가 인용함으로 널리 퍼지게 되었다.
14) Galilei Galileo, "Letter to the Grand Duchess Christina" (1615).
15) 베이컨(F. Bacon)의 견해는 Francis Bacon, 『학문의 진보』, 『신논리학』(Novum organum) 등에 나타나 있다.
16) 뉴톤(Isaac Newton, 1643-1727) : 영국의 수학자, 물리학자.
   Isaac Newton, *Philosophiae Naturalis Principia Mathematica*(Mathematical Principles of Natural Philosophy) (1687.7.).
   이 책은 라틴어로 쓰여졌으며 흔히 『프린키피아』(*Principia*)라고 부른다.
17) 마써(Cotton Mather, 1663-1728) : 미국의 목사.
   Cotton Mather, 『목사를 지원하는 사람의 지침』 (*Manuductio ad Ministerium*, 1726).

자연을 하나님의 작품으로 생각하고 연구하는 사람들은 과학적 연구를 통해 하나님이 어떤 분인지 알 수 있다고 생각했다. 자연을 연구할 수 있다는 말은 자연에 질서가 있음을 의미하고, 이 질서는 바로 하나님의 성품을 반영한다고 믿었던 것이다. 근대에 들어와 자연의 질서에 대한 확신은 신플라톤주의(Neo-Platonism)라는 이름으로 기독교 과학자들의 마음을 사로잡았다. 아리스토텔레스적인 사고가 지배적이었던 중세 교회에 플라톤의 이원론적 우주관과 피타고라스의 수리적, 기하학적 우주관이 결합한 신플라톤주의가 소개되자 새로운 과학의 기운에 고무되고 있었던 당시 경건한 그리스도인 과학자들은 대부분 이 사상을 받아들였다.[19]

예를 들면 코페르니쿠스나 갈릴레오, 케플러, 뉴톤 등은 우주를 아리스토텔레스적이 아닌 신플라톤주의적 사고 방식으로 이해하려고 했다. 코페르니쿠스는 관측에 근거한 것이 아니라 프톨레마이오스의 주전원(周轉圓)이 하나님의 창조 질서에 위배된다는 사실 때문에 천동설을 배격하고 지동설을 주장하였다.[20] 케플러는 행성의 궤도를 기하학적 도형과 음악의 화성으로 표현하고자 했다.[21] 갈릴레오는 성경은 라틴어로 쓰여져 있기 때문에(당시는 모두 라틴어 성경을 사용하고 있었음) 라틴어를 배워야 성경을 읽을 수 있는 것처럼 우주는 수학이라는 언어로 쓰여진 책이므로 수학을 공부하지 않으면 우주를 이해

---

18) Cotton Mather, *The Christian Philosopher*(1721), Introduction and Ch.1.
　와다나베, 『과학자와 기독교』, 125-126면에서 재인용.
19) 피타고라스(Pythagoras, BC c.560-480) : Samos 출신의 그리스 철학자, 수학자, 종교가.
20) 코페르니쿠스(Nicholas Copernicus, 1473-1543) : 폴란드의 가톨릭 사제이자 천문학자. 『천구의 회전에 관하여』라는 책을 통해 지동설을 주장.
　프톨레마이오스(Klaudios Ptolemaios, c.100-170) : 그리스의 수학자, 천문학자. 아리스토텔레스의 천문학설을 더욱 조직화했으며 천문학의 집대성인 『알마게스트』를 저술.
21) 케플러(Johannes Kepler, 1571-1630) : 독일의 개신교도 천문학자.

할 수 없다고 주장하였다. 자연의 언어로서 수학의 중요성을 제창한 갈릴레오에 이어 뉴톤은 물체의 운동과 행성 궤도, 중력의 법칙을 수학적으로 정식화하였다. 이들이 자연의 수리적 질서에 대한 확신을 갖게 된 근거는 말할 것도 없이 하나님이 질서의 하나님이라는 확신이었다. 하나님은 이 세계를 수학적으로 만들었다는 신플라톤주의적 확신은 그리스의 아리스토텔레스적 자연철학을 극복하고 근대과학을 탄생시키는 데 결정적인 역할을 하였다.

소명으로서의 과학 연구

과학 연구가 하나님을 아는 방법이라고 생각하는 사람들은 과학 연구를 성직과 같이 하나님으로부터 받은 소명이라고 생각한다. 과학 연구를 소명이라고 생각한 많은 과학자들 중에서 고전적인 예는 케플러다. 그는 행성의 궤도를 5개의 정다면체를 사용하여 표현할 수 있음을 발견한 후,[22] 그에게 지동설을 가르쳐 준 매스틀린(Mastlin) 교수에게 이 사실을 다음과 같이 편지하였다. "저는 이것을 발표하려고 생각합니다. 자연이라고 하는 책 속에서 인정되기를 바라시는 하나님의 영광을 위하여 … 저는 신학자가 될 생각이었습니다. 그러나 이제야말로 천문학에서도 하느님께 영광을 돌릴 수 있었던 것입니다."[23] 또한 케플러는 천문학자들은 자연이라는 책에 대한 하나님의 사제들로서 자신의 지성의 영광을 위해서가 아니라, 무엇보다도 먼저 하나님의 영광을 염두에 두어야 한다고 말했다.[24]

---

22) 케플러 시대에는 6개의 행성 밖에 알려져 있지 않았기 때문에 행성들간의 틈새는 5개가 있었다.
23) 1595년 10월 3일 편지. 와다나베 마사오, 『과학자와 기독교』, 28면에서 재인용.

천문학을 연구하는 케플러의 동기는 신학을 공부하는 동기와 다르지 않았다. 그에게 있어서 시편 19편은 천문학 연구의 확고한 동기를 제공하였다. "하늘이 하나님의 영광을 선포하고 궁창이 그 손으로 하신 일을 나타내는도다 날은 날에게 말하고 밤은 밤에게 지식을 전하니 언어가 없고 들리는 소리도 없으나 그 소리가 온 땅에 통하고 그 말씀이 세계 끝까지 이르도다"(시 19:1-4). 극한의 가난과 처참한 30년 전쟁의 소용돌이 속에서, 페스트로 아내와 자식을 잃는 비참한 현실 속에서도 케플러로 하여금 일생 천문학자로서의 길을 걷게 한 것은 자신의 연구가 하나님을 영화롭게 한다는 확신 때문이었다. 그는 성직자들이 성경을 연구하여 하나님의 뜻을 발견하고 이를 사람들에게 전해 주는 것처럼 자신은 천체의 운행을 연구하여 거기에 나타난 하나님의 뜻과 솜씨를 사람들에게 증거하는 천문학의 제사장이라고 생각했다.

이러한 경향은 특히 칼빈주의자들에게 뚜렷이 나타났다. 칼빈주의자들은 모든 분야에서 하나님의 선지자, 제사장, 왕이 되어야 한다고 생각했으며 특히 문화명령에 의해 문화와 과학의 방법을 사용하여 피조 세계에 숨겨진 잠재적 능력들을 개발해야 할 책임을 갖고 있다고 생각했다. 그러므로 칼빈주의 과학자들에게 과학 연구는 하나님이 부여하신 거룩한 소명이었다. 테일러가 지적한 것과 같이 "청교도적 칼빈주의자의 시각에서는 문화와 과학은 그리스도의 교회를 섬기는 성직과 똑같이 진실된 소명이 되었다."[25]

---

24) Kepler's "Letter to Herwart von Hohenberg" (1598.3.26.).
    Hooykaas, 『근대과학의 출현과 종교』, 113면에서 재인용.
25) 칼빈주의와 근대과학의 관계에 대해서는 Taylor의 책자가 얇지만 매우 유용하다.
    E.L. Hebden Taylor, *The Role of Puritan - Calvinism in the Rise of Modern Science* —
    한국어판: 계영희, 성기문, 오창희 공역, 『캘빈주의와 근대과학』(대구: CUP, 1990), 25면.

이 칼빈주의적 사상은 현대에도 전해지고 있다. 특히 네덜란드 개혁주의자들이나 이들의 영향을 받았던 사람들 중에 과학적 연구를 소명으로 생각한 사람들이 많다. 미국 웨스트민스터신학교의 변증학 교수였던 넛슨(Robert Knudsen)은 1983년 총신대 초청으로 내한하여 강연을 하면서 과학에 대한 개혁주의자들의 견해를 잘 대변했다.[26]

나는 과학을 문화명령에 복종하는 많은 분야 중의 하나로써 이해한다. 과학은 하나님께서 그의 영광을 위해 우주의 잠재 능력을 개현시키고자 우리에게 주신 많은 방법 가운데 하나이다. … 만일 누군가가 과학의 영역에서 일한다면, 그는 과학이 하나님께 받은 소명이라는 의미를 깨닫고 일해야 할 것이다. 그리고 그는 일을 할 때 그가 활동하고 있는 과학이라는 영역의 성격에 따라 일해야 할 것이다. … 과학자의 작업은 매우 어렵다. … 그러나 그가 만일 과학의 소명을 깨달은 사람이라면 분명한 의식을 가지고 그의 과업을 충실히 수행해야 할 것이다.

선한 청지기의 역할

과학에 대한 소명을 이해하기 위해서 우리는 먼저 현대인들의 마음 속에 과학이 어떠한 위치를 점하고 있는지를 알아야 한다. 오늘날 인류는 공산주의보다 더 강한 과학 이데올로기가 지배하는 시대에 살고 있다. 하웃츠바르트가 지적한 바와 같이 이데올로기에 의한 지배가 곧 우상숭배 때문이라면 우상숭배를 가장 싫어하는 그리스도인들은

---

26) Robert Knudsen, *Christian Philosophy* 총신대에서 행한 강연집 – 한국어판: 박삼영 역, 『기독교적 세계관』(서울: 라브리, 1988), 31면.

이 시대를 어떠한 자세로 살아가야 하는가? 과학 그 자체를 악이라고 보아야 하는가?

앞에서 지적한 바와 같이 성경은 그렇지 않다고 가르친다. "만일 그리하려면 세상 밖으로 나가야 할 것"이기 때문이다(고전 5:10). 우리의 문제는 과학을 원래 하나님이 의도하셨던 방향대로 잘 관리하지 못하는 데 있다. 천연자원과 같이 과학을 연구할 수 있는 능력도 하나님께서 우리에게 맡기신 것이다. 그렇다면 우리는 당연히 선한 청지기로서 이들을 잘 관리해야 할 것이다. 그러면 어떠한 사람이 선한 청지기인가?

첫째, 선한 청지기는 과학을 우상화하여 섬기는 이 시대의 죄악에 자기 자신도 책임 의식을 가져야 한다. 사실 과학 이데올로기는 세속화된 진보주의가 만들어 낸 당연한 결과이다. 역사를 돌이켜볼 때 진보주의적 사관은 다른 종교보다는 기독교에서 유래한 것이다. 고대 중국의 회귀적 사관, 고대 그리스의 순환적 사관, 인도의 윤회적 사관 등은 진보주의와는 거리가 멀다. 이 시대의 인본주의적 진보주의는 기독교의 진보적 사관이 세속화되어 생겨난 것이라 할 수 있다. 뿐만 아니라 과학 이데올로기의 모판이며 이 시대의 지배적 세계관인 자연주의, 무신론적 실존주의도 결국 기독교적 세계관이 세속화된 것이다. 그러므로 선한 청지기는 하나님께 대한 이 시대의 반역에 대하여 책임 의식을 가져야 한다.

둘째, 선한 청지기는 과학을 숭배하고 인간의 이성을 절대화하는 이 시대를 향하여 담대히 말할 수 있어야 한다. 과학이 가치 중립이라는 주장은 인간의 본성으로 볼 때 거짓임을 말해야 한다. 사탄은 사람들에게 과학을 가치 중립이라고 속삭이면서 은밀하게 하나님을 반역하는 가치를 과학에 부여하고 있다. 과학은 하나님의 형상대로 지음 받은 가치로운 인간이 수행하는 작업이기에 본성적으로 가치 중립일

수가 없다.[27]

셋째, 선한 청지기는 하나님께서 맡기신 과학과 기술의 바른 사용이나 자연 관리를 위해 작은 일일지라도 성실하게 노력해야 한다. 과학과 기술은 불가피한 것이 아니라 하나님의 형상대로 지음받은 인간의 구조물이며 인간의 활동임을 선포하고, 경직된 이데올로기로서 군림하는 현대 과학을 인간의 관리와 통제를 받는 본래의 위치로 돌아가게 해야 한다. "과학으로 하여금 제자리에 있게 하라"는 말이 모두의 목표가 되어야 할 것이다. 허만이 지적한 것과 같이 그리스도인이란 우리의 신분이 우리들의 다른 여러 신분들(예를 들면 아버지, 학생, 회사원 등과 같은)에 추가되는 또 하나의 신분이 아님을 받아들인다면 우리의 그리스도인으로서의 정체성(identity)이 과학 연구를 포함하는 생활 전 영역에서 나타나야 할 것이다.[28]

---

27) 인간 이성의 가치 중립성이 허구라는 것은 많은 철학자들이 지적했다.
　　예를 들면 Nicolas Wolterstorff, *Reason within the Bounds of Religion*(Grand Rapids, MI: Eerdmans, 1976) - 한국어판: 문석호 역, 『종교의 한계 내에서의 이성』(서울: 성광문화사, 1979).
28) 허만(Kenneth Hermann) : 미국의 복음주의 학자.

함께 이야기합시다

1. 당신 주변에서 과학이 우상으로 기능하는 어떤 구체적 증거를 말할 수 있는가?
2. 자연과학 이외의 분야에서 과학적 방법론의 환원주의적 특성을 보여 주는 예를 들어 보라.
3. 체험적 신앙과 경험적 과학은 무엇이 같고, 무엇이 다른가?
4. 린 화이트 신드롬(Lynn White Syndrome)과 멀튼 명제(Merton Thesis)를 요약, 비교해 보라.
5. "성경은 과학적이다"는 주장의 유익과 문제점을 지적해 보라.

16장 기술

다스리며 지키기 위하여[1]

"아다는 야발을 낳았으니 그는 장막에 거하며 육축 치는 자의 조상이 되었고 그 아우의 이름은 유발이니 그는 수금과 퉁소를 잡는 모든 자의 조상이 되었으며 씰라는 두발가인을 낳았으니 그는 동철로 각양 날카로운 기계를 만드는 자요 두발가인의 누이는 나아마이었더라"(창 4:20-22).

"지혜로운 마음을 그들에게 충만하게 하사 여러 가지 일을 하게 하시되 조각하는 일과 공교로운 일과 청색 자색 홍색 실과 가는 베 실로 수 놓은 일과 짜는 일과 그 외에 여러 가지 일을 하게 하시고 공교로운 일을 연구하게 하셨나니"(출 35:35).

---

[1] 본 원고는 1998년 6월 『빛과 소금』에 실린 원고를 수정, 보완한 것이다.

몇 개월 전에 필자는 많은 돈을 들여 컴퓨터를 한 대 샀다. 집에 데스크탑 컴퓨터가 있지만 새로 일하는 학교 연구실에서 사용할 컴퓨터가 마땅찮아 고민하다가 멀티미디어 기능이 있는 괜찮은 노트북을 하나 산 것이다. 이 컴퓨터를 사기 위해 필자는 오랫동안 주도면밀하게 시장 조사를 했다. 이렇게 함에 있어서 가장 큰 고민은 소프트웨어는 점점 더 대용량화되어 가고 컴퓨터는 하루가 멀다하고 자꾸만 가격이 떨어지면서 동시에 급속도로 성능이 향상되고 있으니 도대체 언제쯤 사야 적절한 지 분간하기가 힘들다는 것이었다. "이것보다 더 좋은 컴퓨터야 나올 수 있겠는가?", "값이 떨어져 봐야 얼마나 더 떨어지겠는가?"라고 생각하고 샀는데 얼마 지나지 않아 가격은 추풍낙엽처럼 떨어지고, 동시에 입을 벌리게 만드는 각종 새로운 하드웨어 사양들이 추가되는 것을 보면 시원하다 못해 허탈한 생각까지 들곤 한다. 불과 반세기 전에 발명된 컴퓨터, 아직 20년도 안 된 PC의 출현을 생각할 때 컴퓨터의 발달은 폭발적인 현대 기술의 발달을 상징한다.

이처럼 급격히 발달하는 기술을 보면서 많은 사람들이 기독교가 제시하는 구원, 영생, 천국보다 기술이 약속하는 눈앞의 편리함과 물질적 부요함에 더 관심이 있는 듯이 보인다. 또한 기독교가 제시하는 천국보다 기술이 약속하는 테크노피아에 더 관심이 있는 것으로 보인다. 이러한 기술 사회에 사는 그리스도인들은 현대 기술을 어떻게 보아야 할 것인가? 먼저 기술의 발달과 이것이 가져온 기술문명의 그늘을 살펴본 후 마지막으로 기독교적 기술관을 생각해 보자.

가속도가 붙은 기술의 진보

인류의 에너지 소비량을 보면 서기 원년에서 18세기 중엽까지 한

세기당 0.5Q(1Q는 석탄 330억 톤을 태워서 얻는 에너지)에 불과했으나 18세기 중엽부터 1세기 동안은 1Q를 썼으며, 지난 1세기 동안은 무려 10Q를 소비했다고 한다. 이것은 산업 사회로의 급변을 보여 주는 것이다. 산업혁명의 상징이라고 할 수 있는 증기 기관차가 나오기 전까지 인간의 이동 속도는 시속 16킬로미터에 불과했으나 1880년대에는 증기 기관차로 시속 160킬로미터를 넘었고, 1903년 비행기의 출현으로 시속 640킬로미터를 넘었다. 1960년 로켓으로는 시속 30,000킬로미터 이상의 속도로 달렸다. 이러한 변화는 바로 지난 백년 간 일어난 것이다.[2]

금세기에 들어와 기술은 더욱더 가속도를 더하게 되었으며 그중에서도 컴퓨터 기술의 출현은 세계의 모습을 바꾸고 있다. 한 예로 컴퓨터의 기억장치를 생각해 보자. 1980년대 초에 출판되었던 "로마클럽 제8차 보고서"에는 첨단기술의 상징으로서 당시에 출시되었던 256킬로 바이트 D램 사진이 실려 있다. 그런데 얼마 전 신문에는 우리 나라 삼성전자에서 세계에서 처음으로 256메가 바이트 D램을 개발하여 양산에 들어갔다는 기사가 실렸다. 삼성전자는 이미 1996년에 1기가 바이트 D램을 개발하는데 성공하여 양산을 준비하고 있다. 기가(10^9)는 메가(10^6)의, 메가는 킬로(10^3)의 천 배임을 생각한다면 불과 20년도 안 된 사이에 D램의 집적도가 수천 배가 높아졌음을 의미한다.[3]

기억장치와 더불어 CPU와 컴퓨터 시스템도 엄청나게 발전했다. 계산기는 기원전 3천년경부터 사용된 주판(珠板)에서 시작하여 17세기

---

[2] Alvin Toffler, *Future Shock* (New York : Bantam Books, 1971) - 한국어판 : 김욱 역, 『미래의 충격』(서울 : 대일서관, 1983), 41면.

[3] "8th Report of the Club of Rome's Project", *Microelectronics and Society - For Better or for Worse* - 한국어판 : 송만석 역, 『첨단기술과 사회』(서울 : 삼성미술재단, 1985), 내지(內紙).

파스칼의 계산기계, 자동계산기의 시대를 연 '하바드 마크1' 등을 거쳐 1940년대 후반에는 펜실베니아 대학에서 최초의 컴퓨터 ENIAC으로 발전하였다.[4] 1만8천 개의 진공관과 700만 개의 저항으로 만들어진, 넓이 45제곱미터의 거대한 ENIAC은 1959년 미국방성에서 소형 전자병기를 위해 개발한 IC(집적회로) 기술의 발달로 오늘날에는 손바닥에 들어갈 정도로 소형화되고, 경량화되었다. 1971년에 불과 2300개의 트랜지스터를 가진 4비트 칩 '인텔 4004'가 등장한 이래 25년이 채 되지 않은 1995년 후반에 인텔사는 550만 개의 트랜지스터가 집적된 200MHz '펜티엄 프로 200' 프로세서를 발표하기에 이르렀다.[5]

새로운 천년의 시대를 눈앞에 두고 있는 1999년 지금은 인텔이나 AMD에서 만든 500MHz 이상의 속도를 자랑하는 펜티엄 III CPU 칩들이 가정용 컴퓨터에 사용되고 있는 형편이며, 얼마 전 삼성에서는 세계 최초로 1GHz(1000MHz)의 속도를 자랑하는 알파칩을 개발했다고 발표했다. 사람들은 이 칩들의 속도가 눈이 핑핑 돌 정도로 빠르다고 극찬하지만 이것도 5년 만 지나면 5년 전 386과 같은 찬밥 신세를 면치 못할 것이다.[6]

이러한 기술의 발달은 인간에게 안락함과 더불어 전무후무(前無後無)한 물질적 부를 가져다 주었다. 예수님 시대에 동양에서는 한(漢)나라가, 서양에서는 로마제국이 1억 정도의 인구로 세계를 지배하며

---

4) ENIAC이 공식적으로 탄생한 연대는 1946년 2월이지만 ENIAC을 이용한 최초의 계산은 1945년 11월에 이루어졌다. 이를 위한 연구는 미국방성의 지원으로 1942년에 시작되었다. ENIAC의 역사를 보려면 www.upenn.edu/almanac/v42/n18/eniac.html을 보라.
5) 『1997 브리태니커 세계연감』(서울: 한국브리태니커, 1997), 234면.
6) 예를 들면 Scott Spanbauer, "Pentium III Hits 500 MHz", *PC World*, p.48-64(April, 1999)를 보라.

최대의 번영을 누렸다고 하지만 당시 1인당 연간 GNP는 5백 불을 채 넘지 못했다고 추산된다. 그러나 오늘날 선진국의 GNP는 3만 불을 넘고 있으며 우리 나라도 경제위기를 겪기는 했으나 조만간 1만 불을 다시 넘어서게 될 것이다.

제2차 산업혁명

현대 산업 기술은 전 분야에 걸쳐 눈부시게 발전하고 있으며 어떤 분야이든지 컴퓨터와 통신의 직접 혹은 간접적인 지원을 받지 않는 경우는 별로 없다. 현재 컴퓨터와 통신 분야를 중심으로 산업 전 분야에서 진행되고 있는 제2차 산업혁명은 18세기 후반 영국에서 와트의 증기기관과 아크라이트의 방적기 발명을 필두로 시작된 제1차 산업혁명보다 훨씬 더 빠르게, 그리고 전세계적으로 확산되고 있다.[7] 미국국립과학원(National Academy of Science)에서도 "전자기술의 신시대는 제2의 산업혁명이라고 널리 알려져 있다. 사회의 충격은 제1차 산업혁명보다도 클것이다"라고 예측하고 있다.[8] 실제로 우리는 역사상 가장 빠른 속도로 사람들의 삶과 사회의 모습이 바뀌고 있는 시대에 살고 있다. 폭발적으로 일어나고 있는 기술혁명이 인간의 삶을 어떻게 바꾸고 있으며 21세기에는 어떤 모습으로 사회가 변화될 것인가?

우선 공간의 개념이 변하고 있다. 뉴톤의 절대무변의 공간 개념은

---

7) 와트(James Watt, 1736-1819) : 영국의 기계기술자이자 발명가. 증기기관의 발명과 개량을 통하여 산업혁명기의 최대의 공로자로 인정되고 있다.
아크라이트(Sir Richard Arkwright, 1732-1792) : 영국의 방적기계 발명가.
8) Alexander King, 『첨단기술과 사회』, 12면에서 재인용.

아인슈타인의 상대성 이론에 의해 크게 수정되었다. 그러나 이것은 물리적 공간에 대한 기존의 이해가 발전된 것에 불과했지만 컴퓨터와 통신의 발달은 기존의 물리적 공간의 개념에다 가상공간이라는 새로운 차원의 공간을 창출하고 있다. 아이들은 모래와 그네와 미끄럼틀이 있는 놀이터보다 가상공간에서 통신이나 게임으로 보내는 시간이 점점 더 많아지고 있다. 바로 인근에 살아도 전혀 모르고 살 수 있지만 전자통신이나 인터넷으로 실시간 통화를 하는 사람들끼리는 지구 반대편이라 할지라도 이웃처럼 얘기를 나누면서 살아갈 수 있는 것이다. 거리에 의해 이웃이 결정되던 시대는 지나가고 이제는 컴퓨터와 통신에 얼마나 잘 접근할 수 있느냐에 의해 새로운 이웃을 만드는 시대가 도래하고 있다.

노동과 직장의 개념도 달라지고 있다. 하늘을 찌르는 수많은 오피스 빌딩이 주를 이루던 대도시 도심의 모습은 점차 사라지고 재택근무(在宅勤務)가 보편화될 것이다. 집에서 모든 업무를 처리함으로 출퇴근의 시간을 줄이고 사무실 공간을 절약하게 될 것이다. 공장의 생산 시스템이 자동화되어 감에 따라 무인공장(無人工場)이 보편화될 것이며 남는 인력은 서비스업인 3차 산업으로 투입될 것이다. 산업의 축이 제조업 중심의 2차 산업에서 서비스업 중심의 3차 산업으로 이동을 하고 있다는 징후는 이미 곳곳에서 나타나고 있다. 최근 미국 기업의 분발과 일본 기업의 침체를 진단하는 사람들은 대체로 일본이 미국보다 3차 산업으로의 진입을 효과적으로 준비하지 못했음을 지적하고 있다.

노동 생산성을 기초로 이룩된 제1차 산업혁명은 생산량 증가를 목표로 하였지만 제2차 산업혁명은 필요한 정보의 즉각적인 검색과 활용에 근거하여 일어나고 있다. 제1차 산업혁명은 근육 노동을 증기기관으로, 다음에는 전기 기계로 바꾸었지만 제2차 산업혁명은 기계와 생산 시스템에 컴퓨터로 정보와 지능을 도입하였다. 물론 인간이 살아 있는 동안 근육 노동은 언제라도 필요하지만 불원간에 그러한 노동의 대부분을 로봇이 담당하는 날이 올 것이다.

가상공간의 개념이 생겨나고 사회가 요구하는 직업적 기능이 변화되면 교육에 대한 패러다임도 변하게 될 것이다. 인지 능력, 정보 획득의 능력을 높이는 것에 집중하던 종래의 학교 교육이 미래에는 정보 검색 능력의 배양을 점점 더 중요한 과제로 여기게 될 것이다. 현재 곳곳에서 실험적으로 이루어지고 있는 가상대학, 가상도서관은 오래지 않아 캠퍼스 없는 대학, 혹은 최소한의 공간만을 가진 그러면서 위성통신을 이용하여 전세계의 학생들을 대상으로 교육하는 새로운 교육 기관으로 등장하게 될 것을 예고하고 있다. 국경과 인종을 초월하여 지구 전체가 교실로, 온 세계 사람들을 상대로 교육하게 될 날이 올 것이다. 인터넷의 발달은 인간의 지적 지평을 상상할 수 없을 정도로 넓힐 것이다. 오늘날 인터넷 웹사이트 디자이너가 가장 각광받는 직종의 하나로 부상하고 있는 것을 보면 우리는 이미 가상공간의 시대로 들어서고 있다.

컴퓨터와 통신 기술의 발달에 의한 급속한 사회 변화는 필연적으로 교회에도 여러 가지 변화를 불러오고 있다. 교회 관리를 위한 다양한 소프트웨어와 수많은 성경사전과 주석들이 CD롬으로 제작되어 쏟아져 나오고 있으며 많은 교회들과 선교단체들이 자체적인 홈페이지를 만들어 다양한 선교 자료를 제공하고 있다. 아예 컴퓨터 통신만을 전문으로 하는 선교단체들도 많다. 성경의 여러 얘기들은 컴퓨터 애니메이션을 통해 아름다운 만화영화로 제작되어 어린이들의 신앙 교육에 큰 보탬이 되기도 한다.

필자가 몸담고 있는 사단법인 기독교세계관학술동역회도 홈페이지를 만들어 운영하고 있다. 월보나 강의 노트뿐 아니라 다양한 세계관

강좌를 세계 어디서나 리얼 오디오로 들을 수 있게 하고 있다. 물론 인터넷을 통한 강의는 실감이 덜하고 강사와 청중의 실시간 피드백이 쉽지 않다는 단점이 있지만 그래도 문자화된 자료들보다는 훨씬 더 생생하다.

또한 많은 사람들에게 편지를 보내기보다 홈페이지 게시판이나 대화방 등에 글을 올리면 언제라도 사람들이 읽고 회신을 보낼 수 있다. 한국과 지구 반대편이라고 할 수 있는 캐나다 밴쿠버에 있으면서도 필자는 한국 동역자들과 늘 긴밀하게 접촉하고 있다. 본서의 집필에서도 전세계에 흩어져 있는 수십 명의 사람들이 전자우편을 통해 교정과 비평에 참여하였다.

우상화된 기술

그러면 기술 사회로의 진입은 긍정적인 측면만 있는 것인가? 그렇지 않다. 기술문명의 첫 번째 그림자는 영적인 면이다. 편리하고 금방이라도 천국을 만들어 낼 것 같은 기술 사회지만 여기에서도 인간의 타락한 죄성은 여실히 드러나고 있다. 오늘날 사람들이 인류의 문제를 해결하기 위하여 개발한 과학 기술로 인해 문제 해결은커녕 더 큰 문제에 봉착하고 있는 이유를 분석한다면 한마디로 과학기술의 이데올로기화라고 할 수 있다.

이전 장에서 언급한 바와 같이 이데올로기는 자기 목적에 봉사하는 것이 선이요, 정의요, 사랑이라고 규정하기 때문에 처음부터 종교적 특성을 갖고 있다.

하웃츠바르트는 이데올로기는 우상숭배에서 발생한다고 했다. 여기서 우상이란 나무나 돌, 강이나 산이나 천체 등과 같이 가시적인 것만을 의미하진 않는다. 하나님 이외에 자신의 현실적 삶과 궁극적 운명에 대한 신뢰감을 갖게 해주는 모든 것이 우상이다. 우상숭배에서는 공포감이 중요한 역할을 한다. 공포란 우상과 그것을 섬기는 사람의 위치가 점차로 바뀌면서 발생한다. 이런 점에서 현대 기술은 우상으로서 모든 특성을 골고루 갖추고 있다. 기술에 대한 현대인의 맹목적인 숭배는 자연계의 가시적 대상에 대한 원시적 우상숭배와 여러 면에서 점점 일치해 가고 있다.[9]

눈부신 기술의 발달은 사람들로 하여금 기술에 대한 무한한 신뢰를 만들어 냈다. 그래서 사람들이 기술은 전능한 것이며 인간의 모든 문제를 해결할 수 있다고 생각하게 되었다. 부지중(不知中)에 기술 경외 내지 숭배가 많은 사람들의 마음속에 스며들고 있다. 기술에 대한 지나친 신뢰는 이 시대가 당면하고 있는 가장 심각한 우상숭배 행위이다. 오래지 않아 '컴퓨터의 이름으로'(In the name of computer) 기도하는 날이 올지도 모른다.

오늘날 기술은 많은 부분에서 인간과 주객전도가 되었다. 모든 우상이 그러하듯이 기술도 처음에는 주인인 인간에게 편익과 안전을 약속해 주는 듯했으나 인간의 과도한 기대에 힘입어 생명력을 부여받으면서부터 인간을 협박하고 속박하기 시작했다. 한 예로 핵무기나 컴퓨터를 생각해 보자.

처음에는 가장 확실한 평화의 보증으로 생각되어 온 핵무기가 이제 전 인류의 생존을 위협하고 있으며 인류는 전대미문(前代未聞)의 군비 경쟁에 휘말려 들고 있다. 컴퓨터는 어떠한가? 인간의 골치 아픈 문제들에 대한 가장 확실한 해결사로 갈채를 받으며 등장한 컴퓨터가

---

9) 하웃츠바르트(Bob Goudzwaard) : 네덜란드의 경제학자이자 문명비평가.
  Bob Goudzwaard, *Idols of Our Time*(Downers Grove, IL : IVP, 1984).

이제는 인간이 컴퓨터에 맞추어지기를 강요하고 있다. 컴퓨터가 동원된 생산 과정의 자동화로 인하여 수많은 근로자들은 실직 공포에 전전긍긍(戰戰兢兢)하고 있다.

환경 문제, 발등의 불

다음으로 기술 사회의 어두운 그림자를 가장 심각하게 느끼는 영역은 바로 환경 문제이다. 환경 파괴는 기술 사회로 진입할수록 인간의 죄성이 점점 더 적나라하게 드러나는 영역이다. 이것은 기독교적 관점에서만의 문제가 아니며 모든 사람들에게 동일하게 다가오는 문제다. 오늘날 대부분의 새로운 기술 개발은 주로 인간의 풍요와 편의성을 극대화하기 위해 이루어지고 있다. 더 많이 벌어, 더 많이 소비하고, 더 편하고, 더 풍요롭게 살려는 욕망에 의해 이루어지고 있으며 그 결과 대량생산과 대량소비라는 악순환이 계속되고 있다. 그리고 그 틈바구니 속에서 하나님의 피조 세계는 질식해 가고 있다.

하나님을 떠난 인간의 탐욕은 한계가 없다. 아무리 많이 벌어도 더 벌어야 하고 아무리 편해도 더 편해지려는 것이 인간의 죄악 된 본성이다. 그러나 하나님이 만드신 피조 세계의 자원은 인간의 생존을 위해서는 충분하지만 끝없는 인간의 탐욕을 만족시킬 수 있을 만큼 유여(裕餘)하지는 않다. 인간의 탐욕으로 인한 생태계 파괴와 자원 고갈, 농토의 황폐화 등은 기술 사회의 어두운 뒤안길이다. 세속학자들조차 현재와 같은 대량생산과 대량소비의 악순환이 계속되면 인류의 문명은 21세기 중반에 이르기 전에 내리막길을 갈 것이라는 경고를 하고 있다.

이미 1969년에 우탄트 유엔 사무총장은 "사무총장으로서 사용 가능한 정보로부터 과장하지 않고 내릴 수 있는 결론은 유엔 회원국이 과거의 다툼을 잊어버리고(subordinate), 무기 경쟁을 억제하며, 인간 환경을 개선하고, 인구 폭발을 극복하며, 개발에 필요한 힘을 얻기 위해 전세계적 협력을 시작하기 위한 시간은 아마도 앞으로 10년밖에 남지 않았을 것이라는 점이다. 만약 향후 10년 동안 전세계적 협력을 만들어 낼 수 없다면 내가 언급한 문제들은 너무나 심각해져서 (staggering proportions) 우리의 제어 능력을 벗어나게 될 것이다"라고 경고했다.[10]

로마클럽은 1972년 1차 보고서를 통해 인류가 가지고 있는 사용 가능한 자원과 인구, 군비, 자본, 농업 및 공업 생산성 등을 전세계적으로 파악하여 인류의 미래를 예측하는 모델을 제시하였다. 이 보고서에서는 유한한 자원과 환경 오염 등을 고려할 때 인류문명은 21세기 중반 이전에 내리막길로 치달을 것을 경고하였다. 로마클럽 1차 보고서가 발표된 이후 지난 26년 간 세계적 변화들을 살펴보면 약간의 오차는 있지만 거의 보고서에 예측된 대로 따라가고 있기 때문에 우리는 그 보고서에 담긴 경고에 유의해야 한다.[11]

이러한 지적에 따라 1960년대 후반부터 선진국 주도로 환경을 보호하기 위한 각종 조치들이 취해지고 있지만 실제 상황은 전혀 개선될 기미가 보이지 않는다. 오히려 선진 공업국과 후발 공업국들 사이의 갈등만 심해지고 있다. 후진국이나 개발도상국들은 이미 환경을 파괴하면서 경제 성장을 이룩한 선진국들이 이제 와서 자기들에게 환

---

10) 우탄트(U Thant, 1909-1974) : 미얀마의 정치가. 유엔 사무총장을 역임.
Denella H. Meadows, Dennis L. Meadows, Jorgen Randers and William W. Behrens III, *The Limits to Growth : A Report for the Club of Rome's Project on the Predicament of Mankind*(New York: Universe Books, 1972), p.21 – 한국어판: 김승한 역, 『인류의 위기』(서울, 삼성문화재단: 1972). 인용문은 원문에서 직접 번역하였다.
11) Meadows et al., 『인류의 위기』, 특히 III, IV, V장을 참고하라.

경 보호를 요구한다는 것은 부당하다고 항의한다.[12]

각국의 경제 주권이 강화되고 자국 이익의 극대화가 최우선 과제가 되고 있는 국제적 현실 속에서 지구의 허파와 같은 많은 열대 우림을 갖고 있는 인도네시아나 브라질 등에서 무차별 삼림을 훼손하는 것을 금지할 방법이 없다. 유일한 방법은 선진국들이 이들의 삼림 보존을 보상할 수 있는 경제적 지원을 해주어야 하는데 현재로서는 그럴 가능성도 거의 없다. 물질주의와 진보주의 이데올로기에 의해 운영되고 있는 작금의 국제적 추세를 감안할 때 기술이 진보할수록, 그로 인해 물질적 삶이 더욱더 편리하고 풍요로워질수록 인간의 미래는 더 어두워질 뿐이다.

환경 파괴는 과학과 기술이 더욱 발전하면 해결될 것이라는 과학주의와 기술주의의 주장은 잘못된 것임이 분명하다. 그 견해는 이미 제1차 산업혁명이 일어난 2백여 년 전에 등장했는데 그 당시와는 비교도 할 수 없을 만큼 과학과 기술이 발달한 오늘날 기술의 발달은 생태계 파괴를 더 심화시켰을 뿐이다. 기술이 생태계를 구원하리라는 믿음은 단순한 환상에 불과하다는 것이 명백하게 되었다. 과학과 기술의 발달로 인간이 스스로 유토피아를 만들 수 있으리라는 환상도 금세기 들어 일어난 비극적인 두 차례의 세계대전으로 산산조각이 났다.

21세기 고도 기술 사회에 대한 우리의 현재의 패러다임을 수정하지 않으면 인류가 기술 사회에 기대하고 있는 순진한 장미빛 꿈은 자칫 지구 역사 이래 가장 비극적인 악몽이 될 수 있다. 기술의 그늘을 모르고 그것이 약속하는 달콤함에만 취해 있다가는 과거 지구를 휩쓸었던 대재앙의 비극이 도적과 같이 임할 것이다. 사실 이미 여러 가지

---

[12] 환경 문제에 대한 기독교적 조망을 제시하는 책으로는 양승훈, 『환경 문제 : 그러면 그리스도인은 어떻게 할 것인가?』(대구: CUP, 1993)을 보라.

재앙의 징조가 곳곳에서 나타나고 있다.

가장 피부로 느낄 수 있는 예는 기온의 변화이다. 아마 대부분의 사람들이 감지하고 있듯이 지난 한 세대 동안 일어난 기온의 상승은 그 이전 수천 년 인류 역사에서 일어난 것보다도 더 심각한 것으로 보인다. 바다가 넓기 때문에 아직 남북극의 빙산이 녹아 해수면이 높아진다는 뚜렷한 징조는 보이지 않지만 현재와 같이 온실 효과 물질의 방출이 계속된다면 그러한 현상이 일어나기 시작하는 것은 시간 문제일 뿐이다. 그때가 되면 지구를 구출하기 위해 인간이 할 수 있는 일은 거의 없다.

시스템적 세계관

환경 오염, 자원 고갈, 식량 부족 등 오늘날 인류가 직면하고 있는 위기에 대하여 라즐로 같은 학자는 전 지구를 하나의 시스템으로 보고 그 안에 있는 모든 정보를 통합적으로 관리하는 소위 시스템적 세계관을 제시하고 있다. 종래의 '원자론적 사고'의 한계와 위험을 지적하면서 시스템적 세계관으로 인류가 직면하고 있는 딜레마를 해결할 것을 제시하는 라즐로의 주장은 놀라운 혜안이기는 하지만 새로운 것이 아니다. 이미 고대인들이나 동양인들에게는 오랫동안 익숙한 것이었다. 물론 고대나 동양 사상에 비해 라즐로의 주장은 현대 과학의 다양한 결과들을 포함하고 있기 때문에 상당한 체계와 논리가 있다.[13]

그러나 라즐로가 주장하는 이론의 가장 큰 맹점은 현실성이다. 앞

---

13) 라즐로(Ervin Laszlo, 1932-) : 시스템 철학의 주창자.
    Ervin Laszlo, *The Systems, View of the World*(New York : George Braziller, 1972)
    - 한국어판: 박태성 역, 『시스템 철학론』(광주: 전남대학교 출판부, 1986).

에서 언급한 우탄트나 로마클럽의 학자들도 시스템적 세계관에 근거한 주장을 한 것이라고 볼 수 있는데 이들 모두가 문제를 진단하는 것은 정확했지만 문제를 해결하는 데는 별 소용없다. 아무리 온 세계의 모든 정보를 처리할 수 있는 슈퍼컴퓨터가 등장하더라도 자기의 것을 기꺼이 다른 사람들, 다른 국가들과 나누려는 사랑의 마음이 없는 한 시스템적 세계관은 별 소용없다. 현재의 상황을 보더라도 일부 선진국에서는 곡물이 남아서 고민인데 북한을 비롯한 많은 나라들에서는 수많은 사람들이 굶주림으로 죽어 가고 있다. 어디에서 누가 죽어 가고 있다는 정보가 부족해서가 아니라 기꺼이 자기 것을 나누려고 하는 마음이 부족해서 이와 같은 현상이 일어나는 것이다.

사회주의자 마르크스가 그러했던 것처럼 라즐로도 인간의 죄성을 너무 과소 평가했다. 우리의 마음속에 자기의 것을 다른 사람과 기꺼이 나누고자 하는 마음만 있다면 이미 우리는 그것을 위해 충분할 정도의 정보와 기술, 그리고 자원을 가지고 있다. 아무리 좋은 시스템이라고 할지라도 그것이 성령의 지배하에 있지 않으면, 하나님의 뜻을 기꺼이 순종하려는 사람들에 의해 운영되지 않는다면 시스템 철학은 사람들을 헷갈리게 하는 또 하나의 인본주의적 유토피아주의에 불과하다.

"자연으로 돌아가자?"

사람들이 한쪽 극단으로 몰리게 되면 다음에는 다른 극단으로 몰리는 현상이 일어난다. 기술문명의 폐해가 심각해지면서 이에 대한 반작용으로 "자연으로 돌아가자"는 구호 아래 도피적인 삶을 주장하는 사람들도 이런 관점에서 볼 수 있다. 이것은 서구 사회에서는 최근의 현상이지만 동양에서는 이미 오래 전부터 있던 사상이었다. 이미 2500여 년 전, 중국의 노장 사상에서는 공자와 맹자의 예치주의(禮治主義)나 명가(名家)와 묵가(墨家)의 변론적 지식에 반대하여 자연의 도(道), 즉 자연법칙을 따르는 삶을 주장하였다. 특히 장자는 자연계에는 시비(是非)와 진위(眞僞)가 없고 생사(生死)가 동등하며 만물이 일체를 이룬다고 보면서 자연으로 돌아갈 것을 주창하였다. 그는 인간은 욕심을 버리고 자연법칙에 동화하여 자연으로 돌아갈 때 비로소 안심입명(安心立命)하고 건강장수(健康長壽)한다고 보았다. 그는 현실 비판에서 출발했지만 결국에는 관념적 자유를 추구하면서 현실로부터 도피하였다.[14]

인간 사회의 시비를 떠나려고 했던 동양의 자연 회귀주의자들과는 달리 현대 과학과 기술을 만들었던 서구인들 중에는 기술문명 그 자체에 대한 염증과 한계를 느끼면서 자연으로 도피하려는 사람들이 있다. 그리스도인들 중에도 현대의 기술문명을 거부하는 재세례파의 아미쉬(Amish)나 몇몇 공동체들이 있다.

이러한 서구인들의 기술문명 도피 사상을 대변한 영화가 바로 래필(Stewart Raffill)이 감독한 "황야 가족의 모험"(The Adventures of the Wilderness Family)이다. 로스앤젤레스에서의 혼잡한 도시 생활에 염증을 느낀 한 가족이 아무런 문명의 때가 묻지 않은 황야로 나가 통나무집을 짓고 살면서 온갖 모험을 하면서 자연과 친해지는 과정을 그린 이 영화는 기술문명에 지친 현대인들의 도피심을 대변해 준다고 할 수 있다.[15]

그러나 영화 속에서는 몰라도 현실적으로 시간을 돌려 과거의 사회

---

14) 구본명, "노장 사상", 『철학대사전』(서울: 학원사, 1974), 170-171면.
15) *The Adventures of the Wilderness Family*(Pickering, Ontario: HGV Video Productions, 1996).

로 돌아간다는 것은 불가능한 일이다. '황야 가족'도 비행기로 공수(空輸)되지 않았다면 황야로 나갈 수도 없었을 뿐 아니라 비행기로 편지와 보급품이 공급되지 않았다면 그곳에 살 수 없었을 것이다. 기술문명을 벗어나기 위하여 기술의 도움을 받지 않을 수 없는 것이 아이러니컬한 우리의 현실이다. 도시에 사는 현대인들에게 전기나 자동차가 없는 세상에 사는 것은 불가능한 일이다. 예수를 믿는 사람이건 아니건 이미 기술은 그것을 무시하면서 살기에는 우리의 삶에 너무 깊이 들어와 있다.

다스리며 지키게 하소서

기술문명을 피할 수 없다면 그리스도인들은 이 기술문명을 어떻게 보아야 하며 무엇을 해야 하는가? 기술 사회, 특히 고도 정보기술 사회로의 진입에 대하여 그리스도인들은 어떤 태도를 가져야 하는가? 엘룰처럼 기술문명 자체를 악이라고 보아야 하는가? 우상의 제물을 먹는 문제와 관련하여 사도 바울이 말한바 "만일 그리하려면 세상 밖으로 나가야 할 것이라"(고전 5:10)고 한 것은 기술문명에 대한 그리스도인의 자세에도 적용될 수 있을 것이다. 그러면 기술에 대한 바른 청지기적 자세는 무엇일까?[16]

첫째, 물질주의와 진보주의가 결탁하여 만든 기술 이데올로기의 위

---

16) 엘룰(Jacques Ellul, 1912-) : 프랑스의 기독교 문명 비평가.
Jacques Ellul, "Author's Foreward to the Revised American Edition" in *The Technological Society*(New York : Vintage Books, 1964) - 한국어판: 박광덕 역, "영어판 서문", 『기술의 역사』(서울: 한울, 1996). 여기서 저자는 자신을 기술문명에 대한 비관론자라는 세간의 평에 대하여 그렇지 않음을 주장하고 있다.

기를 극복할 수 있는 유일한 길은 하나님께로 되돌아가는 길밖에 없음을 기억해야 한다. 온 세계를 하나로 묶는 컴퓨터와 통신 기술도 하나님의 말씀에 의해 통제받지 않으면 사탄이 역사하는 통로요 새로운 바벨탑이 될 수 있다. 21세기 고도 기술 사회가 도래해도 인간은 여전히 죄인이며 하나님의 사랑이 필요한 존재이다. 피조물인 인간은 여전히 창조주 하나님께 의존적이라는 점도 불변이다. 기술은 인간의 궁극적인 피난처가 아니며 인간은 예수 그리스도를 통한 구원이 아니고는 도무지 소망이 없는 존재이다.

둘째, 첨단기술에 대한 우상숭배를 버리고 이의 '도구적 가치'를 회복해야 한다. 기술은 자충족적(自充足的)인 힘을 발휘하는 성스러운 존재가 아니다. 기술은 이웃 사랑을 실현하기 위해 우주의 잠재 능력을 개현시키라는 하나님의 소명에 대한 반응이며 기술 개발을 할 수 있는 인간의 능력은 인간에게 남아 있는 하나님의 형상의 일부임을 기억해야 한다.[17] 현대의 첨단기술도 인류의 구세주가 아니라 피조 세계를 "다스리며 지키게"(창 2:15) 하라는 하나님의 명령을 수행하는 도구임을 인식할 때, 그리고 "네 이웃을 네 몸과 같이 사랑하라"(마 19:19)고 하신 예수님의 말씀을 실천하는 도구임을 인식하고 21세기를 맞을 때 인류에게는 소망이 있다.

기술은 하나님의 뜻을 행하는 여러 분야 중 하나의 수단에 불과하다. 그릇된 기술은 프랑켄슈타인(Frankenstein, 괴물)이 되어 결국 자기를 만든 인간을 죽이는 괴물이 되고 말 것이다.[18] 과학의 절대화로 생긴 '성부' 과학주의(Scientism), 과학주의가 낳은 '성자' 기술주의

---

17) Robert Knudsen, *Christian Philosophy*(1983년 총신대 초청 내한 강연집) – 한국어판: 박삼영 역, 『기독교적 세계관』(서울: 라브리, 1988), 33면.
넛슨(Robert Knudsen) : 미국 웨스트민스터신학원의 변증학 교수.
18) Knudsen, 『기독교적 세계관』, 33면.

(Technicism), 물질적 부요라는 영감으로 과학주의와 기술주의를 가속화시키는 '성령' 경제주의(Economism)가 삼위일체를 이루어 현대 문화의 특징을 형성한다. 우리는 이러한 과학과 기술과 경제의 관계를 직시해야 할 것이다.[19]

셋째, 그리스도인들은 기술로부터 도피하려는 자세로부터 벗어나 적극적으로 기술 분야에서 선한 청지기가 되려고 노력해야 한다. 이것은 현대 기술의 반역성에 대한 고발과 더불어 성경적인 기술을 개발하려는 적극적인 자세까지 포함한다. 우리는 기독교적인 이해를 가지고 기술을 대해야 한다. 특히 산업 및 공학 분야에서 일하고 있는 지도자들은 기독교적 세계관을 가지고 하나님의 선한 목적에 걸맞는 사회를 구성하기 위해 노력해야 한다.[20] 산업 기술의 발달로 인한 피조 세계의 신음소리가 커질수록, 기술 사회의 그늘에서 고통당하는 이웃들의 신음 소리가 커질수록 그리스도인들은 이웃을 사랑하고 피조 세계에 대한 충성된 청지기가 되려는 노력을 배증해야 할 것이다.[21]

---

19) Brian J. Walsh & J. Richard Middleton *The Transforming Vision : Shaping a Christian World View*(Downers Grove, IL: IVP, 1984) - 한국어판: 황영철 역, 『그리스도인의 비전』(서울: IVP, 1987), 제9장.
왈쉬(Brian J. Walsh, 1953-)와 미들톤(J. Richard Middleton, 1955-) : 토론토에 소재한 화란 개혁주의 전통의 기독교학문연구소(Institute for Christian Studies)의 교수.
20) Knudsen, 『기독교적 세계관』, 33면.
21) Stephen V. Monsma, editor, *Responsible Technology : A Christian Perspective* (Grand Rapids, MI: Eerdmans, 1986) - 한국판: 김석환 역, 『기술 사회와 인류의 책임』(서울: 기독지혜사, 1992).
칼빈대학 교수들이 집필한 본서는 과학과 기술 연구에 있어서의 청지기적 자세에 대하여 개혁주의적 관점에서 포괄적으로 제시하고 있는 책이다.

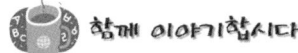 함께 이야기합시다

1. 어떤 점에서 기술이 현대 우상으로 기능하는가?
2. 가전 기기들 중 작동 원리를 아는 것이 있다면 말해 보자. 작동 원리를 모르는 기기와 아는 기기를 대하는 자신의 태도에 어떤 차이가 있는가?
3. 당신은 "연구(개발)할 수 있는 것은 무엇이나 연구(개발)할 수 있다"라는 주장에 대하여 어떻게 대답할 것인가?
4. 그리스도인들이 무기나 양조(釀造) 기술을 개발하는 연구를 하는 것에 대하여 당신은 어떻게 생각하는가?
5. 전자공학 연구가 무기에 사용될지, 의료용 장비에 사용될지 모를 때 어떻게 해야 하는가? 기술 개발에 종사하고 있다면 자신의 연구를 어떻게 정당화할 것인가?

에필로그

그날이 오면…

"그때에 이리가 어린 양과 함께 거하며 표범이 어린 염소와 함께 누우며 송아지와 어린 사자와 살찐 짐승이 함께 있어 어린아이에게 끌리며 암소와 곰이 함께 먹으며 그것들의 새끼가 함께 엎드리며 사자가 소처럼 풀을 먹을 것이며 젖 먹는 아이가 독사의 구멍에서 장난하며 젖뗀 어린아이가 독사의 굴에 손을 넣을 것이라 나의 거룩한 산 모든 곳에서 해됨도 없고 상함도 없을 것이니 이는 물이 바다를 덮음같이 여호와를 아는 지식이 세상에 충만한 것임이니라"(사 11:6-9).

지금까지 우리는 그리스도인들이 어떻게 성경적으로 자신의 삶과 세상을 조망할 것인가를 살펴보았다. 그리고 그렇게 조망할 수 있는 창조-타락-구속의 틀과 더불어 실제적인 몇몇 분야에 대한 기독교적 세계관의 조망을 예시하였다. 어쩌면 온전한 기독교적 세계관을 가지고 이 세상을 사는 것은 육체 가운데 사는 동안에는 이상일지도 모른다. 그렇지만 기독교적 조망을 가지고 살기 위하여 날마다 성령님의 도움을 구하고 우리의 의지를 동원하며 결단하는 것이 필요하다. "나는 날마다 죽노라"(고전 15:31)고 한 사도 바울의 고백과 같이 우리의 옛사람에 대하여 날마다 죽고 하나님께서 보여 주시는 바에 따라 세상을 바라보며 사는 법을 배워야 할 것이다. 이렇게 함에 있어서 한 가지 우리에게 위로가 되는 것은 우리에게 도전해 오는 많은 주장들은 영원하지 않다는 것이다.

그날이 오면 인간을 기계나 물질, 혹은 진화된 고등동물이라고 하는 주장들은 사라질 것이다. 그리고 사람들은 비로소 인간은 하나님의 형상대로 지음받은 존재이며, 동시에 타락으로 인해 구원이 필요한 존재임을 알게 될 것이다. 하나님의 형상대로 지음받은 고귀한 인간에 대한 모든 비인간적인 대우는 사라질 것이며 인간의 오만함도 사라질 것이다.

그날이 오면 죽음을 소멸이나 끝없는 윤회로 보는 오해는 사라질 것이다. 그리고 사람들은 죄로 죽은 인간을 사랑하여 자기의 독생자를 십자가에 죽게 함으로 인간에게 영생의 길을 여신 하나님의 사랑을 온전히 알게 될 것이다. 그리고 우리는 지금은 나그네와 행인으로(벧전 2:11), 혹은 외국인으로(히 11:13) 순례길을 가고 있지만 그때에는 순례길을 마치고 예수님께서 먼저 가셔서 예비하신 하늘 나라 맨션에서 안식할 것이다(요 14:2-3).

그날이 오면 도덕은 인간들간의 필요에 의해 생겨난 것이며 상황윤리를 당연한 것으로 받아들이던 사람들은 침묵하게 될 것이다. 모든 사람들은 "오직 너희를 부르신 거룩한 자처럼 너희도 모든 행실에 거룩한 자가 되라"(벧전 1:15)는 하나님의 음성을 듣게 될 것이다. "내가 거룩하니 너희도 몸을 구별하여 거룩하게 하고"(레 11:44)라고 하신 하나님의 명령에 순복하게 될 것이다.

그날이 오면 역사를 끝없는 윤회나 반복, 무한한 진보 따위로 보던 사람들은 사라질 것이다. 그리고 역사를 하나님께서 타락한 인간을 구원하는 구속사로 보게 될 것이다. 하나님께서 천지만물을 만드시고 (창 1:1), 능력의 말씀으로 만물을 붙드실 뿐 아니라(히 1:3), 친히 인간 역사를 주관하시고 개입하심으로 인간을 향한 자기의 사랑을 확증하심을 알게 될 것이다(롬 5:8). 그리고 하나님의 섭리는 끝없이 반복되지 않고 예수께서 재림하시고 성도들이 영화롭게 됨으로써 끝맺는다는 사실을 알게 될 것이다.[1]

그날이 오면 노동이란 더 이상 고통도, 천한 것도 아닌 하나님께서 제정하신 신성한 제도가 될 것이다. 죄로 인해 생산의 도구로 전락되고 이윤만이 궁극적 가치로 여겨지던 노동은 사라지고 책임 있는 봉사의 노동이 될 것이다. 그리고 그 노동을 통해 하나님의 공의와 평화(Shalom)의 왕국이 이 땅 위에 이루어질 것이다.[2]

그날이 오면 인간의 편견과 무지로 인해 다양한 피조 세계를 절대화시킴으로 생긴 이데올로기는 더 이상 생기지 않을 것이다.[3] 인간의 힘으로 지상 낙원을 추구하는 유토피아주의는 사라질 것이다. 유물론이나 실증주의 같은 자연주의, 무신론을 주장하던 철학자들은 꺼지지 않는 불못에 던지우고, 계몽시대 이래 도처에서 이루어지던 이성의 우상화는 중단될 것이다. '이성의 신전'에서 '이성의 축제'를 벌이던 인간의 광란은 그 대단원의 막을 내릴 것이다.[4]

그날이 오면 학문 활동은 더 이상 하나님을 대적하지 않을 것이다.

---

1) David Bebbington, *Patterns in History : A Christian Perspective on Historical Thought*(Downers Grove, IL: IVP, 1990) — 한국어판: 김진홍, 조호연 역,『역사관의 유형들』(서울: IVP, 1997).
2) 『철학대사전』, 수정 5판 (서울: 학원사, 1974), 890면.
3) L. Kalsbeek, *Contours of a Christian Philosophy : An Introduction to Herman Dooyeweerd's Thought*(Toronto: Wedge Publishing Foundation, 1975) — 한국어판: 황영철 역,『기독교인의 세계관: 기독교 철학개론』(서울: 평화사).

도리어 하나님이 창조하신 피조 세계에 내재해 있는 조화와 질서를 찾아내는 행위임이 명백해질 것이다. 그리고 연구를 통해 자연에 나타난 하나님의 능력과 신성이 드러나며(롬 1:20), 연구를 통해 얻은 지식은 하나님의 형상대로 지어진 이웃의 복리를 위해 사용될 것이다. 객관 세계 내의 잠재적 가치를 찾고 그것의 실현을 추구하는 인간의 창의력은 하나님께서 기뻐하시는 선한 목적을 위해 사용될 것이다. 인간의 창의력은 예술과 문학, 여타 학문 세계에서 선한 청지기로서 하나님의 뜻을 이루기 위해 사용될 것이다. 자폐증적이고 제국주의적인 학문은 더 이상 발붙일 곳이 없을 것이며 위로 하나님을 경외하고 옆으로 이웃을 사랑하는 본래의 목적으로 돌아올 것이다.

그날이 오면 과학과 기술은 사람들에게 우상으로서의 기능을 중지할 것이다. 이들은 인류 역사 초두에 창조주 하나님이 인간에게 내리신 문화명령의 한 부분으로, 그리고 이웃을 사랑하는 또 다른 한 표현으로 사용될 것이다. 결국 인간의 희망은 과학과 기술의 발달에 있는 것이 아니라 천지를 지으신 창조주 하나님께 있음을 알게 될 것이다. 피조 세계는 인간의 소유가 아니라 하나님의 것이며, 과학과 기술도 궁극적으로 하나님의 피조 세계를 잘 관리하고 다스리는 수단임을 알게 될 것이다. 자원 고갈과 더불어 생태계 파괴도 더 이상 인간의 목을 죄지 않을 것이며 하나님께서 창조하신 피조 세계는 선한 청지기들에 의해 관리될 것이다.[5]

그날이 오면 우리는 더 이상 이 세상에서 '문화 추종자'(Culture-

---

4) 인간 이성에 대한 무한한 신뢰로 특징 지워지는 계몽사조는 1789년 7월 프랑스대혁명으로 절정을 이루었다. 1793년 11월 10일 빠리에서 열린 '이성의 축제'에서 사람들은 노틀담 사원을 '이성의 신전'이라 개칭하고 눈에 보이지 않는 이성을 양가집 처녀로 형상화하여 가마에 태우고 시가행진을 했다.
5) Brian Walsh and Richard Middleton, *The Transforming Vision*(Downers Grove, IL: IVP) — 한국어판 : 황영철 역, 『그리스도인의 비전』(서울: IVP).

follower)가 아닌 '문화 형성자'(Culture-former)가 될 것이다.[6] 우는 사자와 같이 두루 다니며 삼킬 자를 찾던 마귀는(벧전 5:8) 결국 무저갱에 갇히고(계 20:3) 더 이상 우리를 미혹하지 못할 것이다. 그리고 우리는 서로 수건을 벗은 얼굴로, 얼굴과 얼굴을 맞대고 볼 것이다(고전 13:12).

---

[6] 송인규, 『죄 많은 이 세상으로 충분한가?』(서울: IVP, 1984).

찾아보기

가가린 30, 124
가상공간 297
갈릴레오 70, 282-284
개방성 40
개인주의화 238
개혁주의자 287
게쉬히테 157
결혼 169-170
경제주의 308
『고도를 기다리며』 41
고정점 108
공분(公憤) 221
공상적 사회주의 263
과업 지향적 175
과정 윤리 268
과학 274-276, 287-288
과학 연구 285
과학의 시대 275
과학의 절대화 307

과학주의 302, 307-308
관계 71
관계 지향적 175
관계 훼손 80, 84, 87, 89
광야 생활 49-50
괴테 82
교재 75
교제 75
교황 피우스 212
구속 94-104, 107-109
구속 사역 47-48
구속사 165
구원 49, 94
구조(structure) 63
구조악 223
국가 210-217, 224-225
『군주론』 210
그리스도의 왕국 214
기능적 차이(functional difference) 174

기독교 문화 46
기독교 윤리 268
『기독교 철학자』 283
『기독교강요』 214
기독교적 세계관 46-48, 50, 53
기독교적 역사관 165
기독교적 윤리 153
기독교적 학문 연구 254
기독교학문연구소 37
기독학술교육동역회 297
기술 292
기술주의 302, 307-308

나치즘 269
낙스 225
낙태 143-144
낭만주의 55
내면화 263
내적 통일성 39
내주(內住) 240
넛슨 287
노동 185-204
노동 방편설 190, 191
뉴톤 284, 295
뉴톤 역학 124
니버 68

다원론 64
다윈 163
다윗 220
단일론 54, 64

달란트 199
대속물 95
데미우르고스 54
데카르트 115
도덕 142
도르트대학 37
도예베르트 37, 268
독립 선언 78
동기 윤리 268
동양 종교 62
듀이 145
드브레 217
딜타이 36
딩크(DINK)족 172
뜨라시 260

라 매트리 115, 171
라다크리쉬난 151
라즐로 303
라플라스 30, 124
래필 305
러더포드 225
레닌 267
레드필드 37
로크마커 85
루터 201
링컨 82

마르코스 104
마르크스 162-163, 189, 261
마르크스주의 189, 264

마르크스주의 인간관 119
마키아벨리 210-211
만하임 262
멀튼 명제 279
매스틀린 285
모리스 60
모세 219
목표 윤리 267
무로부터의 창조(creatio ex nihilo) 59
무속 신앙 149-150
무속적 윤리 149-150
문화 형성 84
문화명령(The Cultural Mandate) 67, 195
물질주의 173, 306
미국국립과학원 295
미국인본주의협회(AHA) 145
미들톤 39
민족주의 265
민주주의 123

바라(bara) 60
바빙크 36-37
바커 37
반 프린스터 46
방향(direction) 63
범성욕주의 76
범신론 55
베버 202
베빙톤 164
베이컨 257, 280

베케트 41
벨기에 신앙고백서 217
변증법 162
보편교회(Catholic) 213
복음의 정체성 49
본능 282
본능 지배론 118
볼테르 162
불가지론 132, 151
불교 151, 160
브라만 160

사르트르 41
사명 199-200
사변 신학(Speculative Theology) 237
사울왕 220
사이어 38
사탄 83, 288
삼각 관계 180
상황 윤리 142
샌더스 211
생동성 40
생동적인 삶 41
생명나무 75
생명의 대체 101
샤프 132-133
석가모니 160-161
선악 151
선악을 알게 하는 나무 75
선한 청지기 287-289
설화 59

성령 240, 256
성적인 차별(sexual discrimination) 174
성체(成體) 69
세계관(Worldview) 33-48
세계상 34
세상 정부 214
세속적 인본주의 65
소립자 66
소명 199, 201
소외감 85
소크라테스 231
소피스트 231
솔로몬 129
송과선 115
쇼펜하우어 162, 170
수학 284-285
순수 합리성 262
순환론 159
쉐마(Shema) 247
쉐퍼 225
스콜레(Scholē) 246
시스템적 세계관 303
『신국론』 164
신플라톤주의 284
신학적 비관주의 226
신화 59

아르키메데스 108
아리스토텔레스 41, 123, 188, 231-232, 284
아미쉬(Amish) 305

아사(asah) 60
『아우구스티누스의 고백』 82
아인슈타인 296
아일렘(Ylem) 66
아퀴나스 192, 251
아타락시아 172
안다(know) 233
알렉산더 159
알렌 132
알미니안주의자 99
야다(yada) 234
어거스틴 164, 192, 249
에네지 보존 법칙 90
엔트로피 89-90
엥겔스 246
여권운동 174-175
역사 157-166
역사학 157-158
열역학 제1법칙 90
열역학 제2법칙 89
열적 죽음(Thermal Death) 90
영국 왕립협회 283
영지주의(Gnoticism) 62
영화 94
예배 199
오리게네스 236
오리앙 139
완성 94
왈쉬 39
왕권 104
요안나 170

우상(Idola) 247, 276
우상숭배 64, 80-82, 287, 298-299, 307
우상화 288
우주의 궁극적인 실재 47
우크머와 고피나탄 276
월요병 202-203
월터스 38
월터스토프 37
웹사이트 297
유목적적(有目的的) 존재 67
유물론적 인간관 114
유물론적 자연주의 55
유일신관 61
윤리 140, 239
윤리학 140
윤회 131-132
『이데올로기 개론』 260
이데올로기(Ideology) 259-271
이성 230
이신득의(以信得義) 239
이신론 55
이웃 사랑 201
이원론 54, 64, 237-238, 250-251
이원론적 사고 251
이원설 35, 38
이중성 105
인간 113-114, 120-123
인간 기계론 114
인간 됨(Person-ness) 248
인간의 우월성 278

인간 행동 141
인본주의 145
인본주의자 선언 145
인본주의회 147
인생관 37, 41, 43
인식론 239
인터넷 297

자극-반응설 118
자기 계시 68
자녀 176-177
자연과학 39
자연주의 65
자연주의적 휴머니즘 55
자존철학(自存哲學) 65, 117
잘만 198
재세례파 305
재창조 100
재택 근무 296
전문가적 권위 273-274
전제(前提) 31-33, 42
전체주의자 265
절대정신 162
정부 223-225
정성구 38
정의 222-223
제1차 산업혁명 296
제2차 산업혁명 296
제가백가(諸子百家) 62
제도 223-226
존재론적 죄인 79

존재의 대연쇄(The Great Chain of
  Being) 65
종교 261
종교적 본성 81
종교적 집중 81, 249
종의 기원 163
죄의 성향 86
주의론적 신앙(主意論的 信仰) 237
주지주의(主知主義) 237, 280
죽음 129-136
지동설 284
지배 신념(control belief) 37
지식 230-237, 241
지행일치(知行一致) 241
진리 255
진보주의 163, 306
진보주의 사관 162
진보주의적 사관 288
진화론 65
진화론적 인간관 116, 118
진화 압력 117
질서 282

창조 47-48, 53
창조 행위 177
창조 기사 57
창조주 54-57
창조주의 면전에서(Coram Deo) 56
챈들러 130-131
천동설 284
천문학 285-286

철학(Philosophy) 41, 246, 261-262
청지기(Steward) 68, 308
청지기적 자세 306
체계 261
체계화된 지혜 46
최고선 141

카이퍼 36, 279
칼빈 196-197, 201, 214-215
칼빈대학 37
『칼빈주의 강좌』 279
칼빈주의자 98, 286
컴퓨터 297, 299-300
케리그마(Kerigma) 233
케플러 29, 284-286
코페르니쿠스 284
쿼크(quark) 66
클레멘트 236

타당성 40
타락 47, 74, 86
타락한 인간 123
태생적 죄인 79
택스 37
틴데일 225
통신 기술 297
통일교 76
통일성 41
통치권 103
통합 162
통합적 권위 273

트로츠키 45

파스칼 82
파시즘 269
『판단력 비판』 35
패커 133
페스트 286
폭력 220-222
『푸라나스』 160
프랑스혁명 270
프랑켄슈타인 307
프로메테우스 187
프로이디즘 119
프로이트 119
프로타고라스 231
프톨레마이오스 284
프루스트 139
『프린키피아』 283
플라톤 54, 188, 231-232

하나님 나라 103
하나님의 형상 120-121, 281
하웃츠바르트 287, 298
학문 246, 262
학문 연구 253
해탈 132
핼러시 275
행동과 실천 261
행동주의 118
험프리스 151
헤겔 162

헤겔 115-116
헤시오도스 159
헬라 문화 236
헬레니즘 232
현실성 39
형상(ikon) 126
호모푸리아 276
호이카스 279-280
홈즈 40
홉킨스 198
화이트헤드 282
화해 96-97
환경 문제 300
환경 파괴 302
"황야 가족의 모험" 305
회복 96-97
휴머니즘 146-147
힌두교 151

CD롬 297
D-Day 105-106
D램 293
ENIAC 294
V-Day 105-106
Weltanschauung 33

사단법인 기독교세계관학술동역회
사역 소개

기독교 세계관이란? 하나님이 세상을 창조하시고 지금도 살아 계셔서 역사를 주관하시며, 범죄한 인간을 예수 그리스도의 대속으로 용서하시고, 우리 삶을 성령께서 인도하신 다는 성경의 가르침에 입각하여 인간, 자연, 역사를 보고, 성경적 관점으로 일관성 있게 살아가는 것입니다.
— 이사장 신국원(총신대 명예교수)

기독교세계관학술동역회는 기독교 세계관 안에서 신앙과 학문, 그리고 삶이 하나 되는 비전을 추구하고 있습니다. 기독교 세계관에 비추어 학문을 연구하고, 우리 사회의 주요 문제에 대해 기독교적 해결방안을 제시하며, 삶과 학문의 모든 영역에서 하나님의 진리 와 주권을 드러내고자 노력하고 있습니다.
— 실행위원장 박동열(서울대 교수)

〈기독교세계관학술동역회 주요 사역 소개〉

1. 기독교학문연구회(KACS: Korea Association for Christian Scholarship)
기독교적 학문 연구를 위한 학회로 각 학문분야별 신학과 학제 간의 연구를 진행하여 신앙과 학문의 통합을 추구합니다. 연 2회 학술대회(춘계, 추계)를 개최하고, 한국연구 재단 등재학술지인 〈신앙과 학문〉을 연 4회 발행합니다.

2. 기독교세계관학술동역회 기관지 〈신앙과 삶〉 발행
〈신앙과 삶〉은 "복음주의 기독교 & 동역회 소식지"라는 정체성으로 발간하는 기독교세계관학술동역회 기관지입니다. 〈월드뷰〉와 분리 후, 2019년 7월 창간호(7~8월호, 통권 216호)를 시작으로 격월간지로 발행하고 있습니다.

3. 대학원생 세계관 연구회(정기모임)
서울대, 카이스트, 성균관대 등에서 대학원생 모임을 진행하고 있으며, 신촌지역, 경 북대 등에서도 기독교 세계관 스터디 모임을 준비 중입니다.

4. 세계관 교육과 유튜브 세계관 콘텐츠 기획 및 자료 제공

지역 교회와 협력하여 세계관학교를 개최하고 특강 강사를 지원하며, 북콘서트, 세미나, 소그룹 모임, 유튜브 세계관 콘텐츠 제공 등 다양한 활동을 통해 기독교 세계관 의 활성화를 모색하고 있습니다.

■ 더 자세한 사역 소개나 강의를 원하시는 교회나 단체는 기독교세계관학술동역회 사무국으로 연락해 주시면 친절히 안내해 드립니다.
www.worldview.or.kr | E-mail_ info@worldview.or.kr | 02)754-8004

〈기독교세계관학술동역회 협력/산하 기관〉

● VIEW 밴쿠버기독교세계관대학원 (원장: 전성민)

1998년 11월, 밴쿠버기독교세계관대학원(VIEW)은 캐나다 최고의 기독교대학인 Trinity Western University 대학의 신학대학원인 ACTS와 공동으로 기독교세계관 문학석사과정(MACS-Worldview Studies)을 개설했습니다. 현재 캐나다 밴쿠버에 기독 교세계관 문학석사 과정, 디플로마(Diploma) 과정을 운영하고 있으며, 2020년 9월부 터 세계관 및 목회학 석사과정(MDiv-WPS)을 개설, 운영하고 있습니다.
www.view.edu | 문의: 한국사무실 김성경 실장 010-5154-4088

● CTC 기독교세계관교육센터 (대표: 유경상)

CTC(Christian Thinking Center)는 가정과 교회와 학교에 기독교 세계관 교육 콘텐츠를 제공함으로서 다음 세대 그리스도인들이 기독교 세계관으로 생각하고 살아가도록 돕는 것을 사명으로 하는 세계관 교육기관입니다.
cafe.naver.com/ctc21 | 문의: 안성희 팀장 010-2792-5691

● 도서출판 CUP

바른 성경적 가치관 위에 실천적 삶을 살아가는 그리스도의 제자들을 세우며, 지성과 감성과 영성이 전인적으로 조화된 균형잡힌 도서를 출간하여 그리스도인다운 삶과 생각과 문화를 확장시키는 나눔터의 출판을 꿈꾸고 있습니다.
www.cupbooks.com | cupmanse@gmail.com | 02-745-7231